内田　満　著

早稲田政治学史研究

もう一つの日本政治学史

東信堂

目次

第Ⅱ部　草創期の展開……149

早稲田政治学史研究

——もう一つの日本政治学史

プロローグ

早稲田大学は、二〇〇七年一〇月二一日に創立一二五周年記念日を迎える。

吉村正教授が、早稲田政治学の源流を形成する五人の先達――山田一郎、高田早苗、浮田和民、大山郁夫、高橋清吾――の足跡を追い、『政治科学の先駆者たち――早稲田政治学派の源流』(サイマル出版会、一九八二年)を著して、わが国における政治学の発達史上における早稲田政治学の位置を明確に示されたのは、早稲田大学創立一〇〇周年を機としてのことであった。著者は、そのひそみに倣って、早稲田大学創立一一〇周年のおりに、吉村教授の早稲田政治学史を補注する目的を兼ねて、早稲田政治学とアメリカ政治学との交渉に視座を設定して早稲田政治学の形成過程を照射し、『アメリカ政治学への視座――早稲田政治学の形成過程』(三嶺書房、一九九二年)を公にした。本書は、この企てに続く吉村教授の道標的早稲田政治学史への再補注の試みである。

著者はまた、その作業に付随してとくに二つの点での問題提起を意図した。一つは、総合的な日本政治学史の修史への誘いである。日本政治学史研究については、今日すでに古典的地位を占める蠟山政道『日本における近代政治学の発達』(実業之日本社、一九四九年)があり、また田口富久治氏は、『日本政治学史の源流』(未来社、一九八五年)、『日本政治学史の展開』(未来社、一九九〇年)、『戦後日本政治学史』(東京大学出版会、二〇〇一年)の三著を通じて、精力的に日本政治学の発達史の究明に取り組んでこられた。

しかし、蠟山、田口両教授の「発達史」には、東京大学の政治学を軸とする日本政治学史としての趣が色濃い。このことは、東京大学が日本政治学の発達史上で主導的な役割を演じた政治学者を輩出してきたという事実に照らして、とくに異とするに足りないが、同時に、この政治学と並走する形で展開されてきた他大学出身の政治学者の活動をも視野に入れて日本の政治学の全体像を明らかにした日本政治学史の欠如への憾みもまた、否みがたいのである。本書は、いわばそのような欠落部分を埋める試みの一つとして企てられた。

アメリカ政治学会は、二〇〇三年に設立一〇〇周年を迎えたが、アメリカ政治学の発達史を描く試みは、イギリスの政治学者バーナード・クリックが二〇世紀半ばまでのアメリカ政治学史を批判的に照射した『アメリカ政治学』(一九五九年)[1]に触発されて、最近三、四〇年の間に活発に進められてきた。そのような試みの中の主なものとして挙げられるのが、アルバート・ソミットとジョーゼフ・ターネンハウス『アメリカ政治学の発達——バージェスから行動科学主義まで』(一九六七年)[2]、レイモンド・セイデルマン『夢から覚めたリアリスト——政治学とアメリカの危機・一八八四—一九八四年』(一九八五年)[3]、ジョン・G・ガネル『政治理論の流れ——アメリカの一職業の系譜』(一九九三年)[4]などである。

また、一九五〇年に設立されたイギリス政治学会は、設立二五周年を機として記念論文集『政治の研究』(一九七五年)[5]を刊行し、学会設立後の四半世紀のイギリス政治学の歩みを顧み、その現在位置の確認を試みたが、さらに一九八三年には、「一九世紀の知の歴史の研究」という副題をもつステファン・コリーニらの『かの高貴の政治学』[6]が、一九九九年には、「二〇世紀の政治的挑戦に対するイギリス政治学者の知的応答」を軸にしたジャック・ヘイワードらの編集による『二〇世紀のイギリス政治学』[7]が相ついで公刊され、それぞれ一九世紀と二〇世紀のイギリス政治学史の眺望をわれわれに提示した。

このようなアメリカ政治学やイギリス政治学の動きに対して、日本の政治学では、その系譜の全体像を描く試みへの動きは鈍い。この中で僅かに目をひくのは、慶応義塾大学の政治学科小史としての堀江湛「慶応義塾大学法学部政治学科の回顧と現況」(『法学研究』第六一巻第五号、一九八八年)や一九四八年の法経学部設置以降の政治学関係スタッフの変遷を中心として名古屋大学の略史を描いた田口富久治「名古屋における政治学者群像」(中部大学国際人間学研究所編『アリーナ』第二号、二〇〇五年)などであるが、二〇〇八年に設立六〇周年を迎える日本政治学会にとって、これらの個別の研究を一つの流れの中に合流させて、日本政治学発達史の全体像を描くべき時が来ているというべきであろう。著者のひそかな期待は、本書が、そのような試みへの刺激剤として作用することである。

この企てとの連関で、本書のもう一つのねらいは、政治学の比較史の文脈での日本政治学の位置づけの試みへの誘いである。早稲田大学が東京専門学校として発足したのは、アメリカでの最初の大学院レベルの政治学教育機関としてのスクール・オブ・ポリティカル・サイエンスがコロンビア大学に設置された(一八八〇年)二年後のことであったが、それから程ない時期にウッドロー・ウィルソンが『連邦議会政治論』(一八八五年)[8]を、ローレンス・ローウェルが『政治論』(一八八九年)[9]を相ついで世に問い、他方で、イギリスでは、一八九五年一〇月にロンドン・スクール・オブ・エコノミックス・アンド・ポリティカル・サイエンスが設立され、グレイアム・ウォーラスが、初代の政治学教授に就任した。

草創期早稲田の政治学の発達史に色濃く投影されていたのが、このような英米政治学の動向にほかならない。実際に、高田早苗と浮田和民が、それぞれ「早稲田叢書」「文明協会叢書」を通じて積極的に取り組んだのは、一九世紀末から二〇世紀初頭にかけて英米で発展してきた新しい政治学の紹介であったが、高田が、一九一四年四月から一一月までの欧米漫遊旅行の途次、九月二八日にホワイトハウスにウィルソン大統領を訪ねて面談し、浮田が、一九二〇年三月から翌年三月にかけての欧米視察旅行で、二〇年六月からのロンドン滞在中にG・D・H・コール、シドニー・ウェッブ、ハロルド・ラスキらを相ついで訪問し、意見交換の機会をもったところなどにうかがえるのも、高田と浮田の英米の新しい政治学への関心のありようであろう。

ちなみに、ウィルソンと高田の面談は、原著者と訳者の関係を背景としたものであった。高田がウィルソンの『国家』(一八八九年)を『政治汎論』のタイトルで「早稲田叢書」の皮切りとして翻訳出版した一八九五年にはプリンストン大学教授であったウィルソンは、一九〇二年に同大学総長に推され、さらに一九一〇年にはニュージャージー州知事に当選、続けて一九一二年の大統領選挙では民主党候補として出馬して当選し、一九一三年三月に大統領に就任していた。一方、邦訳出版当時三五歳の新進の政治学教員であった高田は、東京専門学校が早稲田大学に改称した一九〇二年の前後の飛躍期に学校運営の中心的役割を担い、一九〇七年に早稲田大学初代学長に就任していた。

また、浮田がラスキを訪ねたのは、ラスキが、一九二〇年六月にハーバード大学講師を辞して帰英し、ロンドン・スクール講師に就任した直後のことであったから、おそらく浮田は、ロンドンでラスキと面談した最初の日本の政治学者であったであろう[10]。

いずれにしても、一九世紀末から二〇世紀にかけてのわが国における政治学の発達史は、国際的な文脈での交渉を視野に入れることによって、いっそう有意性を高めることは、まちがいあるまい。すでに触れた英米政治学の発達史にしても、いずれもそれぞれの国の政治学に視野を限定していて、他の国の政治学とのかかわりについての関心は乏しい。

政治学の比較史の視座からの日本政治学発達史の試みによってこそ、日本の政治学の相貌は、よりくっきりと描き出され、国際的な政治学の発達史上の日本政治学の位置が、明確にとらえられるにちがいない。本書は、そのような試みへの一つの基礎作業の企てでもある。

注

1 Bernard Crick, *The American Science of Politics: Its Origins and Conditions*, 1959.

2 Albert Somit and Joseph Tanenhaus, *The Development of American Political Science: From Burgess to Behavioralism*, 1967.

3 Raymond Seidelman, *Disenchanted Realists: Political Science and the American Crisis, 1884-1984*, 1985.

4 John G. Gunnell, *The Descent of Political Theory: The Geneology of an American Vocation*, 1993.

5 F. F. Ridley, ed., *Studies in Politics: Essays to Mark the 25th Anniversary of the Political Studies Association*, 1975.

6 Stefan Collini, Donald Winch and John Burrow, *That Noble Science of Politics: A Study in Nineteenth-Century Intellectual History*, 1983.

7 Jack Hayward, Brian Barry and Archie Brown, eds., *The British Study of Politics in the Twentieth Century*, 1999.

8 Woodrow Wilson, *Congressional Government: A Study in American Politics*, 1885.

9 A. Lawrence Lowell, *Essays on Government*, 1889.

10 一九一一年に早稲田大学専門部政治経済科を卒業し、朝日新聞記者になった緒方竹虎は、一九二〇年三月から二二年七月までロンドン・スクールに留学し、ハロルド・ラスキの講義を聴講した。おそらく緒方は、ロンドン・スクールでのラスキの講義を聴いた最初の日本人留学生の一人であったであろう。また、一九二〇年一〇月一二日夜に浮田和民を囲んで開かれた早大ロンドン会では、緒方も出席者の一人であった。拙稿「草創期早稲田とジャーナリズム」『*Intelligence*』第六号（二〇〇五年一一月参照）。

第Ⅰ部　歴史と先達

第1章　東京専門学校時代の早稲田の社会科学

1　揺籃期の社会科学——陣容と教育

東京専門学校の社会科学の発展についてみるとき、まず注意しなければならないのは、当然ながら、発足当初の講師陣がきわめて小規模であったことである。

一九〇二年の東京専門学校創立二〇年を機しての早稲田大学開校に当たっての紀念式で、高田早苗は、学監としての「報告」において、二〇年前に「八十人の学生、七人の教師を以て授業を開始」した東京専門学校が、「今日は殆んど三千に余りまする学生を収容して、百有余名の講師諸君が教鞭を取られ」るに至る大発展を遂げてきたことに感慨を新たにしている[1]が、実際に、東京専門学校創立当初の教員は、高田のほかに政治学科の山田一郎、天野為之、法律学科の砂川雄峻、岡山謙吉、山田喜之助、理学科の田原栄の七人だけであった。坪内雄蔵（逍遙）が政治学科の教員に加わったのは、創立翌年の一八八三年である。

このような講師陣の規模の小ささにもかかわらず、設置された科目は、きわめて広範にわたった。政治学科の場合

について みると、設置科目には、政治学領域で政治原論、立憲政体論、政体総論、政理学、経済学領域で経済原論、経済論理、貨幣論、租税論、銀行論、国債論、貿易論、為換論、法律学領域で法律大意、英国憲法、商法、行政学、法理学、万国公法などが含まれていたのである。

この結果、各講師の担当科目がきわめて多くの分野にわたったのも、まずは不可避のことであったというほかない。初年度に高田が担当した科目は、欧米史、憲法史、行政法、社会学、貨幣論、租税論であり、山田一郎は、政治原論、論理学、心理学を、天野為之は、経済原論、文明史、銀行論をそれぞれ講じ、創立二年度から講師陣に加わった坪内にしても、当初担当したのは、史学、社会学、心理学等であった。各講師の専門が未確立の状態であったのである。『半峰昔ばなし』において、高田は、往時を回顧してこう述べている。

「東京専門学校が始まつた頃は、専門の教師としては政治科の先生三人、法律科の先生が三人といふだけのものであつたが、間もなく私は坪内雄蔵君を勧めて学校に関係してもらふ事にした。そこで政治学科の先生は山田一郎君、天野為之君、坪内雄蔵君及び私の四人となつたが、山田君は論理学と政治学、天野君は初めから経済原論が専門であつた。又坪内君はバジョットの『英国憲法論』の訳読なぞを教へて居た。私の受持は英国憲法、英国憲政史、貨幣論で、傍ら沙翁の講義などをした。……後になつて山田君は静岡へ行つて了つたものだから、政治学は私の受持となつた。沙翁初め英文字の講義は、最初は却つて私の方が得意であつたのが、暫くする中に、落ち着くべき処に落着いて、其方面の事は総て坪内君の担当に帰した次第である[2]。」

このような多方面の科目の担当に加えて、講師は、いずれも大学を卒業したばかりの青年たちであった。それどころか、砂川、山田(喜)、岡山、高田、山田(一)、天野らは、東京専門学校開校式がおこなわれたときには、まだ東京大学の卒業証書を手にしていなかった。一八八二年の東京大学学位証書授与式は、コレラ流行のため、例年の七月ではなく、東京専門学校開校式の一週間後の一〇月二八日におこなわれたからである[3]。とにかく、一八六〇年四月二〇日生まれの高田と、同じ年の三月四日生まれの砂川、七月一六日生まれの山田（一）は、東京専門学校開校時にようやく二二歳であったし、一八六一年二月六日生まれの天野は、二一歳にすぎなかった。開校時の講師中の他の三人にしても、わずかの年長であったにすぎない。一八五四年八月生まれの岡山が、最年長で二八歳、一八五八年九月生まれの田原が二四歳、一八五九年七月生まれの山田（喜）が二三歳であり、一年おくれて東京大学を卒業して講師陣に加わった坪内も、山田（喜）と同年で一八五九年六月生まれであった。

要するに、これらの創立当初期の講師たちは、まだ専門の研究者としての訓練を経ぬままに教壇に立つことになったのである。天野が、二〇年を経て、開校当初の状況について回顧しながら、「私共が此の学校へ来て教授を始めた頃には、高田君でも二十三歳位ゆえまだ子供みたようのもの、それで帝国大学の向ふを張らうと思つたので有るから、大変のんきな話に相違ない[4]」と述べているのは、このことと関連している。

このような現実に照らして、講義が欧米の著作を下敷きにしておこなわれることが少なくなかったのは、やむをえない成り行きであったというほかかない。一八八七年七月二〇日におこなわれた第四回卒業式で、高田が、「政学の方に於きましては、今申し上げた通りで、元とは教師も原書に拠りて講じまして、聞く人も骨が折れたけれど近頃になりましては、教科書が備はりまして、即ち従来本校の講師が講じました者を編纂して、それが教科書となりましたれば、講ずる者もラクになり、聞く方もラクになつたことと考へます[5]」と報告しているところにうかがえるのが、まさしく当時の講義のありようであろう。

また、東京大学在学中に高田とともに山田一郎と同室であった市島謙吉が、「天才的人物[6]」をうたわれた山田を回想して、「同窓諸氏が東京専門学校を創立して、皆な夫れ夫れの講義を担当したが、多くは外国の説を其儘受売する間に立つて、独り山田君の政治学講義は全く独創の物であつた[7]」と語っているのも、当時の講義の一般的なありようについての、直近の目撃者による確かな証言であるにちがいない。

しかし、早稲田大学開校式での学監「報告」で高田が指摘しているように、創立からの二〇年間における東京専門学校の発展は、きわめて顕著であった。東京専門学校としての最終年度である一九〇一年度の「東京専門学校規則」に記載されている政学部、法学部、文学部の三学部の講師の数は、重複を整理して数えると一二〇人にのぼる。これらの講師の中には、和田垣謙三、穂積陳重、一木喜徳郎、立作太郎の四人の東京帝国大学教授をはじめとする他校等からの出講者も含まれているが、他方で、浮田和民、安部磯雄など早稲田大学時代初頭期の早稲田の社会科学のリーダーの役割を演じることになる東京専門学校への新参加者も含まれている。浮田は一八九七年に、安部は一八九九年に、それぞれ東京専門学校講師に就任したのである。また、東京専門学校を一八九一年に卒業し、九六年から六年間にわたって米欧に留学した塩沢昌貞は、一九〇二年九月に帰国し、早稲田大学の発足と同時に講師に就任した。

このように発展してきた東京専門学校時代の早稲田の社会科学の担い手として、全般的なリーダーシップをふるった高田とともに特筆にあたいするのは、多面的な学術領域で開拓者的役割を演じた浮田であろう。浮田は、東京専門学校講師に就任した一八九七年五月からまず西洋史を講じ、さらに翌九八年に文学部に史学科が新設されるに伴い、英国史、独逸史、西洋史等の科目を担当して、同学科の史学の中心的存在となり、他方で、それまで担当者が頻繁に入れかわっていた社会学を九八年から継続して担当して、早稲田における社会学の基礎を築いた。まさに、八面六臂の活躍ぶりというべきであろう。そして、浮田が、高田に代わって「国家学原理」の担当者となり、早稲田政治学を代表する地位を占めるようになったのは、一九〇七年のことである。

しかし、東京専門学校の早稲田の社会科学にとって、すべてが順風満帆であったわけではない。むしろ、この時期は、中心的役割を演じていた講師の相つぐ流出によって隈取られるのである。草創期の講師の流出を招いた一つは、東京専門学校の中央への移転論をめぐる対立であり、移転論の中心であった岡山兼吉とこれに同じた山田喜之助が、主張が受け入れられないままに一八八五年に東京専門学校を辞した。砂川雄峻は、すでに開校の翌年春には、弁護士業に従事するため大阪へ去っていたので、法律学科は、開校時の講師三人が開校後三年で全員いなくなるという事態に直面したのである。

政治学関係の場合も、けっして安泰であったわけではない。まず、初代の政治原論の担当者であり、また初代監督として東京専門学校運営に当たって事務総括者的役割を担った山田一郎も、岡山や山田(喜)と相前後する時期に静岡大務新聞へ去り、さらに一八九〇年にアメリカ留学から帰国して東京専門学校講師となり、アメリカの最新の社会科学動向についての情報提供者として高田らに大きな影響を及ぼした家永豊吉も、九五年には、東京専門学校を辞した。

岡山らが去って一〇年余りを経て、法学部は、再び大きな痛手をこうむることになる。一八九七年開設の運びになった京都帝国大学法科大学の教官候補者として、井上密(国家学、国法学)、岡松参太郎(証拠法)、織田萬(民法要論、行政法)、高根義人(商法総則、手形及小切手、手形法)の四講師が、文部省によって在外研究の発令をうけ、一八九六年五月に一斉に東京専門学校を辞したのである。

これらの四講師のうち、高根は、一八八六年に東京専門学校法学部を卒業して、東京大学に進み、一八九二年に同大学法科大学卒業と同時に東京専門学校講師に就任したのであり、東京専門学校出身で母校の教員になった第一号であった。高根が東京専門学校講師を辞する一年前の一八九五年六月刊の『中央時論』第一三号の記事に、高根が、東京専門学校創立時の七講師の一人で、監督、幹事としても経営の衝に当たった田原栄の牛込矢来町の旧宅に転居し、「専門学校に近き地に居を占めて爾来大いに教務に力を致さるゝと云ふ」とある。あるいは、高根は、東京専門学校法学部の将来のリーダーの一人として期待されていたのであるかもしれない。

2　欧米新学問の導入と実学志向

いずれにせよ、一般的には、東京専門学校時代の二〇年間における早稲田の社会科学の研究・教育は、欧米の学問を下敷きにし、いわばそれを翻案する形で進められた。高田早苗は、一九一四年の七か月に及んだ外遊から帰国した直後に早稲田の学生に対しておこなった講演で、日本は、「問屋から学問を卸して貰つて居る小売店」であると嘆じ、「今迄の様に唯問屋から卸して来てそれで能事終れりと云ふやうなことで学問の独立何処に在りや[8]」と論じて、学問の独立へ向けての学生の奮起を促したが、東京専門学校時代の早稲田の社会科学が、欧米の学問の「小売店」的性格を色濃くもっていたことは、事実として否めないであろう。

高田自身にしても、最初期の著作は、ほとんどイギリスの著作家の原書の翻案から成り立っていた。高田のもっとも早い時期の著作である『英国行政法』(一八八四年)は、H・D・トレイルの『中央政府』(一八八一年)とM・D・チャーマーズの『地方政府』(一八八三年)を種本としており、一八八五年刊行の『英国政典』は、『英国行政法』のいわば増補版であるが、増補部分は、T・W・ファウルの『救貧法』(一八八一年)を種本としている。この点について、高田は、『英国政典』の「緒言」でこう述べている。「本編ハトレイル氏著中央政治論シャルマヲ氏著地方政治論ファウル氏著貧民救済論ノ三書ヲ参考シテ講述セルモノナリ[9]」

また、一八九一年刊の『通信教授政治学』は、東京専門学校での高田の数年の講義経験を経てからの著作であり、自説に基づくところが増加しているとはいえ、なお種本に依拠する部分が多い。実際問題として、重要な論点には、『代議政治論』でのJ・S・ミルの議論を下敷きにしているところが、けっして少なくないのである。

そのような学問のありようと直接的に関連するのが、一八九五年一〇月から刊行開始となった「政治経済法律」に関する翻訳書を中心とする東京専門学校出版部の「早稲田叢書」にほかならない。前年に出版部長に就任した高田の執筆とみられる「早稲田叢書出版の趣意」は、「叢書」刊行の背景に触れてこう述べている。

「邦語教育は教場教育なり修学者一旦教場若くは講義録を離れて別に研究を為んとするに当つては彼の参考書なるもの大概蟹行文字にして邦語を以て編れたるもの殆んと有る無しこれ豈学問の進歩に関する一大欠典にあらずや思ふにこれを補ふの途他無し先輩の学者著述を勉むるにありと雖も其捷径は先進諸外国の名著を翻訳して之を紹介するにあらん是れ我専門学校が今度政治法律経済に関する翻訳書を出版するの一大理由なり[10]」

このようにして、一八九五年一〇月刊行のウッドロー・ウィルソンの『国家』（一八八九年）の邦訳『政治汎論』（高田早苗訳）を皮切りとした「早稲田叢書」は、それから一九〇二年までの七年間についてみると、三一冊を刊行したが、そのうち二〇冊は翻訳書であった。

しかし、ここで二つの点に注目しなければならない。一つは、これらの翻訳書の原著者が、高田らと同時代の社会科学を代表する学者たち、あるいは代表することになると目されていた気鋭の学者たちであったことであり、他の一つが、これらの原書が当時の最新の話題作であったことである。ちなみに、「趣意」は、第二の点について、「原書を選択するに当り其著述の価値を精査せるは勿論又成る可く新著述を択べり[11]」と記している。

とにかく、「早稲田叢書」の最初期の刊行書中に、ウッドロー・ウィルソン『政治汎論』とともにアルフレッド・マーシャル『経済原論』（井上辰九郎訳、一八九六年）、ジー・エヌ・キエーンス『経済学研究法』（天野為之訳、一八九七年）、エー・ヴィー・ダイシー『英国憲法論』（高田早苗・梅若誠太郎共訳、一八九九年）が含まれていることには、目を見張らされざるをえない。これらの原著者たちは、いずれも一九世紀末期から二〇世紀初頭期における政治学、経済学、法学の分野での代表的学者であり、「早稲田叢書」は、これらの著者たちをもっとも早く日本の読者に広く紹介する役割を演じたのである。

これらの著者中の最年長は、邦訳出版時に六四歳であったダイシー（一八三五—一九二二）で、すでにイギリスのヴィクトリア時代を代表する法学者としての地位を確立していた。邦訳の底本となった原書は、『憲法研究入門』（初版一八八五年）の第三版（一八八九年）である。アルフレッド・マーシャル（一八四二―一九二四）が、経済学のケンブリッジ学派の創始者として、一九世紀末から二〇世紀初頭にかけての時期のイギリスを代表する経済学者として知られることは、改めていうまでもない。邦訳の原書は、『経済学要綱』（一八九二年）である。

また、「ジー・エヌ・キエーンス」となっているのは、ジョン・ネヴィル・ケインズ（一八五二―一九四九）のことで、二〇世紀を代表する経済学者ジョン・メイナード・ケインズの父であり、マーシャルと親交があったことで知られる。邦訳の原書は、『経済学の範囲と方法』（一八九一年）で、当時好個の「経済学研究入門」として高い評価をえていた。

これらの三人が、イギリスの学者であったのに対して、ウィルソン（一八五六―一九二四）は、アメリカにおける新しい政治学を標榜する新進の政治学者で、『国家』の邦訳としての『政治汎論』の出版時にようやく三九歳であった。ウィルソンは、その後急速に頭角を現し、一九〇二年にプリンストン大学総長、一九〇九年にはアメリカ政治学会会長に就任するが、翌一〇年にニュージャージー州知事選挙で当選して、現実政治に転進し、一二年の大統領選挙で第二八代大統領に当選する。

ところで、これらの原著者たちが、当時の政治学、経済学、法学を代表する学者であっただけでなく、「早稲田叢書」で邦訳の対象となったのは、これらの学者たちのそれぞれ最新の著作であった。原著の出版から邦訳出版までの期間をこれらの四冊についてみると、ダイシー『英国憲法論』の場合がもっとも長くて一〇年、もっとも短いのが、マーシャル『経済原論』の四年である。[12]

しかも、訳者たちがこれらの邦訳作業に取り掛かったのは、いずれも原著出版後の間もないころであったとみられる。ダイシーの原著の邦訳には、別に高田早苗訳述『憲法論』（東京専門学校蔵版）として印刷された版があり、早稲田大学中央図書館所蔵本には、「明治三十年一月製本」とあるが、この訳本が、「早稲田叢書」訳の原訳本とみられるので、高田がダイシーの原著の訳出に取り掛かったのは、おそらく一八九五年前後のことであったのであろう。

原著出版から六年を経て邦訳が出版されたケインズ『経済学研究法』にしても、訳者の天野が、一八九五年の発行とみられる政治科講義録に付された「参考課目」に書いた「経済学研究之方法」という文章の中で、「吾輩が本講義録紙上翻訳科欄内に訳載するキエーンス著経済学研窮法の如き同しく高尚的論理的の意義に於ける研窮法にして未発の原理を研窮するの方法を論するなり[13]」と記して、『キエーンス著経済学研窮法』に言及しているところからみると、天野は、ケインズの原著の翻訳作業をその刊行後ほどなくして開始していたのであろう。

さらに、マーシャル『経済原論』とウィルソン『政治汎論』の場合は、訳者自身が、翻訳作業の開始が原著刊行後の間もない時期であったことを、それぞれ序文でつぎのように明らかにしている。

「余の本書の訳述に着手せるや実に明治廿五年九月に在り。昨明治廿八年九月に至り漸く脱稿し、以後更に再三訂正を加へ遂に茲に之を世に公にするに至れり」（「経済原論例言」）

「先年友人家永豊吉氏学成りて米国より帰朝し其齎せし所『ゼ、ステート』を余に示せり余之を読んで嘆賞措かず益々ウィルソンが尋常一様の学者にあらざるを識り遂に家永氏の書に依りて翻訳に従事し四ヶ年の星霜を経て漸く稿を脱せるなり」（「政治汎論序」）

なお、「早稲田叢書」以外にも、東京専門学校講師による翻訳書は少なくないが、その中でとくにあげておくべき一冊は、「早稲田叢書」が刊行開始となる前年に出版された家永豊吉と塩沢昌貞の共訳による『威氏租税論』（丸善株式会社、一八九四年）であろう。この訳書は、リチャード・T・イーリー『アメリカの州および都市の租税』（一八八八年[14]）を原著刊行の六年後に邦訳出版したもので、わが国にイーリーの経済学を最初に紹介する役割を演じた。また、この訳書より前に家永・塩沢共訳で、イーリーの『米国州市租税論』が、東京専門学校から刊行されており、あるいは、家永は、この原著に基づいて東京専門学校での「租税論」の講義をおこなったのであるかもしれない。そして、この『米国州市租税論』の改訳版が、『威氏租税論』とみられる。

ちなみに、イーリーは、家永がジョンズ・ホプキンズ大学留学中に師事した経済学者であり、東京専門学校で家永の門下であった塩沢は、『威氏租税論』が出版された二年後の一八九六年から一九〇〇年までウィスコンシン大学に留学し、ジョンズ・ホプキンズ大学からこの大学に移っていたイーリーに師事した。

このような同時代の欧米の学問動向への積極的な関心によって特徴づけられるにせよ、東京専門学校時代の早稲田の社会科学が一般的に「輸入学問」的性格をもっていたことは、結局、否むことができない。しかし、ここで同時に指摘されるべきは、そのような性格にもかかわらず、当時の早稲田の社会科学が、日本の政治・社会の近代化へ向けての寄与という点で時代を拓く意図に導かれていたことである。

高田早苗は、早稲田大学開校式・東京専門学校創立二〇年紀念式での学監「報告」において、早稲田大学における学問・教育のあり方として、「学理と実際の密着」を提起し、「古への如く学理は学理、実際は実際と云ふが如き教育法にあらずして、実際の為に学理を研究すると云ふのが、今日の学問の趨勢の如く思はれるのである、故に此大学もそれに傚ひまして、務めて此実用的の方針を採らうと思ふのである[15]」と論じたが、東京専門学校の社会科学がねらいとしてきたのは、まさしくそのような方向での研究・教育であった。

この文脈で、高田にとって政治学の研究・教育の目的は、まずもって立憲政治の発展への寄与であった。『通信教授政治学』において高田は、ミルの『代議政治論』からしばしば長文の引用をおこないつつ論を進めているが、明らかにミルの議論を下敷きにしているとみられるつぎのような高田の主張が、民主政治の確立へ向けての高田の強い冀望の上に立っていたことは、ほとんど疑うべくもない。「世の政治家は賄賂の弊害を矯正せんと欲する希望を目して熱心家の空想なりと為すと雖とも決して然らず賄賂のこと全く止むにあらずんば代議制度の利益顕はるることなかるべし」「蓋し男女の別に由りて撰挙権の有無を決するは猶ほ躯幹の長短頭髪の黒赤に由りて之を決するが如し天下何物か之より不正なることあらんや元来一国の人民は政治の影響を被ること均一なるが故に撰挙の権亦均一ならさる可らざるは論を俟たず[16]」

そして、このような社会科学研究の上に立つ教育がねらいとしたのは、政治・社会の近代化の担い手となるべき実用的人物の養成であった。高田によれば、東京専門学校が生み出すべきは、「二十世紀の陣頭」に立つべき「実用的英雄豪傑」であったのである[17]。高田は、イギリスの政治家で、一八九四―九五年に首相をつとめたローズベリー卿がグラスゴー大学でおこなったという演説のつぎのような一節に早稲田大学開校式・東京専門学校創立二〇年紀念式での学監「報告」で触れ、またそれから五年を経て創立二五周年の『早稲田学報』紀念号に寄せた文章においても、重ねてこの一節に言及し、早稲田の教育の目標との符合について大方の注意を喚起している。

「我英吉利は目下要する所のものは人物なり、吾人は諸種の高地位を充す可き人物を要す、出来得可んば第一流の人物……よし第一流ならずとするも成る可く第一流に近き人物を得んことを欲するなり、斯ゝる人物の供給は決して過度なること無し、我帝国の範囲拡張せらるゝと同時に、人物の需要は益々増加するも、供給は之に伴はず、反言すれば帝国の拡張発達は、之に応ず可き第一流の人才を需要すること急なりと雖、供給は依然として従前と異ること無し[18]」

このような高田の考え方の代弁者の役を演じたのが、家永豊吉であった。家永は、一八九一年九月の新学年度のはじめに当たって、東京専門学校の生徒に対して「我校の養成すへき人才」と題して講演をおこない、東京専門学校が「養成するを欲する所の人物」として、いっそう具体的に「政治家」「法律家」「新聞記者」「著述者・文学者」「実業家」「教師」を挙げたのである[19]。

そして、このような教育の目標の達成へ向けての試みが、東京専門学校創立の当初から法律学科におかれた「訴訟演習」であり、また国会開設の翌年の一八九一年から政治科で、高田早苗のリーダーシップの下で正式にスタートした「国会演習」であった。

3　啓蒙活動への積極的取り組み

東京専門学校時代の早稲田の社会科学のもう一つの特徴は、時代の要請に応じる啓蒙的活動において果たした社会的役割である。「早稲田叢書」にしても、そのねらいの一つは、このような時代的要請に積極的に応じるところにあった。「早稲田叢書出版の趣意」は、この点に触れてこう述べている。

「今日日新進歩の時勢に於て人々政治法律経済の如き社会に密接の関係ある学問上の智識を蘊蓄するの必要あるは論を俟たず我専門学校こゝに思ふ所あるが故に彼の欧米に行はるゝ『ユニヴルシチー、エキステンション』の制に傚ひ或は講義録を発し或は講莚を地方に開きて斯学の普及を謀れり左ればこの翻訳書出版の挙も世間学生諸氏の便益を計るが為のみにあらず又広く大方士君子に処世の指南車を供給せんが為なり世間活眼篤学の士幸に微意の在る所を酌みてこの挙に賛成せられんことを切望せざる可らず[20]」

ところで、「趣意」は、東京専門学校の「ユニヴルシチー、エキステンション」の試みとして、さらに「講義録」の発行と地方での「講莚」の開催をあげているが、実際に、東京専門学校のこれらの二方面での活動もまた、すこぶる活発であった。『早稲田大学開校・東京専門学校創立廿年紀念録』は、東京専門学校がおこなってきた「附属事業」について略述しながら、こう記している。

「巡回講話と講義録の公刊とは主として欧米に所謂高等学術普及事業（ユニヴァーシテー、ヱキステンション）と揆を一にしたる企図計劃に成れるものにして、共に本校建学の本旨たる模範国民養成の目的に寄与するが為めの手段方便なり。即ち巡回講話は該企画を口舌に依りて実行し、講義録の公刊は之を筆記印刷に依りて実行す[21]。」

東京専門学校の講義録の発行は、創立の数年後から始められていたが、一八八七年には、校外生制度が設けられ、「校外ニアツテ本校ノ科目ヲ講習セント欲スル」校外生に講義録の頒布がおこなわれるようになった。講義録は、「政治科講義」「法律科講義」「行政科講義」の三種で、当初横田敬太の経営の下にあったが、一八九一年から東京専門学校の直営となり、また九五年からは、文学科の「文学講義」が加わったのである。そして、これらの講義録によって東京専門学校の科目を修学する校外生の数は、一八九〇年に総計一九九二人であったが、一九〇一年には一万一七八四人にのぼり、一八九〇年までの一一年間では、延べで六万四四三七人に達したのである[22]。

地方での「講莚」は、地方巡回学術講話会として一八九三年夏から始められたが、このアイディアの提供者は、家永豊吉であったとみられている。家永は、『同攻会雑誌』の第一〇号（一八九二年一月）と第一一号（九二年二月）に「英米に於ける教育上の一大現象」と題する論文を連載し、アメリカ留学中の見聞に基づいて、当時の英米において活発に展開されつつあった「大学教育普及の運動」の実際を紹介し、「学術進歩の徳沢を全社会に光被せしめて以て一般人民の智識を進めんとする[23]」この運動の意義を強調した。そして、家永は、さらに進んで、この運動をわが国で推進することが、「教育上当今の急務」であると説き、「現在の大学通俗講談会を拡張せさる可らず」「地方有志者と聯絡を通して旅行講義を始む可し」と主張したのである[24]。家永の含意が、東京専門学校がその企てを担うべきであるとするところにあったことは、いうまでもない。

おそらく家永は、この点について高田早苗らの東京専門学校当局者に強く説くところがあったであろう。この関連で、家永の論文が『同攻会雑誌』に掲載された前後の時期に、家永が頻繁に高田邸を訪問していることは、きわめて興味深い。

一八九二年一月から五月末までの高田早苗家「来訪人書簡名簿」（**表1―1**参照）によると、この間にもっとも頻繁に高田邸を訪問したのは、田中唯一郎である。田中は、この年の二月一五日におこなわれた第二回総選挙で高田の選挙

表1—1　高田邸主要来訪者等　1892年1月～5月

訪問者・発信者	来訪	書簡・はがき	使者
田中唯一郎	17	2	3
家永豊吉	10	2	6
田原栄	6	4	3
市島謙吉	5	5	1

運動をとりしきった一人であり、また総選挙後の三月には東京専門学校寄宿舎舎長に就任しており、高田の側近として高田邸を足繁く訪れたとしても、とくに不思議はない。その中で注目にあたいするのは、家永の高田邸訪問が田中に次いで多いことである。そして、この訪問のおりに家永の当時の関心事であった「大学教育普及事業」が、高田との間で話題となり、東京専門学校がこの事業に乗り出す方策について両者が意見を交換したであろうことは、想像に難くない。いずれにせよ、家永の主張を受ける形で東京専門学校が地方巡回学術講話会を開始させたのは、翌九三年八月である。

第一回の巡回講話会は、八月一〇日から二二日の間に静岡市、藤枝町(静岡県)、浜松町(静岡県)、岐阜市、京都市、大阪市、神戸市の七か所を巡回しておこなわれ、来聴者の数は、合計で「壱万人に垂んとす」る盛会であったという。講師として参加したのは、高田早苗、天野為之ら七人で、高田は、「国家主義と個人主義」「政党内閣之原理」を、天野は、「中央銀行支店論」「日本近時之進歩」「経済的教育」を演題とした。これらの堂々たる演題からうかがわれるのは、当時の東京専門学校のリーダーたちのこの事業への意気込みであろう。それだけではない。家永の示唆に沿い、講話会は、「各講師の講題并に其要領(Syllabus)を印刷し傍聴券と共に聴講者に付与し聴講の便に供す」という周到な準備をもっておこなわれたのである[25]。

巡回講話会は、その後東京専門学校の恒例の事業となった。『早稲田大学開校・東京専門学校創立廿年紀念録』は、この巡回講話会の一〇年弱の実施状況について、こう総括している。

「巡回講話は時を定めずして行ひ、大抵毎年数回を例とす。少くも本校講師三、四名を一組として全国各地方を巡講するなり。学科は各種専門に渉ると雖も、何れも通俗を主とし、用語を平易にし、例證を卑近に取り、傍聴は無料たるを例とす[26]。」

さらに、東京専門学校時代における早稲田の社会科学が取り組んだ啓蒙的活動として際立っているもう一つが、ジャーナリズムでの活動にほかならない。まず、高田早苗は、一八八七年八月から九〇年二月まで読売新聞主筆をつとめた。高田のあとをうけて九四年五月まで同紙の主筆をつとめたのが、市島謙吉である。また、一八九五年の『東洋経済新報』の創刊当初から客員であった天野為之は、一八九七年から一九〇七年まで一〇年間にわたって同誌を主宰した。

もっとも華々しく活動したのが高田である。高田は、憲法発布から国会開設期にかけて、読売の論説欄で立憲政治の発展へ向けての論陣を張るとともに、同紙上に「国民政治読本」の趣をもった「国会問答」「通俗大日本帝国憲法註釈」「衆議院議員選挙法講義」などを連載した。さらに、高田は、一八八九年二月には『憲法雑誌』を創刊させる。この雑誌は、同年一一月に二三号をもって終刊となったが、高田は、同誌上に大日本帝国憲法、英国憲法に関する解説をほとんど毎号掲載した。立憲政治の国民的理解へ向けての高田の大わらわの活動ぶりは、まことに目覚ましい。『半峰昔ばなし』において、高田は、このころの自らの活動を振り返り、こう述べている。

「既に憲法が布かるゝ以上、一般国民に憲法其物を理会せしむる事が緊要であり、急務であると考へた私は、爰に『憲法雑誌』を創刊する事になつたのである。……そして此の雑誌の第一号は憲法発布当日に創刊されたのである。……此の雑誌発刊の目的は、彼の読売紙上に通俗国会問答を掲げたと同じ意味であつて、国会問答の方は極めて通俗に立憲思想の普及を計り、憲法雑誌の方では少しく理論的に立憲政治の何たるかを理解せしめたいといふ考に基いたのである[27]。」

このような高田の活動に相呼応する形でジャーナリズムに登場し、わが国の政治・社会の近代化へ向けての論陣を張ったのが、天野為之であった。天野は、高田の『憲法雑誌』とほぼ時を同じくして、一八八九年二月に「実際と学問とをして両々相提携せしめ之に由て多少の裨益を本邦の学問上及び政治上に与へ」ることを目的として、『日本理財雑誌』を創刊する。天野にとって、「人民に理財の知識ありて始めて憲法も其効を全ふする」ことができるものであった[28]。同誌は、八九年十二月第二二号をもって終刊となり、前月に終刊となっていた『憲法雑誌』と合併して、一八九〇年四月五日に「学理の研究に兼て実利の応用を計り、智識開発の指針となりて、精神の発揮と形態の発達を順応せしめ、神髄的、肉裡的、普及的の開明を導」くことを目的に掲げて、『公友雑誌』が創刊される[29]。しかし、この雑誌も、四月二五日発行の第二号で終刊となってしまう。

この中で、天野は、『東洋経済新報』の創業者町田忠治の懇請によって、一八九七年三月に同誌の主宰者となり、ほとんど毎号社説を掲げることになったが、天野のリーダーシップの下で『東洋経済新報』が標榜した立場は、『日本理財雑誌』において天野がとった立場と方向性をほぼ同じくしていた。この点を端的に伝えているのが、一九〇三年の『東洋経済新報』の広告文中のつぎの一節であろう。

「凡ソ経済学ノ研究ニハ一方ニ学理ヲ講シ、一方ニハ実際ヲ知ルヲ要ス。然ルニ今日ノ弊、学理ヲ講スル者多シ、而モ実際ニ就テ説明判断スル者ハ少シ。東洋経済新報ハ天野博士ノ主宰スル所ニシテ実に此欠点ヲ補フヲ本領トス[30]。」

高田とともに東京専門学校の社会科学を代表する論客として演じた時代的役割に関連して、天野は、『東洋経済新報』の「創刊三十週年紀念号」に寄せた「余が経営時代」において、つぎのように回顧している。

「余の始めて此雑誌に関係せるは日清戦争直後則ち三国干渉、遼東還付の当時なりしを以て、我国民は慷慨悲憤、……臥薪嘗胆偏へに国運の隆興を計れり。……去れば政治家も実業家も皆な己れを虚子して、以て聞き、善を択んで必ず従ふの寛容謙遜の態度を取れり。而も当時識者にして彼等の希望に応じて意見を吐露する者甚だ寥々たり。殊に遺憾なりしは学者にして実際の問題に解決を試むる者に至ては少数なりき。此に於て乎我が経済新報は学理と実際との連絡を計り、学理に基きて財界の重要問題を論議し、侃々諤々言はんと欲する所を言ひ、問はんと欲する所を問ひ、富者に諂はず、貴者に佞せず、厳正無私の立場に立ちて批判解決を発表し、朝野をして其適帰する所を知らしめんと計れり。而して本紙諸論文の社会に於る反響は偉大なるものありたり。余は本紙当時十年間の奮励は必らず多少の裨益を国運の進歩に与へたるを信じて疑はざる者なり。[31]」

4　学問的自立へ向けて

いずれにせよ、高田が一九一四年におこなった講演で慨嘆したように、二〇世紀の初頭期に至るまでの早稲田の社会科学が、当時のわが国における学問の一般的動向と同様に、問屋としての欧米に対する小売店的性格を色濃くもっていたことは、一般的には否みようがない。しかし、東京専門学校時代の早稲田の社会科学に自立的学問への試みがまったくみられなかったわけではない。

その中でとくに注目にあたいするのが、山田一郎の『政治原論』(一八八四年)である。東京大学で同期であった高田が、「天才的人物」と評した山田の『政治原論』の四分の三近く(一七二ページ)を占める「政党論」は、議論の独創性・先駆性によって今日の政党研究の有意の源流として位置づけられる。反政党主義が強力な影響力をふるっていた当時の時代的文脈において、政党の機能を積極的にとらえ、しかもその機能の一つとして、国民の不平不満のはけ口として作用することをあげている点など、同時代の欧米の政治学者の政党観の水準を超える達見というべきであろう。[32]

この『政治原論』が刊行されたとき、山田は、ようやく二四歳であったが、高根義人が新たに公布された手形法について自らの見地に立つ講説を試みた『手形法綱要』(一八九三年)を出したのは、二六歳のときで、東京専門学校講師に就任した翌年のことであった。高根は、同書の自序でその抱負に触れてこう述べている。

「今茲四月六法講究会ハ予ニ新手形法ノ講説ヲ依嘱セリ。予ヤ素ト学理及実際ノ両面ヨリ会社手形ノ二法ヲ専攻スルヲ以テ畢生ノ一事業ト為スト雖トモ、研究未ダ年所ヲ経ズ、豈ニ著作ヲ持ッテ自ラ期センヤ。然レトモ心竊ニ以為ラク、予ハ新手形法ノ条規ニ就キ多少ノ卑見ナキニアラズ。今ヤ新手形法ハ実施セラルヽト同時ニ精確ナル調査ヲ経ントス。是時ニ当リ新法ヲ注釈シ併セテ未熟ノ卑見ト雖トモ之ヲ公ニシ正ヲ江湖博識ノ士ニ請フハ決シテ世道ニ稗補ナシト云フ可ラズト。則チ敢テ六法講究会ノ懇請ヲ許諾セリ[33]。」

学問的自立へ向かう動きとして注目されるべきもう一つは、東京専門学校創立一〇年を経過する前後のころから、社会科学研究方法への関心がしだいに高まってきたことである。

一八九五年ころに東京専門学校講義録のために執筆されたのが、高田早苗の「政治学研究之方法」と天野為之の「経済学研究之方法」であるが、両者はおそらく、わが国における社会科学の「研究入門」のはしりとして位置づけられるものであろう。いずれも、研究の方法・順序の解説を主としているが、それぞれの項目に付された参考文献とあわせて、当時のわが国における政治学、経済学の「現在位置」をうかがうのにも有益である。また、高田の場合、「政治学を修むるものは事実的に之を研究するの必要あり。従て統計学の大躰に通ずるを要す」「政治学者は或は文筆を以て、或は口舌に拠りて其思想を吐露するに巧みならさるへからさるを以て修辞学の研究をも亦為すを要するなり」と説いている[34]ところに注意を払う必要があるが、天野が、つぎのように論じていっそう具体的に社会科学的思考法を提起しているのもまた、興味深い。

「古人曰く『人黙思深考するより愚かなるはなし、己の思考は必らす之を他人に向ふて演説す可し、若し聞く人なくんば宜しく偶像に対して語るも可し、是れ猶ほ黙思するに優ること萬々なり』と、蓋し故あるなり。去れば講義を読み講義を聞くの後、該当の問題に就て常に他人と相談論すること尤も必須の業と云ふ可きなり[35]」

なお、天野は、すでに一八九四年に『経済学研究法』を博文館から刊行していた。同書は、「経済学ノ定義」「経済学ノ区分」「経済学ト他ノ諸学科トノ関係」「経済学研究ノ方法」「経済学ノ重要」「経済学ノ研究ニ対スル異論ノ査察」の六章から成っており、きわめて体系的に経済学の研究方法を提示している。そして、天野は、さらに一八九七年には、すでに触れたようにジョン・N・ケインズの『経済学の範囲と方法』を『経済学研究法』のタイトルで訳出し、「早稲田叢書」の一冊として刊行した。天野の経済学研究法への関心は、なみなみならぬものであったというべきであろう[36]。

研究法と関連する研究上の基礎作業として注目にあたいするのは、井上辰九郎が、A・マーシャルの『経済学要綱』の邦訳書『経済原論』に付した money income を「貨幣収入」、marginal increment を「限界的増加」とするなど、経済学上の主要用語六二語についての英和対照の試みである。この邦訳書を『国家学会雑誌』で書評した高野岩三郎が、この点に触れ、「学士ハ亦経済上ノ術語ニ付キ苦心セラレ幾多ノ新熟語ヲ定メラレタリ、中ニハ稍服スルヲ得ザルモノアレドモ概シテ穏当ナルヲ感ズ、思フニ術語ノ一定ハ極メテ必要ノコトニシテ学士嘗テ余ニ其経済学者会同ノ一目的トスルニ足ルヲ語ラル余亦見テ同フスル者ナリ[37]」として、井上の試みを評価しているのは、もっともなことであろう。

このような学問的自立へ向けての基礎作業を背景として、東京専門学校時代の後半期において、東京専門学校のスタッフによる研究成果の発表が、しだいに活発化してきた。この中で、「先進諸外国の名著」の翻訳・紹介に主目的をおいていた「早稲田叢書」も、一九世紀末から二〇世紀初頭にかけての時期に、名著の翻訳書と並行して、相ついで日本の学者による著作を刊行するようになった。「早稲田叢書」から出版された日本人の学者による最初の著作は、一九一〇年から二〇年にかけて早稲田大学大学部法学科長をつとめることになる中村進午が二七歳であったときに著した『新条約論』であるが、同書刊行の一八九七年から一九〇二年までの五年間に「早稲田叢書」から刊行された日本人の学者による著作は、一一冊を数える。

これらの一一冊の中に含まれるのが、有賀長雄『近時外交史』(一八九八年)、安部磯雄『社会問題解釈法』(一九〇一年)などの話題作とともに、わが国で無政府主義についての最初の学術的著作としての位置を占める煙山専太郎の『近世無政府主義』(一九〇二年)であり、煙山は、同書が刊行された三か月後の一九〇二年七月に東京帝国大学を卒業し、早稲田大学講師に迎えられた。

注

1 山本利喜雄編『早稲田大学開校・東京専門学校創立廿年紀念録』早稲田学会、一九〇三年、一三—一四ページ。
2 高田早苗『半峰昔ばなし』早稲田大学出版部、一九二七年、一一六ページ。
3 東京大学百年史編集委員会編『東京大学百年史　部局史　一』東京大学出版会、一九八六年、三二ページ。
4 山本編『早稲田大学開校』、三〇〇ページ。
5 『中央学術雑誌』第五五号、一八八七年七月、四九ページ。
6 高田『半峰昔ばなし』四四三ページ。
7 薄田斬雲『天下之記者——一名山田一郎君言行録』実業之日本社、一九〇六年、四一ページ。
8 高田早苗「外遊所感」『早稲田学報』第二三八号、一九一四年一二月、三ページ。
9 高田早苗『英国政典』晩青堂、一八八五年、緒言、一ページ。なお、H・D・トレイル、M・D・チャーマーズ、T・W・ファウルの原書は、それぞれつぎのとおりである。
H.D.Traill, *Central Government*, 1881.
M. D. Chalmers, *Local Government*, 1883.
T. W. Fowle, *The Poor Law*, 1881.
10 ウッドロー、ウィルソン著『政治汎論』(高田早苗訳)東京専門学校出版部、一八九五年、巻尾所載。
11 同右。
12 これらの四訳書の原書は、つぎのとおりである。
A. V. Dicey, *Introduction to the Study of the Law of the Constitution*, 3rd ed., 1889.
Alfred Marshall, *Elements of Economics of Industry*, 1892.

John Neville Keynes, *The Scope and Method of Political Economy*, 1891.
Woodrow Wilson, *The State: Elements of Historical and Practical Politics*, 1889.

13 天野為之「経済学研究之方法」東京専門学校政治科講義録「参考課目」(一八九五年?)所載、一—二ページ。

14 Richard T. Ely, *Taxation in American States and Cities*, 1888.

15 山本編『早稲田大学開校』一九—二〇ページ。

16 高田早苗『通信教授政治学』通信講学会、一八九一年、二七九—二八〇、二三八ページ。それぞれJ・S・ミル『代議政治論』の第一〇章、第八章における議論に対応する。

17 山本編『早稲田大学開校』二一ページ。

18 同右、二〇—二一ページ。

19 家永豊吉「我校の養成すへき人才」『同攻会雑誌』第八号、一八九一年一〇月。

20 W・ウィルソン著、高田訳、前掲10、巻尾所載。

21 山本編『早稲田大学開校』一六五ページ。

22 同右、一六六—一六七ページ。

23 家永豊吉「英米に於ける教育上の一大現象」『同攻会雑誌』第一〇号、一八九二年一月、九ページ。

24 家永豊吉「英米に於ける教育上の一大現象(承前)」『同攻会雑誌』第一一号、一八九二年二月、二五ページ。

25 「東京専門学校巡回学術講話之記」『中央学術雑誌』第一〇号、一八九三年九月、二八—三七ページ参照。

26 山本編『早稲田大学開校』一六五—一六六ページ。

27 高田『半峰昔ばなし』一八四ページ。

28 『日本理財雑誌』第一号、一八八九年二月六日、一、二ページ。

29 『公友雑誌』第一号、一八九〇年四月五日、四ページ。

30 山本編『早稲田大学開校』広告三ページ。

31 天野為之「余の経営時代」『東洋経済新報』第一一七四号、一九二五年一一月一四日、三二ページ。

32 内田満『日本政治学の一源流』早稲田大学出版部、二〇〇〇年、七六―七七ページ。

33 高根義人『手形法綱要』六法講究会、一八九三年、自序、一―二ページ。

34 高田早苗「政治学研究之方法」東京専門学校政治科講義録「参考課目」(一八九五年?)所載、一一ページ。

35 天野「経済学研究之方法」一三ページ。

36 ちなみに、福田徳三は、天野のわが国における経済学の発展への寄与を福沢諭吉、田口卯吉と比肩させ、つぎのように論じている。「本流として西洋の経済学を日本に移入するに功労あつた人々としては第一に福沢諭吉氏、次で田口卯吉氏、更に天野為之氏の三氏を挙ぐべきであると思ふ。福沢、田口、天野の三氏は西洋の経済学、殊に英米の経済学を日本に移植する上に忘るべからざる功労を為した人である。……天野氏は経済学の奥行を深くし、其の幅を広くし、学者として経済学を教へ普及した点に於て彼の功績は実に偉大であつた。たゞ悲しむべきことには天野氏には有数の門下はあつた、けれども学問上に於て出藍の誉を恣にし得たと云ふ人に至つては極めて僅少であり、否殆んどないと云つて宜い位である。従つて天野氏の経済学、天野氏の学説といふものは同氏一代に於て其の姿を亡つたものと云ひ得る。」福田徳三「田口全集の刊行に際して」『我等』第九巻第六号、一九二七年七月、三八〇―三八一ページ。

37 高野岩三郎「井上学士訳経済原論」『国家学会雑誌』第一〇巻第一一五号、一八九六年、一一一四ページ。

第2章　早稲田政治学略史——一八八二年—一九五二年

1　早稲田政治学の系譜

早稲田政治学の歴史を顧みるとき、まずもって特筆にあたいするのは、学科目としての「政治学」が、東京専門学校発足の当初から設置され、しかも日本人の教員によって担当されていたことにほかならない。実際に「政治学」は、東京専門学校のいわば「看板」的科目であったのである。

これに対して、東京専門学校に五年先立って発足した東京大学においては、当初の「政治学」担当者は、アメリカ人のアーネスト・フエノロサ、ドイツ人のカール・ラートゲンであり、小野塚喜平次が東京大学における最初の専任の政治学教授に就任したのは、発足から二四年後の一九〇一年一〇月のことであった。また、慶応義塾に政治学が科目として設置されたのは、創立から四五年を経た一九〇三年のことである。そして、担当者は、非常勤の元東京大学講師木場貞長であった[1]。

このようにして、東京専門学校時代から引き継がれてきた早稲田政治学の歴史は、すでに一二五年にわたるが、この間の発展は、およそ三期に区切ることができる。

第一期は、一八八二年の東京専門学校の創立から一九〇二年の早稲田大学の発足までの期間であり、この時期における東京専門学校の政治学の中心に位置したのは、初代の「政治原論」の担当者であった山田一郎と、当初は憲法史、憲法論等に軸足をおき、山田が一八八五年九月に講師を辞して東京専門学校を去ったあと、しだいに政治学プロパーに担当領域を拡大し、一八九八年以降は、政治原論の位置を占める科目としての「国家学」（九九年以降は「国家学原理」と改称）の担当者となった高田早苗である。

その他この草創期の早稲田政治学の担い手の中に含まれるのは、山田一郎の退職直後の一八八五年に政治原論を担当した市島謙吉、一八八八年以降に国家学、行政学、国法論等を担当した有賀長雄、一八九〇年にアメリカ留学から帰国して東京専門学校講師に迎えられ、西洋政治史の領域に属する上古史、中古史等を担当した家永豊吉、一八九四年に国家学を担当した井上密などである。

しかし、これらの政治学関係科目の担当者は、高田を除いて、大半が教員として東京専門学校に根を下ろすには至らなかった。家永豊吉は、一八九五年には東京専門学校を辞し、また井上密は、第1章で触れたように、法学科の高根義人、岡松参太郎、織田萬らとともに一八九七年開設予定の京都帝国大学法科大学教授予定者に選ばれ、一八九六年五月に東京専門学校を辞して、ドイツ留学へと出立したのである。

この中で、一九世紀末から二〇世紀初頭にかけての時期に、高田自身も、東京専門学校の内外で研究・教育以外の活動に忙殺されることになる。まず、一九〇〇年二月に東京専門学校学監に就任して、「校長を補佐代理し、校務を監督する」任に応じ、東京専門学校から早稲田大学への移行期に学校運営の実質上のリーダーとしての役割を演じた高田は、早稲田大学発足のふた月まえの一九〇二年八月におこなわれた第七回総選挙にも当選を果たし、翌一九〇三年の第八回総選挙にも当選して、同年一二月の衆議院解散まで議員をつとめた。そして、一九〇七年四月に早稲田大学初代学長に就任する。

このようにして、大学の内外で多忙をきわめた高田に代わって、次第に第二期（一九〇二—四九年）の早稲田政治学の中軸としての位置を占めるようになったのが、一八九七年に同志社から転じてきた浮田和民であった[2]。「ミル代議政体」「英国史」「近代史」「社会学」「上中古史」等の科目の担当者として東京専門学校でも教員生活をスタートさせた浮田が、高田に代わって政治学科の中心的科目としての「国家学原理」の担当者になったのは、一九〇七年のことである。

この間の一九〇五年七月に、早稲田大学大学部の第一期生として卒業したのが大山郁夫であり、大山は、翌四月に講師に就任した。なお大山は、卒業の一か月半前の五月三〇日におこなわれた東京専門学校の初代の「政治原論」担当者であった山田一郎の葬儀に早稲田大学学生総代として列している[3]が、このことは早稲田政治学の第一世代から第二世代への移行期の象徴的な出来事であったといえるであろう。講師就任から四年を経た一九一〇年九月に、大山は早稲田大学留学生としてアメリカに渡り、一二年八月までシカゴ大学に滞在して、政治理論のチャールズ・E・メリアム、公法のアーンスト・フロインドらの指導の下に政治学の研究に当たり、さらにその後ヨーロッパへまわって、一三年五月から翌四月までは、ミュンヘン大学で「政治学、国家学、国法学及財政学」の研究を進めた。

一九一四年一一月に留学から帰国した大山は、翌年一月に早稲田大学教授に就任したが、この大山の留学中の一九一三年七月に早稲田大学専門部政治経済科を卒業し、大山の帰国と入れかわる形で、一四年八月から早稲田大学の政治学関係の留学生第二号としてコロンビア大学に留学したのが、高橋清吾である。チャールズ・A・ビーアドに師事して政治学および自治政策の研究に従事し、四年間の留学を終えて一九一八年八月に帰国した高橋は、同年九月に講師に、翌一九年九月に教授に就任し、政治学、政治学史、自治政策等の科目の担当者になった。

第二期におけるその他の政治学関係科目の主要な担当者としてあげられるのは、一九一八年に早稲田大学講師、翌一九年に教授となって政治哲学を担当し、さらに浮田の後任として一九二八年から政治学原理の担当者となった五来欣造、一九三一年から四四年まで政治哲学の担当者として活躍し、五来が海外留学中の一九三一年四月から翌年八月まで政治学原理を担当した杉森孝次郎である。また、第二期の半ばにスタッフに加わった早稲田育ちの政治学者が、吉村正と内田繁隆で、吉村は、一九二九年九月から三一年一一月まで、早稲田大学留学生としてコロンビア大学でロバート・M・マッキーバー、ルーサー・H・ギューリック、アーサー・W・マクマホンらの指導をうけて政治学、行政学の研究に当たり、その後三二年七月までイギリス、ドイツで研究を続け、同年九月に帰国して講師に就任し、翌三三年から欧米政治組織、行政学の担当者となり、内田繁隆は、一九二九年から日本政治思想史、三二年からはこれに加えて日本政治史の担当者になった。

このようにして、第二期の早稲田政治学は、浮田を中心とし、早稲田育ちの大山、高橋、さらにその門下である吉村、内田らを主要な担い手として発展し、日本政治学界で確固とした地歩を占め、指導的な役割を演じた。しかし、この期の早稲田政治学が、つねに順風をえていたわけではない。なによりも大きな痛手は、この期の後半に至って大山、高橋を相ついで失うことになったことである。

まず、大山は、教授に就任して二年半あまりを経た一九一七年九月に早稲田大学教授を辞して、大阪朝日新聞社に入社した。翌年一〇月に同社を退いた大山が、早稲田大学教授に復職したのは、二一年四月であるが、五年後の二六年一二月には労働農民党中央委員長に就任し、翌二七年一月に再び早稲田大学教授を辞任してしまう。結局、第二期を通じて大山が教授として早稲田に在職したのは、八年半に足りないのである。大山は、早稲田大学教授を辞職した五年後の一九三二年三月にはアメリカへ渡り、第二次大戦後の四七年一〇月までアメリカで一五年を超える亡命生活を送ることになるが、大山が日本を去ってから七年を経た三九年一月には、高橋清吾が病没した。四八歳の誕生日のひと月半ほど前のことであり、高橋の早すぎる死への憾みは、早稲田政治学にとってきわめて深いものがあったといわなければならない。

この中で浮田は、第二期を通じて早稲田政治学の中心であった。浮田は、一九二八年に政治学、政治学原理の担当を五来欣造と交代したが、その後も四一年三月末に八一歳で退職するまで、政治学特殊研究（一九二八―三五年）、フランス革命史（一九二八―三六年）、現代政治批判（一九三八―四〇年）などの科目を担当していたのである。浮田が早稲田政治学の牽引車としての役割を演じた期間は、東京専門学校時代から通算四四年間にわたった。ちなみに、早稲田大学での浮田の「最後の教え子」の一人で、後年読売新聞の政治記者として鳴らした宮崎吉政は、一九三八年四月からの一年間、政治学科二年の学生であった折、一〇人程の学生とともに浮田の「現代政治批判」を選択科目として選んだ。宮崎は、七八歳であった当時の浮田を回想してこう記している。

「浮田先生の『現代政治批判』の級は一種のゼミナールで、先生の出されたテーマに従って夫々報告をすると先生が一々講評を与えて下さるというものであったが、何しろ政治青年の集団であったから演説会か討論会のやうで、先生も時折仲間入りされて御老体とも覚えぬ元気なお叱りを頂戴した事もあった。」[4]

ところで、第二期の末期に至って、浮田の退職後、早稲田政治学は再び窮地に立たされた。一九二八年から政治学原理を担当してきた五来欣造が、四四年三月に退職して、その四か月余り後の八月に死去し、また杉森孝次郎も、四四年一二月に早稲田大学教授を辞して駒沢大学へ去ったのである。加えて、早稲田政治学における最初の国際政治学専攻者として、一九三八年から、「国際政治論」を担当し、次世代の早稲田政治学の中心的担い手の一人としての将来を嘱望されていた河原篤は、第二次大戦末期の四四年六月に応召して中国に赴き、熱帯性マラリアに冒され、四五年一月に漢口の病院で戦病死した。享年四二歳であった。それだけではない。一九三九年に『法治国家論』を著して学界の注目を集め、四二年度から「政治学史」を担当していた原田鋼も、四五年四月に講師を辞したのである。さらに、内田繁隆は、第二次大戦後占領軍による追放指定をうけ、講義担当を退くのを余儀なくされた。

こうして、第三期の当初、一九四九年の、「新制大学」への再編期に際して、早稲田政治学を「孤軍奮闘」といった形で担ったのが、吉村正であった。吉村は、従来から担当してきた行政学に加えて、政治学科の中心科目としての政治学原論を担当し、また一九四八年には日本政治学会の、五〇年には日本行政学会の設立に当たって、早稲田を代表して参画し、それぞれの学会の初代の理事としての役割を演じたのである。

この中で、第二次大戦後の早稲田政治学の態勢の立て直しが緒についたのは、新制大学発足の一九四九年に後藤一郎、吉村健藏が政治学スタッフに加わり、五二年からそれぞれ「地方行政」「国際政治論」を担当するようになってからである。

2　草創期日本政治学の先導役

このような一二五年にわたる発展の中で、早稲田政治学は、日本政治学発達史の上にいくつかの点で注目すべき足跡を印してきた。その中でとりわけ際立っているのは、①わが国における現代政治学の発展において果たした牽引車的役割、②デモクラシー論の積極的展開、③政党研究の開拓、④地方自治研究の提起などの点であろう。早稲田政治学の先達たちは、まさしくこれらの点において先導者としての時代的役割を演じたのである。

わが国における政治学の発展への早稲田政治学の第一の貢献としてあげられるのは、一八九五年に東京専門学校出版部が刊行を開始した「早稲田叢書」による、同時代の欧米における最新の政治学の導入であろう。発足当初の東京専門学校に一般的にみられたのは、同時代の一九世紀後半期のイギリスやアメリカにおける学問動向への強い関心であった。当時の政治学関係科目の教科書や参考書の中に「リーベル氏自由論」「ウルシー氏政治学」「ミル氏自由論」「ミル氏代議政体論」「バジホット氏英国憲法論」などが含まれているところに投影されているのは、ほかならぬそのような関心であろう。

この中で、「早稲田叢書」は、当時の欧米における政治・法律・経済の分野の「新著述」を中心に翻訳紹介することを目指したものであり、同時代の学問動向へのいっそう直接的な対応の試みを意味した。そして、とりわけこの叢書を特徴づけるのは、一九世紀末から台頭してきたアメリカにおける新しい政治学への積極的な関心である。実際に、この叢書の皮切りとして一八九五年一〇月に刊行されたのは、ウッドロー・ウィルソンの『国家』の邦訳としての『政治汎論』であったが、ウィルソンは、当時のアメリカで新しい政治学を志向する政治学者の先導者の一人であった。

さらに、この叢書から相ついで刊行された『比較行政法』（浮田和民訳、一九〇〇年）、『政府及政党』（柴原亀二訳、一九〇三年）の著者であったフランク・J・グッドナウ、A・ローレンス・ローウェルらもまた、アメリカにおけるこの新しい政治学の流れの先導者たちであり、一九〇三年にグッドナウが初代のアメリカ政治学会会長に就任し、一九〇八年にローウェルが、一九〇九年にウィルソンが、それぞれ第五代、第六代の会長に就任したところからも、当時のアメリカ政治学界においてこれらの政治学者たちが占めていた地位をうかがうことができよう。

なお、東京専門学校出版部の出版部長として、「早稲田叢書」刊行に当たって指導的役割を演じ、みずから『政治汎論』を訳出した高田早苗のこのような政治学の新しい流れの含意についての理解のありようは、一八九五年一〇月三日の日付で書かれた「政治汎論序」において、高田がつぎのように述べているところに端的に示されている。

「政治汎論一名沿革実用政治学は原名を『ゼ、ステート』といひ又『ヒストリカル、エンド、プラクチカル、ポリチツクス』と名く著者は米国有名の学士ウツドロオ、ウィルソンなりウィルソン曽て『コングレッショナル、ガバーメント』を著はし合衆国政躰の得失を痛論して名声頓に揚る久しく米国第一流の大学なるジオンスホプキンスに於て政治学を教授し研鑽錬磨の結果この政治汎論を著せりウィルソン学英仏独を兼ね所謂歴史学派に属すと雖も必ずしも拘泥することを為さず着眼鋭敏論評犀利而かも其所見公平を失はず優に米国新学派の泰斗なり」[5]（傍点

内田）

また、ウィルソンらが提起した新しい政治学は、「基本的原理から出発するという方法を拒否し、最初になすべきは、『生きた現実』の適切な理解をうることであり、そのときはじめて改革の可能な案がもくろまれうる」とする立場に立ち、「紙の上の叙述」から「生きた現実」への視座の転換を説いたイギリスのウォルター・バジョットの影響の下にあったことは、今日ではよく知られているが、高田が、さきに引用した序文の一節に続けて、この点に触れて次のように記しているのは、高田の当時の学問動向への理解の確かさを重ねて示唆するものであろう。

「余曽てウィルソンの『コングレッショナル、ガバーメント』を読み思へらくこれ米国のバジホットなり識見の高邁文章の雄渾多く彼れに譲らずと[6]」

「早稲田叢書」からは、ヒュー・エドワード・エジャートンの『英国植民発達史』が永井柳太郎訳で刊行された一九〇九年に至るまでの一四年間に、四三冊が送り出された。その中で二四冊を数える翻訳書中一五冊が政治関係であり、しかもそのうちの七冊が、アメリカ政治学者の著作である。そこに投影されているのは、まさしく高田のアメリカ政治学への関心の高さであるにちがいない。

ちなみに、すでにあげたウィルソン、グッドナウ、ローウェルの著作のほかのアメリカ政治学関係の四冊は、「ギッヂングス著、遠藤隆吉訳『社会学』（一九〇〇年）」「メヨー、スミス著、呉文聡訳『社会統計学』（一九〇〇年）」「ジョン、ダブリユ、バルヂエス著、高田早苗・吉田巳之助共訳『政治学及比較憲法論』（一九〇二年）」「フランシス、リーバー著、沢柳政太郎訳『政治道徳学』（一九〇二年）」である。

これらの著者たちは、いずれもコロンビア大学関係で、フランシス・リーバーは、一八五七年にコロンビア大学の最初の政治学教授に就任して、六五年まで在任し、その後同大学の憲法史および公法教授として、七二年に死去するまで同大学に在籍した。ジョン・W・バージェスは、一八八〇年に創設されたアメリカで最初の大学院レベルの政治学教育機関としてのコロンビア・スクール・オブ・ポリティカル・サイエンスの創設に当たった当時のアメリカ政治学界の大御所であり、リッチモンド・メイオー―スミスは、このスクールの創設に際してバージェスの右腕としての役割を演じた。さらに、フランクリン・ヘンリー・ギディングズは、バージェスとメイオー―スミスの推挙によって一八九四年にコロンビア大学政治学部に設けられた社会学講座の初代の専任教授に就任し、一九一〇年にはアメリカ社会学会の第三代会長に推され、やがて「アメリカ社会学の父」の一人としての声価を享受するようになった。

いいかえれば、「早稲田叢書」によってわが国に紹介されたアメリカの政治学関係の著作者たちは、いずれも当時のもっとも活動的な政治学者、社会学者たちであり、アメリカにおける政治学、社会学の新しい流れの推進者としての役割を担っていたのである。

ところで、「早稲田叢書」は、一九〇九年二月刊行の『英国植民発展史』をもって打ち止めになったとみられる[7]が、この叢書に代わって「先進国の知識を翻訳し以て国民生活の活動に資」することをねらいとする「大翻訳事業」に乗り出したのが、大日本文明協会であった。大日本文明協会は、大隈重信を会長として一九〇八年四月に創設されたが、ちょうど一年前の一九〇七年四月に大隈は初代の早稲田大学総長、高田早苗は初代の早稲田大学学長にそれぞれ就任しており、文明協会の活動の中核としての世界名著の翻訳出版事業をとりしきる編輯部の長に任じられたのは、浮田和民であった。

文明協会の翻訳出版は、一九〇八年一〇月刊行の『欧米人之日本観』を皮切りにして、一九三一年までの二三年間に合計三一五巻、一三万一八〇〇ページに及んだ大事業であったが、浮田は一九二七年まで一九年間編輯長としてこの事業の采配をふるった。浮田の采配のありようは、浮田の編輯長としてのちょうど中期の一九一八年六月から翌年三月ころまで編輯部に加わった経験をもつ柳田泉のつぎのような回想的文章の一節に、如実に示されている。

「筆者は、早稲田大学卒業後、ある因縁から文明協会の編輯部に加わっていたことがある。それで協会の事業についても種々直接に知っており、またその関係で大隈は勿論、浮田、市島などという人々とも度々接近したことがあった。筆者が参加した頃の協会編輯部は、浮田の統轄の下に、早稲田出身の新進批評家宮島新三郎が主任となり、その下に大学出身者が二、三名、事務員が一、二名いた。編輯のやり方は、大体一年分か半年分をまとめて、やる習慣であったが、まず年度の始め浮田以下、協会の重職が集まって大体の方針をきめ、さて浮田が宮島以下の編輯員をつれて丸善に出かけ、二、三年来、ヨーロッパ、アメリカで名著の名の高かった各方面の書物を数十冊選ぶ。それを協会に運ばせて、浮田以下宮島、その他の人々が手分けして一応読む、読んだあとを更に分類して持ちより、次第に省いて十二、三冊とする。その中からその年度の刊行書を決めたのである[8]。」

このような段取りで文明協会から翻訳刊行された欧米の最新の著作は、政治・法律・経済の分野に限定されていた「早稲田叢書」の場合とは異なって、政治、経済、社会、心理、歴史、哲学、宗教などきわめて広範な領域にわたっているが、政治の領域の場合に注目されるのは、これらの邦訳書中に「ロバルト・ミシェルス氏原著『政党社会学』」「米国グッドノー氏原著『憲法の運用』」「英国グラハム・ワーラス原著『社会の心理的解剖』」「米国リップマン氏原著『輿論』」「英国バーカー氏原著『輓近英国政治思想論』」「英国コール氏原著『産業自治論』」「英国ウォーレス氏原著『社会伝統論』」「米国ポロック博士原著『政党資金論』」等が含まれていることである。

これらの邦訳書の原著者たちは、アメリカ、イギリス、あるいはドイツの生まれであり、いずれも二〇世紀の初頭から半ばにかけての時期を代表する政治学者として大きな足跡を残した。これらの政治学者のうち、グッドナウについては、すでに「早稲田叢書」における『比較行政法』の著者として触れたが、『憲法の運用』として文明協会から刊行されたのは、『立憲政治の原理』の邦訳（佐久間秀雄訳）である。アメリカ政治学関係の原著者としては、他にウォルター・リップマンとジェームズ・K・ポロックの二人がいるが、一九二三年に訳出されたリップマンの『輿論』（中島行一・山崎勉治訳）は、今日「社会科学の古典」の一つに数えられ、またポロックの『政党資金論』（安武貞雄訳、一九三〇年）は、政治資金研究の草分けとしての地位を占める著作であり、ポロックは、一九四九―五〇年にアメリカ政治学会会長、一九五五―五八年に世界政治学会会長をつとめた。

イギリス政治学関係の原著者は、グレイアム・ウォーラス、アーネスト・バーカー、G・D・H・コールであるが、このうちウォーラスの『社会の心理的解剖』(大島居弃三訳、一九二一年)と『社会伝統論』(岡島亀次郎訳、一九二五年)は、それぞれ『大社会――心理的分析』(一九一四年)、『われわれの社会遺産』(一九二一年)の邦訳であり、これらの二著作は、現代政治学の起点的著作と目される『政治における人間性』(一九〇八年)とあわせて、ウォーラスの「社会心理三部作」と評されている。また、バーカーの『輓近英国政治思想論』(小島幸治訳、一九二四年)は、『イギリスの政治思想――ハーバート・スペンサーから現在まで』(一九一五年)の邦訳、コールの『産業自治論』(一九二五年)は、『産業における自治』(一九一九年)の浮田和民による邦訳であり、バーカーもコールも、ともに二〇世紀前期のイギリスを代表する政治学者であった。

さらに、原著『現代デモクラシーにおける政党の社会学へ向けて』が一九一一年に刊行された、ドイツ生まれのローベルト・ミヘルスの『政党社会学』(森孝三訳、一九一三年)が、現実主義的立場に立つ政党構造の分析をふまえた少数者支配の鉄則の提起によって今日社会科学の古典中の古典として位置づけられていることは、あらためて指摘するまでもない[9]。

要するに、「早稲田叢書」と「文明協会叢書」は、一九世紀末から二〇世紀初頭にかけての欧米の同時代の「名著」を翻訳紹介するというねらいを共有していたのであり、高田と浮田は、その活動の嚮導役という時代的役割を演じたのである。しかも、高田と浮田は、単に采配をふるっただけではない。ふたりはともに、政治学の分野においてみずから積極的に邦訳作業に取り組んだのである。

すでに触れたように、高田は、「早稲田叢書」でウィルソンの『政治汎論』とバージェスの『政治学及比較憲法論』を訳出したが、叢書での高田の邦訳書中には、さらにイギリス関係の三著「ビー、シー、スコット原著『英国国会史』（一八九七年）」「ヱー、ヴィ、ダイシー原著『英国憲法論』（梅若誠太郎との共訳、一八九九年）」「ジャスチン、マッカァシー原著『英国今代史』（吉田巳之助・石井勇との共訳、一九〇〇年）」が含まれる。それぞれの原著は、B・C・スコットー『国会小史』（一八九二年）、A・V・ダイシー『憲法研究入門』（初版一八八五年、邦訳は一八八九年の三版に基づく）、ジャスティン・マッカーシー『現代の歴史』（一八八七年）であり、いずれも高田にとって同時代的著作であった。

また、浮田が、「早稲田叢書」からグッドナウの『比較行政法』を、「文明協会叢書」からコールの『産業自治論』を訳出したことについてはすでに指摘したが、これらの原著の刊行は、それぞれ一八九三年、一九一九年であり、これらの原著は、高田の場合と同様に、浮田にとっていずれも同時代的著作であった。

高橋清吾が、一九一九年度に大学部政治経済学科で、二〇年度、二二年度に政治経済学部政治学科で、原書研究のテキストとしてグッドナウ『立憲政治の原理』を用いたのは、疑いなくこのような文脈においてであったろう。ちなみに、早稲田大学中央図書館所蔵の『立憲政治の原理』の原著には、「大正五年一一月七日購求」と記録されており、出版直後に購入された事が知られるが、同書の九五ページには「大正十一年二月大政終り」、二一九ページには「大学二年終り」の書き込みがある。あるいは、この図書館所蔵本は、高橋が講義の際に用いたものであるかもしれない。高橋は、この年度に第一学年と第二学年でこの原著をテキストとしたのである。

さらに、浮田が、一九二三年刊の『最新政治学』においてつぎのように論じ、ウォーラス政治学の解説と評価においてわが国の政治学史上先駆的な役割を演じたのも、「文明協会叢書」を通じてのウォーラス紹介と密接に関連するにちがいない。

「従来政治学研究法は、歴史的観察と哲学的観察の二種に限ったものゝ如くに解せられて居たが、近頃第三の研究法が主張せらるゝことになった。其の著明なる代表者は英国のグラハム・ウォラス氏である。一九〇九年氏は『政治上に於ける人間の天性』といふ著を著はし、一九一四年には『大社会』、又た一九二一年には『我が社会的遺産』を公けにしたが、何れも政治心理の微妙なる観察を専らとした名著である。氏は未だ其結果として具体的に証明さるゝ何等の原則を発見して居らぬが、政治的進歩の遅々たる所以又た将来如何にして其の進歩を促す可き乎に就て新見解を与へ、頗る顕著なる貢献をなして居る。[10]」

ところで、高田、浮田らに続く世代の早稲田政治学の担い手としての大山郁夫、高橋清吾らは、翻訳による欧米政治学の導入から一歩進んで同時代の欧米政治学の理解の上に立って、わが国における新しい政治学の形成への先導役を演じた。高田は、一九一四年四月から七か月にわたった外遊から帰国した直後の一一月一〇日に早稲田大学で学生に対しておこなった講演「外遊所感」において、「学問の独立なくして一等国何処に在りや。最も高い意味に於ける学問の独立が無ければ国家の体面は完全で無いのである。まだ恥かし乍ら日本に於ては今日迄ないと云って宜い。日本は問屋から学問を卸して貰って居る小売店である[11]」と論じて、「最も高い意味の学問の独立」を訴えたが、第二期の早稲田政治学は、いわばこのような高田の呼びかけに呼応する方向で展開されたのである。

大山の政治学上の主著『政治の社会的基礎』(一九二三年)と『現代日本の政治過程』(一九二五年)は、まさしく「問屋から卸して」もらう「小売」的あり方からの脱却をめざした政治学への試みの所産であった。たしかに、『政治の社会的基礎』には、一九一〇年秋から一二年秋までのシカゴ大学留学中に大山が師事したC・E・メリアムの影響が色濃い。たとえば、同書における「科学としての政治学」への主張、「政治学への心理学の導入の必要性」の強調などは、大山が聴講したメリアムの「政治学原理」講義における主論点と密接に関連しているとみられるのである。さらに、書名は、前年に出版されたC・A・ビーアドの『政治の経済的基礎』にヒントをえたものであるかもしれない。大山は、『政治の社会的基礎』において、このビーアドの著作に言及し、「この書は目下早稲田大学教授高橋清吾氏が翻訳を企ててゐるとのことである[12]」と注記している。ちなみに、高橋の訳書『政治の経済的基礎』は、『政治の社会的基礎』（一九二三年二月二八日刊）のひと月半後の一九二三年四月一〇日に刊行された。

また、『現代日本の政治過程』の総ページ二七二ページ中の四割強に当たる一一六ページは、オランダのライデン大学のフーゴー・クラッベの『近代国家観』（ドイツ語版一九一九年、英語版一九二二年）における多元的国家観の解説紹介にあてられている。

それにもかかわらず、大山の政治学の特徴は、さらに進んで当時の日本の現実政治の分析に立ち向かったところにある。すなわち、大山は、『政治の社会的基礎』においては、「国家生活及び政治現象を、その赤裸の姿に於て究明」する「実証主義的立場」「科学的政治学」を提起し、政治現象を「徹頭徹尾一の集団生活現象」としてとらえ[13]、この視座から「現代日本の政治生活」の解明を試み、また、「政治機関に向って作用する現実の社会的諸努力の実質、及びそれ等の間に行はれる相互的関係若しくは相互的作用の実況[14]」を明らかにする作業を通じて、大正期日本の政治の断面図を描き出したのが、『現代日本の政治過程』であったのである。そして、ここでの「政治生活」「政治過程」といった視点の提起は、まさしく「新しい政治学」の宣言を意味するものであったといえよう。

高橋清吾の場合、一九一四年八月から一八年七月までの四か月の留学生活をコロンビア大学、ニューヨーク市政調査会を通じてC・A・ビーアドに師事してすごし、帰国当初は、ビーアドの『政治学』『政治の経済的基礎』などの邦訳をはじめとして、ビーアド政治学の祖述者の役割を演じたが、やがてその土台の上に立って自らの政治学の形成へと向かった。その成果が、一方における、「政治科学の基礎知識」を「我が国の材料」に基づいて体系的に提示しようと試みた『政治科学原論』（一九三一年）であり、他方における、政党の理論とともに主として英米政党との比較において日本政党の発達、組織、活動について検討し、４節で立ち入ってみるように、わが国政治学における政党研究の道標的業績として位置づけられる『現代の政党』（一九三〇年）である。

いずれにせよ、早稲田政治学が、一九世紀末から二〇世紀初頭期にかけて、とりわけアメリカ政治学を軸とする現代政治学の展開の中で、わが国政治学において先導的役割を演じることができたのは、草創期の早稲田政治学の担い手たちの多くが、アメリカ留学経験者であり、しかも同時代の新しいアメリカ政治学の中心的担い手たちの活動の間近の目撃者であったことと無関係ではあるまい。

高田にウィルソンの『国家』の訳出のきっかけを作った家永豊吉は、一八八七年から九〇年までの三年間ジョンズ・ホプキンズ大学に留学し、ハーバート・バックスター・アダムズとリチャード・T・イーリーに師事したが、当時のジョンズ・ホプキンズは、新しい社会科学の苗床であり、ウッドロー・ウイルソン、ジョン・デューイ、フレデリック・ジャクソン・ターナー、アルビオン・W・スモールなど、二〇世紀初頭期のアメリカの社会科学の新しい流れの先導者となった研究者たちが、家永豊吉の留学期間と重なる時期あるいは相前後する時期に家永と同様にアダムズやイーリーの指導の下に、ジョンズ・ホプキンズで大学院学生生活を送っていた。家永は、そのような「知の奔流」のただ中で留学生活を送り、新しい学問の熱気を東京専門学校にもたらし、海外留学経験のない高田のアメリカ政治学への関心を強く刺激したのである[15]。

大山がシカゴ大学で留学生活を送った一九一〇年から一二年にかけては、「現代政治学の父」メリアムが明確に「新しい政治学」を標榜する以前の時期であった。しかし、大山が聴講して作成したメリアム「政治学原理」「政党論」の詳細な講義ノートからうかがえるのは、メリアムの「新しい政治学」が、すでにこの時期に準備されていたということであり、大山は、講義聴講を通じて直接的にメリアムの新しい政治学の構想に触れていたとみられるのである[16]。

また、高橋がコロンビア大学に留学したのは、師事したビーアドが『アメリカ憲法の経済的解釈』(一九一三年)を公にした翌年のことで、高橋が一九一七年七月に博士号を取得した三か月後の一〇月に、ビーアドは、この著作をきっかけとして深刻化したコロンビア大学当局との緊張関係の中で、コロンビア大学教授を辞職した。高橋は、まさにこの「ビーアド事件」の最直近の目撃者であったのである[17]。

一九一八年八月に帰国した高橋と入れかわる形で一八年九月から二三年九月までの海外留学に出立したのが、中野登美雄である。中野は、まず一八年一一月からシカゴ大学で留学生活を送り、翌一九年一〇月からはジョンズ・ホプキンズ大学に移り、当時のアメリカで憲法論の第一人者とされていたウェステル・ウッドベリー・ウィロービーに師事して研究を進め、二二年六月に「天皇の命令権」と題する論文によって博士号を取得した。

ちなみに、ウィロービーは、一九一二―一三年にアメリカ政治学会の第九代会長をつとめたが、メリアムは、二四―二五年に、ビーアドは、二五―二六年に、それぞれ第二〇代、第二一代の会長をつとめている。この点からも、早稲田政治学の、二〇世紀初頭のアメリカ政治学の中心的流れとの密接な関係をうかがうことができよう。

3　デモクラシー論の旗手

早稲田政治学を特徴づけるデモクラシー論の提起と推進においても、その先導役を演じたのは、高田早苗である。高田のこの点での活動は、国会開設をはさむ時期に読売新聞を舞台としてもっとも躍動的に展開された。

一八八七年八月に二七歳で読売新聞の初代主筆に就任した高田は、紙面改革の一つの軸として、「憲法及び国会法に関する通俗の問答を記載し、国会開設準備の一端となす事」をあげ、みずからの執筆で、一八八七年一〇月一日から翌八八年七月二二日まで七三回にわたって「国会問答」を連載している。この連載は、国会の意義、歴史から運営の実際にまで説き及ぶ「市民のための国会入門」ともいうべきもので、国会開設前の時期における国会への一般的理解に資する啓蒙をねらいとしていた[18]。

高田は、その後も読売紙上での論説を通じて立憲政治の発展へ向けて不断の論陣を張ったが、そのような活動の中でさらに二つの啓蒙的連載を掲げた。一つが、大日本帝国憲法発布の三日後の一八八九年二月一四日から四月三日まで三五回にわたって、憲法の全条文についての解説を試みた「通俗大日本帝国憲法註釈」であり、他の一つが、第一回衆議院議員総選挙が実施される半年前の一八九〇年一月一一日から二七日までの一〇回にわたって連載された「衆議院議員選挙法講義」である。そして、このような活動の延長線上で、高田は、第一回総選挙の直前の時期に「衆議院議員の撰挙近きに在り」(一八九〇年六月二五日)、「選挙人に告ぐ」(六月二六日)、「再び選挙人に告ぐ」(六月二七日)、「撰挙権を重ずべし」(六月二八日)等の論説を連日読売紙上に掲げ、公正な選挙の実現、積極的な投票参加を有権者に訴えた。

高田が読売新聞主筆として活躍したのは、一八八七年八月一日から九〇年一二月末までの三年五か月であった。要するに、高田は、わが国デモクラシーの黎明期に「デモクラシーへの市民教育」において、時代的役割を果敢に担ったのである。

これに対して、大正期にデモクラシーへの転轍手的論陣を張ったのが、浮田和民であった。浮田がこの活動のための主舞台としたのは、雑誌『太陽』である。浮田は、一九〇九年一月から一七年六月まで、四九歳から五七歳にかけての八年間、『太陽』の主幹であった。

浮田を『太陽』主幹に招聘するに際して、出版元の博文館主大橋新太郎の意をうけて交渉の衝に当たった坪谷善四郎にあてた浮田の書簡の一節は、浮田のデモクラシー論者としての面目を鮮やかに映し出している。すなわち、浮田は、この書簡において「小生事業は教育を本位と致し居候間矢張り国民教育の一端として将来太陽の新発展を期せらるるや否や明白ならずしては入社の名義成立不仕と愚考仕候因て左に小生平素の持論を列挙仕候間若し将来之を太陽の主義方針となし又た博文館主及び館員御一同の賛助により之を実際に実現するの希望御座候はば何とか早稲田大学と協議の上編輯員の末席に列するも不苦と存申候」と述べ、持論の第一に掲げたのが、「憲法政治の完成、選挙制度の刷新を期する事。欧米諸国殊に英国に於ける選挙制度を調査し改正の法案を輿論に訴へ又た議会に提出する事」であった。[19]

そして、浮田は、一九〇九年二月一日発行の『太陽』で、「太陽の読者に告ぐ」と題する主幹としての最初の論説において、その立場についてこう宣言したのである。

「余新に本誌に主幹たりと雖も其の主義方針は別に従前と異ならざるのみならず、益々内には人格の観念、自由の理想を発揮して倫理道徳の大本、立憲制度の基礎を確立し、外は世界的精神を鼓舞して平和の競争に萬国と駢馳し、文明の事業に世界と同化し、人類の幸福を増進せんことを主張すべし[20]。」

ちなみに、浮田と『太陽』の間をとりもったのは、高田早苗であった。当時博文館の編輯部主幹であった坪谷善四郎は、浮田が主幹として初登場した同じ号の『太陽』に「法学博士浮田和民君を迎ふ」と題して、浮田を『太陽』の主幹に招いた経緯を説明する一文を寄せ、こう書き記している。

「往年島谷部春汀氏を太陽に聘するや、早稲田大学学長法学博士高田早苗君の斡旋に因れり。而して今や浮田君は実に同大学枢要の位置に立たる。故に吾人はまた高田学長に就き、先づ其承諾を請ひ、且つ斡旋を煩はし、交渉多次、茲に始めて浮田博士の肯諾を得、今より同君を本誌の主幹に戴くの運びとはなりぬ[21]。」

このようにして、その後自由主義的立場に立ってデモクラシーの発展を促す方向での浮田の論説が、毎号の『太陽』巻頭を飾ることになる。浮田が、主幹就任から一年余りを経た一九一〇年三月一日刊の『太陽』に掲げた「選挙権を拡大せよ」と題した論説でつぎのように論じているところに浮きぼりにされているのは、「鉄腸の自由人[22]」浮田の面貌であろう。

「今日の急務は政党をして速かに政権を掌握せしむるに非ず、唯だ国民をして真に健全なる多数の輿論を喚起せしめ、議会に於て其の輿論を代表せしむるに在り。政党なるものは之が為めに生じ、之が為めに存し、之が為めに動く可きものなりとす。……現状を打破し局面を展開するの道は輿論を喚起し選挙権を拡張するの一途にあるのみ。如何なる程度にまで選挙権を拡張す可きかは第二の問題なり。兎に角現今の腐敗せる投票買収制度を一掃して健全なる選挙競争の行はれ得べき程度にまで選挙権を拡張せざる可からず[23]。」

ところで、『太陽』を主舞台とする浮田のこのような自由主義的政論は、当時の知識層に広く注目された。熊本洋学校で浮田の後輩であり、また同志社英学校では浮田の門下であった徳富蘇峰は、浮田の論説について「論文家としては、浮田氏の技倆決して植村氏の下にあらず。其の哲学的思想の広くして、史眼の透徹する、而して時務的観察の鋭敏なる、或は過ぐるものあらむ[24]」と評しているが、さらに吉野作造は、『太陽』における浮田の論説の刺激力について、学生時代を回顧しながらこう証言している。

「其頃早稲田大学の浮田和民先生は毎号の『太陽』の巻頭に自由主義に立脚する長文の政論を寄せて天下の読書生の渇仰の中心となっていた。私も之には随分と惹きつけられた[25]。」

浮田が、一九一九年六月に『太陽』主幹を退くのと入れかわる形で大正中期に論壇に登場し、大正デモクラシー期を代表する政論家として目覚ましい活動をしたのが、ほかならぬ大山郁夫である。大山が四年間の海外留学を終えて帰国したのは、一九一四年一一月で、三四歳のときであったが、大山の政論活動は、その翌年から一九三二年三月にアメリカに亡命したあと同地から寄稿した「米国現政局を俯瞰して」が『中央公論』に掲載された三四年一〇月までの二〇年間にわたるが、この間の活動の舞台は、『中央公論』『我等』『新小説』『解放』『改造』などの諸雑誌であり、とりわけ主舞台は、『中央公論』と、長谷川如是閑、井口孝親らと一九一九年二月に創刊した『我等』であった。

大山が、一九一五年から二七年三月の早稲田大学教授辞任の翌年までの間に、『中央公論』と『我等』に発表した論説、論評、翻訳等の各年ごとの編数は、**表2―1**[26]のとおりであるが、これらの両誌に一九二一年七月から二三年三月、二四年二月から二五年三月までの間にそれぞれ掲載された論文を中心として構成されたのが、大山の政治学上の主著としての『政治の社会的基礎』と『現代日本の政治過程』である。要するに、これらの両著は、大山の政論家としての活動の最盛期の所産であった。

『政治の社会的基礎』は、２節で触れたように、「国家生活及び政治現象を、その赤裸の姿に於て究明」することを目指す「新しい政治学」としての科学的政治学の提起と、この立場からの日本政治の現状分析を主題としており、全体としていわば「デモクラシーの政治学」の趣が色濃い。

ここで大山は、「一切の政治現象の根拠である社会群間の闘争の因って起る原因は、それぞれの共同利害関係を中心として行動する各個の社会群が、集団としての自己保存及び自己拡大の衝動に促される自然的傾向を有して居るところから来てゐる[27]」として、政治における集団の役

表２―１　大山郁夫の『中央公論』『我等』での活動

年	中央公論	我　等
1915	—	—
1916	4	—
1917	7	—
1918	15	—
1919	3	30
1920	4	24
1921	3	20
1922	2	14
1923	2	6
1924	2	3
1925	6	2
1926	5	10
1927	3	2
1928	5	1

割を積極的にとらえる見地を打ち出している。そして、『現代日本の政治過程』では、この見地をさらに進め、「現代の政治生活に於て、最も有効に主張され表現されてゐる利害関係は、常に例外なく、組織されたるそれであるところの、集団利害関係――階級的利害関係もそのうちの一つである――なのである。集団現象の政治的意義の重要さは、実にこの点から来ているものである[28]」と説き、このような「集団過程の政治的意義に立脚する多元的国家観――それは、将来必ず、政治学説の主潮となるべき運命を担ふ日を見るだらう[29]」と論じた。

しかし、大山の議論は、デモクラシーの政治学へ向けての政治学の再構想にのみ関わっていたわけではない。大山は、さらにこのような新しい政治学の上に立つデモクラシー観をふまえて、現実政治のあり方を問い、わが国におけるデモクラシーの発展への方策を案じた。「都市自治」を論じた一九一六年の論文と「女性の地位」を論じた二二年の論文中における大山のつぎのような議論の中に投影されているのは、まさしくそのような大山の政論の特徴であるが、ここ

で同時に注目すべきは、今日なお有意性を失っていない議論のみずみずしさであろう。

「現今廟堂に立って堂々天下の大勢を論ずる輩より、下っては地方自治団体の小吏に至るまで、大多数は皆、抑へ難き物慾の支配を受くる点に於ては、街頭の凡俗と択ぶ所なき尋常人である。少なくとも爾仮定するのが安全である。蓋し政治はどこまでも人のために人がする政治である。故に何かの奇蹟に依りて一朝人性が根本より改造せらるゝに至らざる限りは、政治が公開主義の下に行はれざる時には、腐敗涜職は永久に之と離れ去らざるべきものであると覚悟せねばならぬ[30]。」

「如何なる社会状況の下に於ても、個人格の独立が少しでも尊重せられる限りは、個人的眼ざめの価値の失はれる時の到来する筈はないものである。しかしながら、如何なる社会状態の下においても、真に実効のある個人的眼ざめは、社会生活を背景として居るものでなければならないのである。この理由に依って、若し現代の社会生活に於て婦人の個人的解放の要求が必要であるとしたならば、それは同時に婦人の社会的解放の要求に依って裏附けられてゐるものでなければならないものである。でなければ、その因って立つ所以の基礎の欠けたものであり、従ってそれは到底永続的の効果を期することが出来ないものである[31]。」

ところで、大山にとって「多元的国家観」は、将来かならず「政治学説の主潮」となるべきものであり、大山は、「多元的国家観」を「社会の多元的構成の認識の上に立脚する国家観[32]」と説明しているが、『政治の社会的基礎』『現代日本の政治過程』が刊行された一九二〇年代の半ばの時期における早稲田政治学のデモクラシー論は、この多元的国家論と密接に関連していた。

早稲田政治学において多元主義的見地をもっとも早く提示したのは、一九一八年八月に四年間のアメリカ留学から帰国した高橋清吾が、翌一九年一一月に公刊した、デモクラシーとは何かについて概説を試み、さらに進んで「最近時に於けるデモクラシーは、自覚せる民衆が主として平等の理想に立って、現状を打破し、以て各自に対する自由なる新社会を創造せんとする運動なり[33]」とするデモクラシー定義を提起した『デモクラシー』であるかもしれない。二八歳の気鋭の新帰朝者であった高橋は、同書をこう結んでいるのである。

「文化的教養ある民衆の社会は、即ち各人及び各団体の利害及び思想の相異点を調節均衡する社会なるを以て、政治上にありては従来の如く主権なるものを単一にして絶対的なる権力と観ないのみならず、他の方面に於いても社会的性質を具ふる限り単一的観念を排斥する。かくして単一的より綜合的へ、絶対的より制限的へと進むのが最近時デモクラシーの鯨波であって、こゝに意識しつゝある現代人の協力生活があり、こゝにデモクラシーの希望がかゝって居るのである[34]。」

そして、いっそう明確な形で多元的国家論の先導者の役を演じたのが、浮田和民であった。浮田は、一九二三年に出した『最新政治学』で、レオン・デュギー、G・D・H・コール、フーゴー・クラッベなどの多元的国家説について詳細に検討し、こう論じている。

「国家は如何に進化しても国家である。故に最後まで国家に主権が必要である。……唯だ政府及び人民が今日自覚しなければならぬことは国家は社会の一部分であって凡ての社会を包含するものでないといふ真理である。国家は強制権を用ひて或る点まで統一的になし得る事には有効であるけれども強制権の及ばざる範囲内に干渉するのは無用の沙汰である。仮令ひ或る点まで統一的になさねばならぬ事であっても経済上及び社会上の問題は単に強制権に依って解決さるゝものでない。是等は人民各個の自由活動若くは其の任意的組織に一任しなければならない[35]。」

それだけではない。その二年後に、浮田は、すでに触れたように、「新三権分離論」の立場からの多元的国家説を提起したコールの『産業自治論』を自ら邦訳し、「文明協会叢書」の一冊として公刊した。訳者序において、浮田が、同書の意義についてつぎのように指摘しているところに示唆されているのは、まさしく多元論への浮田の積極的評価であろう。

「彼れが従来分割不可能と政治学者が殆んど絶対に仮定して居た国家の主権を機能的に分割して之を国家とギルドとの間に分有せしめ而して真の司法権独立を主張し、新三権分立論を定義した点は事実肯綮に中り、よく時弊に適中し、理論の正確なることモンテスキューの三権分立論の及ぶ所でないのである。[36]」

この『産業自治論』の邦訳の刊行日は、一九二五年九月二〇日であったが、その四か月前の五月一八日の日付で刊行されたのが、大山の『現代日本の政治過程』であり、ここで大山が、同書の全ページの半分に近い一一四ページを費やして解説したのが、「最近に於ける国内上及び国際上の政治事実の推移が、我国に於て従来最も広く流布されたドイツ正統派の国家観を漸次に不信用なものにしてゐる際に当って、それに勇敢に対抗して、別に独自の境地を打開し、新らしき見解を提供して居る〝近代国家観〟の雄弁なる代表者[37]」としてのクラッベの多元的国家観であった。

そして、この大山の著作が刊行された一九二五年の早稲田大学政治経済学部政治学科の第二学年配当の「特殊研究」で、担当の中野登美雄は、テキストにクラッベの『近代国家観』(英語版、一九二二年)を用いた。また、その翌二六年度には、早稲田大学専門学校政治経済科の第三学年の英語の授業のテキストとして用いられたのは、多元的国家論の立場に立つ二五年六月刊行のハロルド・J・ラスキの『政治学原理』である。担当者は、吉村正であった。

4　政党研究の開拓と積極的政党観

早稲田政治学の第三の特徴は、その当初からデモクラシーの政治における政党の意義に目を向け、わが国政治学の政党研究において開拓的な役割を演じてきたことである。

早稲田政治学における政党への注目は、東京専門学校の初代の「政治原論」の担当者であった山田一郎に始まる。この山田の政党論がまとまった形で展開されているのは、「政治原論」講義に基づくとみられる一八八四年九月刊の『文学士山田一郎先生著　政治原論』においてであり、同書の総ページ（二三二ページ）のうち、四分の三近く（一七二ページ）が、「政党論」にあてられている。ここでまず注目にあたいするのは、「政治原論」における「政党論」の重視ぶりであるが、同時に目を見張らされるのは、「政党論」の構成であろう。すなわち、同書での「政党論」は、「第一篇　政党ノ釈義」「第二篇　政党ノ必用」「第三篇　政党ノ効能」「第四篇　政党ノ無用」「第五篇　政党ノ弊害」「第六篇　政党ノ種類」「第七篇　施政ノ主義」「第八篇　政党ノ組織」「第九篇　政党ノ運動」「第十篇　政党ノ変遷」「第十一篇　結論（日本政党論）」の一一章から成っており、その体系性は際立っている。しかも、これらの主題は、まさしく今日の政党研究の中心的課題と接続するのである。

なお、同書の刊行から四年を経て、これらの一一篇中の「第十篇」「第三篇」「第五篇」「第八篇」「第九篇」「第二篇」「第七篇」の七篇が、ほとんど手を加えずにこの順序で雑誌『政友』に七回にわたって連載された[38]のも、山田の「政党論」の当時の評価の高さを裏書きするものであるかもしれない。

いずれにせよ、山田の「政党論」でさらに目をひくのは、議論の斬新さであり、また的確さであろう。山田は、政党を定義して、「政党トハ政治上ニ同一ノ意見ヲ貫徹センタメ結合スル所ノモノ」とし、さらに敷衍して、「其ノ結合ハ果タシテ政治上ノ目的ニ出テタルカ」「所謂ル党員ナル者ハ果タシテ同一ノ意見ヲ保有スルカ」「此ノ同一ノ意見ハ果タシテ之ヲ実施セントスルノ見込ミナルカ」「党員ナル者果タシテ結合ノ姿ヲ存スルカ」の四点について質し、「然リト答ヘ得ルノ場合ニ於テ始メテ之ヲ政党ノ称スヘキナリ」としている[39]。それだけではない。山田は、定義の問題に附随するいわば議論のための議論の弊に注意を喚起し、こう論じている。

「如何ナル是之ヲ真ノ政党トナシ如何ナル是之ヲ偽ノ政党ナリトセン乎余ハ之ニ答フルノ其タ容易ナラサルヲ

知ル否ナ余ハ真偽ノ問題ハ徒ラニ政治社会ノ感情ヲ害スルノミニシテ決シテ実際ノ利益ヲ生スルノ傾向ナキモノナルヲ以テ一切之ヲ実地ノ論場ヨリ排斥シ去ランコトヲ欲スルナリ[40]」

このような抑制のきいた議論の展開の中での際立った特徴は、山田が、政党の必要性を検討し、進んでその機能に説き及んでいるところにある。山田は、「政党真偽ノ論」より重要なのは、「政党ハ世上ニ必要ナリヤ否及ヒ効能弊害ノ及フ所ハ如何ナルヘキカノ点ニ至テハ充分ニ之ヲ研究」することであると論じている[41]が、実際に、山田の政党論の議論の核心部分をなすのは、政党の「必用」「効能」「無用」「弊害」を論じた四篇であるとみてよかろう。

まず、山田によると、「君主独裁ノ下」や「寡人専制ノ下」においては、政党の必要はないが、「多数政治ノ下」においては、政党は必要不可欠であるという。「多数ノ意志ヲシテ有効ナラシムルカタメニハ政党ニ頼ラスシテ能ク之ヲ達スルノ方途ナキ」とみられるからにほかならない[42]。その理由として、山田は、二つの点をあげている。一つは、「過半数ノ議決ヲ得ル」ためである。すなわち、もし国会の議決が過半数によらない場合、「多数ノ意想」が没し、全国民中の「少数者ノ意想」がまかり通る結果になりかねないが、これを防ぐには、代議士が、「多少自説ヲ枉クル所ナカル可ラス小異ヲ措テ大同ヲ取リ結合ノ力ニ由リテ大主義ヲ達スルコト君主ノ道ナルコト」を知って、政党組織に結集すれば、国会の議決が、つねに過半数によっておこなわれることになる。このようにして、山田にとって、政党こそは、「多数ノ意想ヲシテ政治上ニ貫徹セシムルノ一大鍵関」であった[43]。

山田にとって、政党を必要とするもう一つの点は、「円滑ナル政治ノ更迭ヲ得ル」ことにほかならない。すなわち、二、三の大政党が存在する場合、その首領は、「国会議員中ノ錚々者」であることは明らかであり、これらの首領とその「羽翼」とが、政権を担当することをルールとすれば、政府の更迭は円滑におこなわれ、多数政治の実が全うされることになるとみられるからである[44]。

ついで、山田は、このような政党観の上に立って、政党の「効能」を「政治上ノ秩序ヲ保存スル」「政権ノ強大ヲ鞏固ニスル」「反対党ノ地位ヲ安全ニスル」「国民ノ智徳ヲ政治上ニ増進スル」「天下泰平ハ政党ノ賜」といった五つの点について指摘している[45]。これらのうち、第五の効能以外についてはほとんど付言する必要はないであろうが、反対党の地位や政党の政治教育機能への言及は、山田の傑出した洞察力を裏書きするものであろう。そして、さらに山田の非凡さをうかがわせるのが、いわば国民の不平不満のはけ口として作用し、その結果、社会の平和の保持に役立つという政党の第五の機能への注目にほかならない。山田は、この機能に関連して「人或ハ余カ言ノ荒唐ナルヲ笑フ者アランモ知ル可ラスト雖モ読者誠ニ反省セハ余カ言ノ決シテ荒唐ナルニ非サルヲ悟ルコトヲ得ヘシ」とし、こう説明している。

「人心何ヲ以テ不平ナル、自家ノ所見世上ニ勢力ヲ得ル能ハサレハナリ、持説何ヲ以テ世ニ行ハレサル、政府ノ組織能ク言論ノ自由ヲ汎許スルモノアラサレハナリ去レハ此ノ政府ノ組織ヲ改良〆国中ノ言論自由ニ横行スルヲ得ルニ至リ人々ノ所見世上ニ勢力ヲ得ルニ及テハ人心ニ不平ノ痕跡ヲ留ムルコトナク天下太平ノ源泉始テ開通スヘキナリ而テ余カ之ヲ以テ政党ノ力ナリトスル者抑モ故アリ夫ノ独裁専制ノ世ニアリテハ政府ノ組織ヲ改良スルコト平和ノ運行ニ由テ成スヘキニ非ス……然レハ即チ太平ヲ以テシテ天下常ニ戈ヲ戢ムルノ美観ヲ得ント欲セハ多数政治ヲ採リ政府ノ組織改良ヲシテ容易ナラシメ国中ノ言論自由ニ横行スルノ外ナキナリ……即チ天下ノ太平ハ政党能ク之ヲ致シテ政党能ク之ヲ守ルト云フモ敢テ不可ナルコトナキナリ[46]」

すでに明らかなように、山田の政党観は、基本的に政党肯定的であるが、この見地は、山田が、政党の必用、無用、効能、弊害に関する議論をつぎのように総括して、重ねて政党の意義を強調しているところにきわめて端的に示されている。

「政党ハ多数政治ニ必要ナリ而シテ多数政治ハ吾人ノ将来熱望スル所タリ余ハ天下人士ト與ニ断然政党ノ方便ニ由リ之ヲ改良シテ効能ヲ奏セシメ以テ無用ノ笑ト有害ノ譏トヲ避クルノ他ナキヲ信スル者ナリ[47]」

　このような山田の政党論は、当時のわが国における反政党主義的風潮の中で、山田が、高田早苗、市島謙吉らとともに小野梓を中心とする鴎渡会に加わり、改進党の結成に参画したことと無関係ではなかろう。それにもかかわらず、「天才的人間」「独創」の人と評された[48]山田の議論は、国会開設以前の時期に議会政治の実際を観察する機会のない中で、横溢する想像力に導かれて、きわめて論理的、分析的、体系的に展開され、ほとんど党派的バイアスを免れている。その議論が、大筋において今日の政党研究の有意な源流を形成しているのも、まことにゆえなしとしない。

　山田が一八八五年九月に東京専門学校講師を辞したあと、早稲田政治学の源流で政党論の論客として活躍し、国会開設期に政治運営における政党の不可避性を論じ、政党政治の発展の必要性を強く主張したのが、高田早苗である。まず、高田にとって、政党は、「其実質に於ては如何なる政躰の下に於ても存在す」るものであった。人類は「先天的喧争の性」をもつからである。高田は、こう論じている。

　「国内多数の人民を治する場合に於て其意見を一に帰せしむるは殆ど為し難きの業と謂ふべし。挙国一致と云ふが如き外に対する一時の現象としては或は期し得べきも之を永久の現象としては殆ど河清を待つと一般なり。是れ政党なるものの社会に起る根本的原因なり。されば政党は人の天性に基くに起りて決して人為に因りて起るものにあらず。即ち人類の先天的性情に基きて興起するものなり。或は政党を目して立憲政治の特有物の如く称ふる者ありと雖も抑も誤謬の見解と云はざるべからず[49]。」

　政党の発生に関するこのような見地において、高田は、大隈重信とほぼ共通的であった。あるいは、この見地は、両者の間で議論されたものであるかもしれない。大隈は、一九〇六年におこなった講演「日本政党史論」において、「人間は自然に利害の関係から仲間を生ずるが、之が即ち党派である」とし、「何故に党派が成立つかと云ふと、是は人心の同じからざるは其面の如くで、人各々志があり、又其志が自ら違ふ。違ふと其間に多少衝突が起る。従て意見を同じうする仲間が出来て来る。さうすると他の一方にも亦其反対の仲間が出来て来るから勢ひ徒党――党派になる。是は人類が社会を成す以上は、必然直ちに発生すべき事である」と説明している[50]。

このような政党観を背景にして、高田は、積極的に政党内閣論を展開した。周知のように、帝国憲法が発布された一八八九年二月一一日の翌日に内閣総理大臣黒田清隆が、またその三日後に枢密院議長伊藤博文が、それぞれ地方長官、府県会議長に対して演説をおこない、政党内閣を非とする超然主義の立場を強く打ち出した。高田は、その直後の『憲法雑誌』に「政府政党の外に独立する能はず」と題する論説を二号（一八八九年三月五日号、三月一五日号）にわたって連載して、超然主義に異議を唱え、「宰相と雖も、有情動物の一種なれば、必しも不偏不党を期し難からん、其政を執るの間に、彼れを愛し此を憎み、彼を嫌ひ是を好む事、必らずしも之無しとは謂ひ難かるべし、宰相も亦有限智識の人類なれば、政略を過つこと無しとせず、計策当を得ざる事無しとせず、宰相は有情の動物なり、故に政党外に立つこと難し、宰相の智識限りあり、故に更迭制度の必要起る」と論じて、伊藤らにまっこうから挑戦した。高田は、議論をこう結んでいる。

「余輩は固より憲法を発布したる政府の鞏固なる事を望まざる可らず、憲法を実施するの任を負ふ現内閣の鞏固なる事を望まざる可らず、然れども若しこの現内閣にして、我伊藤伯我黒田伯にして、憲法施行の任を尽せるの後、帝国議会の開設を全ふしたる後、尚ほ其説を改められず、政府は何時か何時までも政党外に独立すべき者なりと主張さるゝに於ては、余輩勢ひ二伯に向って、反対の説を述べ、二伯の反省を乞はざる可らず、余輩は我が講壇改進の主義に照し、余輩の確信する哲理的及歴史的の真理に照して、政党内閣の善美を主張する者なり[51]」

高田は、その後も一貫して政党内閣論の立場に立った。『憲法雑誌』での議論から二〇年を経て、一九〇九年二月一一日に挙行された早稲田大学での「憲法発布二十周年記念式」に引き続いておこなわれた講演会で、高田は、「憲法に関する回顧と展望」と題して講演し、『憲法雑誌』での議論をふり返りつつ、重ねてつぎのように政党内閣論を展開している。

「昔から憲法の解釈に就て私共と反対の解釈を採って居る所の人は、屡々日本に於ては政党内閣は憲法の許さざる所であるといふが如き事を唱へた。是は実にをかしな話だ。私は憲法雑誌の一号から其事を幾度か反駁した。其後論より証拠政党内閣が出来た。国務大臣は天皇を補弼して其責に任ず。其責とは何ぞや。輔弼の責に任ずるといふことである。無論日本の国家に於て、陛下の親任を蒙った大臣は、陛下に対して輔弼の責を負ふことは勿論である。けれども国民の多数が彼を信任しない暁には如何にして陛下に対して輔弼の責を尽し得ることが出来よう。……議会多数が彼れを信用せずんば彼一日も其地位を保つことは出来ないのである。[52]」

このようにして、高田にとって政党内閣は「自然の勢」であったが、さらに憲法発布から四〇年近くを経た一九二七年に刊行された回顧録『半峰昔ばなし』において、高田は、超然内閣論が、伊藤博文がビスマルクの「真似をしたい」と考えたことからでてきたものとみられることに注意を喚起しつつ、政党内閣主義への年来の確信を改めて表明し、こう述べている。

「大隈さんは勿論、私共の同士は皆な同一主義を取り、政党内閣といふ事の為に多年奮闘し来つたのであるから、伊藤さんの超然内閣主義に対して私などは数々之を冷罵し『伊藤侯はビスマークに憧憬するの余り、其顔のみを見て来て其足を見ることを忘れて来られた。ビスマークは独逸帝国の大功臣であるから、一つの党派のみならず多くの党派に依て其内閣が支持されて居るのであって、ビスマークにあらずんば独逸帝国は到底発展の見込がないといふ厚い信用を得ている為である。此の如きは決して超然内閣といふべきものでなく、此の如き事態はビスマークにして始めて生み出せるのである。ビスマークならぬものが政党内閣主義を取らずして、鞏固なる内閣を組織する事の出来るものでない。財布尻を議会が握って居る以上、其中の多数党に依らずんば忽ち糧道を絶たれ、其結果は落城に終るものである』と常に私は公言もし批評もした[53]。」

早稲田政治学において、山田、高田のあとをうける形で政党論の担い手の役割を演じたのは、浮田和民である。山田や高田の政党論が、国会開設の前後期を中心として展開されたのに対して、浮田の政党論は、二〇世紀初頭期から大正デモクラシー期にかけての時期を中心として展開された。浮田の政党論が、このような時代的経過を背景とし、またわが国における現実の政党政治の動向の観察をふまえて、精緻度をいっそう高めているのは当然であろう。『太陽』の一九〇九年五月号の巻頭論説「将来の政党」や、一九一一年度の早稲田大学での「政治原論」の講義録の中にみられるつぎのような見地は、このような文脈での浮田の政党への視座を鮮明にうつし出している。

「政党は専制政治の禁物なれども憲法政治には必要なる条件なり。憲法政治は輿論政治なり、又た議会政治なり。議会の問題は常に賛成と反対との二派に分ると雖ども輿論を発揮するには多数意見、少数意見、折衷意見、又た独立意見の競争あるを通則なりとす。議会は輿論を代表する者なるが故に、今後輿論勃興するに従ひ議会の内外に数多の党派形成せらるゝは自然の数なる可し[54]。」

「将来政治家の任務は数多政派の意見を調和して一大結合体を組織するに在り。此の組織的能力を有する者は大政治家にして此の能力を欠く者は如何に廉潔方正の士君子なりと云ふとも未だ以て現代の政治を託するに足らざるなり。大政治家と否とを判定するの検証一に此に在りて存す[55]。」

「思ふに列国の政党が第十九世紀に於いて自由主義と非自由主義とに分れたるが如く将来或は社会主義と非社会主義とに分るゝことあるべしと雖も第十九世紀の自由党が終始全然進歩党たること能はず又た保守党が終始全然保守党たること能はざりしが如く将来に於いても亦全然個人主義若しくは全然社会主義の両政党成立すること無かる可し[56]。」

このような透徹した政党政治観とあわせて、浮田の政党論は、さらにつぎの二点でとくに注目に値しよう。一つは、それがわが国の政党発展史についての適切な眺望をふまえていることであり、他の一つは、それが政党の機能への積極的な評価を軸としていることである。

浮田が日本の政党発展を一望しているのは、大隈重信撰・副島八十六編修によって一九〇七年に公刊された『開国五十年史』に寄せた七一ページにわたる「政党史」においてである。この「政党史」は、第一章「維新大改革の原動力」、第二章「公議輿論及び議院制の由来」、第三章「政党の起源」、第四章「議会開設前の政党」、第五章「議会開設後の政党(一)政府と政党の大衝突の時期」、第六章「議会開設後の政党(二)政府と政党の譲歩提携の時期」、第七章「政党の将来」の七章から構成されているが、おそらくわが国の政治学者によって執筆された最初の学術的日本政党史としての位置を占めるものとみてよかろう。しかも、この論文は、板垣退助・大隈重信閲となっており、その意味で事実関係についてもいわば保証付きである。

このようなパースペクティブでのわが国政党の発展の検討を通じて一貫しているのが、浮田の政党への明確な肯定的視点にほかならない。すなわち、浮田はまず、国会開設以前の政党の役割を積極的に評価し、「明治六、七年時代に政党の萌芽を発せず、一四年以後に政党の活動なからしめば、二三年に立憲政治の成立を見ざるべし」と指摘したが、さらに国会開設後の政党の意義に関連して、「政党無くんば、国会の活動を遂ぐる能はず、憲政の効用を尽すに由なし、国民は此見地に立ちて、政党の発達進歩を望まざるべからず」と主張し、また重ねてつぎのように論じて、憲政の不可欠の要素としての政党に希望を託したのである。

「従来政党の行動は往々に目的の為に手段を擇まざるの弊あり、而して政党員の各自に就いて観察せば、多く失望の嘆あるを免れずと雖、政党としての成績及び其の将来を通考せば、我国憲政の要素として政党を認識するは、何人も異議なき所にして、特に憲政の友たる者は、其発達進歩を希望して已まざるなり。[57]」

浮田のこのような政党観をいっそう明瞭な形で提示しているのは、まえに触れた早稲田大学での「政治原論」講義であろう。この一九一一年度「政治原論」講義は、緒論「政治学への範囲及び効用」、第一編「国家論」、第二編「政府論」から成っているが、このうち第二編は、「政府の形体」「憲法の本質」「三権分立説」「立法部」「行政部」「司法部」「政党及び政策」の七章を含み、第七章では、政党の意義、英米其の他諸国の政党、二大政党成立の利益、政党と政策の四つの主題が議論の対象とされ、「政治原論」講義録の総ページ(三二九ページ)中の二五ページが、これらの主題の議論にあてられている。山田一郎の時代からすでに三〇年を経過して、はるかに体系化され、整備された「政治原論」講義の中で、政党論がなお八％弱を占めるというのは、浮田の政党重視ぶりをうかがわせるものにちがいない。そして、ここでの浮田の政党観は、つぎの一節に簡潔に示されている。

「兎に角多数人民の輿論によりて一国の政治が運転せらるる場合には党派の出現は避く可からざる所にして人民に参政の権を与ふれば其結果として人民全体の意見総一致することは極めて稀れなれば少なくとも多数少数の意見に分かれ人民の代議政治は畢竟多数政治といふに帰着す可し。而して人民多数の意見を明白ならしめ確実ならしむるの方法は政党の組織及び其の宣言に若くもの無し[58]。」

早稲田政治学における政党研究の展開の中で、浮田についで登場したのが、高橋清吾であった。高田、浮田らの政党論が、その時代的文脈とのかかわりで、しばしば政論的議論として提起されたのに対して、高橋の政党論は、特徴的に政治学上の研究として位置づけられる。高橋の政党研究を代表する著作『現代の政党』(一九三〇年)が、日本評論社によって企てられた「現代政治学全集」の第一〇巻として刊行されたところに示されているのは、このような高橋の政党論のありようにほかなるまい。

そして、高橋は、その二年後に出した『政治科学原論』(一九三二年)においても、「政党とは何ぞや」「政党発生の原因」「政党の成立過程」「政党の発展過程」「政党の機構とその活動」について、同書の全ページ(七三九ページ)の二割弱にあたる一二五ページを費やして、政治学的視座からの政党論に取り組んでいる。ちなみに、高橋の『政治科学原論』中における政党論の比重の大きさは、山田、浮田の『政治原論』の場合と合致していて興味深い。

高橋は、その検討に当たって、政党を「利害を同じくする人々が主として自己等の利益を維持・伸張せんがために政権を維持し若くは獲得せんとして闘争する社会集団」[59]であると定義し、さらに進んで「現代政治現象は主として政党現象」であり、このゆえに「政治科学の中心題目は『政党』でなければならぬ」とする見地を打ち出している[60]が、このような見地に立つ高橋の政党研究は、およそ三つの点で特徴づけられよう。第一は、研究の体系性である。『現代の政党』は、「現代政治現象」「政党とは何ぞや」「政党の起源」「政党の発生」「政党の組織及び活動」の各章から成っているが、ここに示されているのは、今日の政党研究上の主要論題の体系的な配置であろう。

第二の特徴は、欧米での同時代の政党研究に目を向け、それらの研究に呼応する形で研究が進められていることである。実際に、高橋が、『現代の政党』『政治科学原論』において言及した欧米の政党研究関連の著作の中に含まれるのは、ジェームズ・ブライス『アメリカ共和国』(一八八八年)、『現代民主諸国』(一九二一年)、M・オストロゴルスキー『デモクラシーと政党の組織』(一九〇二年)、ローベルト・ミヘルス『政党の社会学』(一九一一年)、A・ローレンス・ローウェル『イギリスの政治』(一九〇八年)、チャールズ・A・ビーアド『アメリカ政治論』(一九一〇年)、『政治の経済的基礎』(一九二二年)、『アメリカ政党の戦い』(一九二八年)、チャールズ・E・メリアム『アメリカ政党制』(一九二二年)、アーサー・N・ホルコーム『今日の政党』(一九二四年)、フランク・ケント『政治行動』(一九二八年)などであり、そこに読みとれるのは、高橋が同時代の政治学動向に向けた積極的な関心であろう。

そして、高橋が、政党の組織と活動をも視野に入れ、党首、政党の資金から政党の宣伝政策にまで論点を拡張しているのは、当時の欧米政治学、とりわけアメリカ政治学における新しい政党研究動向に直接的に呼応する試みであったにちがいない。今日もなお有意性を失っていないつぎのような観察は、まさしく高橋のこのような試みの所産であろう。

「党首はみな、政党の感情的旗幟である。党首の人気、党首に対する一般的同情は、大なる程度に於て総選挙の動向を左右する。政党政治は『闘争』である。すべての闘争は多分に『劇的性質』を具有するものである。それ故に、各政党は競ふて、人気のある若くは人気のありさうな人物を党首または党首に類するものに擁立しやうと努める。殊に、各政党の政策が大同小異の場合には、総選挙に於ける民衆の多くは政党党首の人気を中心として投票する傾向にあるから、現代の政党は『投票獲得』の立場からも党首の選定に注意を払うのである[61]。」

「民衆の多くは政治問題の争点を知らない。政治については、民衆は概して『理性』では動かない。所謂『人気』なるものは一種の『感情』である。従って民衆の感情に訴へそれを自覚に有利に誘導する政党が民衆の圧倒的支持を受けるのである。政党の宣伝政策はこの大衆心理の上に立って言論を誇張して『演劇化』する。殊にそれは選挙季節に於てさうである[62]。」

高橋の政党研究の第三の特徴は、高橋が英米の政党の発展と現実にも目を向けながら、論議の中心的対象を日本の政党としていることである。『現代の政党』の場合、明治初年から昭和初年までの半世紀余りの間の日本政党の発展を叙述した「第四章　政党の発生」の「第四節　日本政党の発達」にあてられているのは二八五ページで、総ページ（五二〇ページ）の五五％を占め、他の章の議論においても、つねに日本政党への論及がなされている。しかも、高橋の日本政党分析は、実際の観察をふまえてきわめて具体的であり、関連資料による適切な裏付けともあいまって、日本政党の先行研究としての有用性を今日なお失っていない。

早稲田政治学における政党研究の展開に関連して付け加えておくべきは、A・ローレンス・ローウェルの『ヨーロッパ大陸における政府と政党』の邦訳が「早稲田叢書」から、ローベルト・ミヘルスの『現代デモクラシーにおける政党の社会学へ向けて』とジェームズ・K・ポロックの『政党資金論』の邦訳が「文明協会叢書」から、それぞれ刊行されたことである。

これらの原著は、２節でも触れたように、現在いずれも現代政治学における政党研究上の道標的著作として位置づけられているが、これらの著作の意義をいち早く見てとったところに投影されているのは、当時の早稲田政治学の担い手たちの先進的な政治学的問題意識にほかならない。

ローウェルの『ヨーロッパ大陸における政府と政党』は、「現代政府の実際の活動」に視座を設定した現代アメリカ政治学における政党研究の草分け的地位を占めるが、現代デモクラシーにおける政党の機能について基本的に肯定的な立場に立っていた。原著の刊行が一八九六年、「早稲田叢書」からの刊行は一九〇三年であり、政党排撃論が依然として強い勢力をふるっていた時代的文脈の中へこの訳書が投じられた含意を汲み取るべきであろう。

また、今日、社会科学の古典の一つに数えられ、政党組織の政治社会学的分析に先鞭をつけたミヘルスの著作の邦訳が、「文明協会叢書」の一冊として刊行されたのは、原著刊行の二年後の一九一三年のことで、イタリア語訳、フランス語訳などにつぐ世界でもっとも早い外国語訳であり、『政党社会学』という的確な邦訳タイトルとあわせて、同書を文明協会から刊行する段取りをつけた浮田和民らの眼識には目を見張らされる。

さらに、ポロックの『政党資金論』は、アメリカ政治学において政治資金研究の開拓的役割を担った著作として知られ、邦訳は、わが国の政治学におけるこの領域での最初の学術的文献としての位置を占めるのである。

5　地方自治研究の提起

早稲田政治学を特徴づける第四の点としてあげられるのは、地方自治研究への先駆的関心である。実際に、学科目の上で地方自治研究関連の科目が登場したのは、きわめて早く、東京専門学校の最初期にさかのぼる。開校五年目の一八八六年度の「東京専門学校規則」によると、政学部第二年の政治学の科目の一つとして「地方政治論」が設置され、また八八年度の「東京専門学校新設諸科規則要領」によると、この年度から新設された「英語政治科」の第三年前期の政治学の科目の一つとして、「シャルマー氏英国地方政治論」が設置されている。

もっとも、これらの科目は、当該年度のカリキュラムのみに現れ、その後の年度に継続して設置された記録はない。この中で、一九〇六年度から井上友一を担当者として設置されたのが、「自治行政及法制」であり、この科目は、一三年度から「自治政策」に改称されたが、継続的に設置され、一八年八月にアメリカ留学から帰国した高橋清吾に交代するまで、井上が一一年間にわたって引き続いて担当した。

このような地方自治への先駆的・積極的な関心は、一つには、地方自治への人材供給をめざす草創期早稲田の指導者たちのねらいを端的に反映していたとみるべきであろう。実際問題として、一八八六年度の「地方政治論」と八八年度の「英国地方政治論」の担当者も、高田早苗であった可能性が高い。高田の東京専門学校開校初年度の担当科目の一つは、「行政法」であったが、同年度の「科程授業報告」において、高田は、こう報告している。

「行政法ハ政治学ヲ実際ニ応用セント欲スルモノヽ修メサル可ラサルノ学科ナリ行政法ハ仏国ヲ以テ粋ト為スト雖モ其弊亦尠シトセス且我国ノ制度多ク是ニ則ルヲ以テ之ヲ観テ彼ヲ推スノ便ナシトセサルナリ之ニ反シテ英国行政制度ノ如キハ之ヲ識ル者実ニ僅々ニシテ其遺俗善政我ニ伝ハラサルモノ甚タ多シ余茲ニ観ル所アリ専ラ授クルニ此国行政制度ノ組織ヲ以テス[63]」

要するに、この科目で高田が議論の主題としたのは、いわゆる行政法ではなくて、イギリスの行政制度であった。開校第二年度の高田の「行政法」の講義録とみられる「文学士高田早苗先生述英国行政法　上下編」の上編「中央政治論」は、H・D・トレイルの『中央政府』(一八八一年)を種本としているが、下編『地方政治論』は、M・D・チャーマーズの『地方政府』(一八八三年)に基づき、イギリスの地方政府制度を概観している。このような実際の講義内容からみると、地方政治論の講義は、東京専門学校の発足当初からおこなわれていたともいえよう。

同時に、このような経緯に照らして、一八八六年度の「地方政治論」の担当者が高田であったとみることも、まず的はずれではあるまい。さらに、八八年度の「英国地方政治論」は、チャーマーズの著作をテキストとしていたのであり、担当者が高田であった可能性は、ますます高い。

草創期早稲田政治学の地方自治への関心を刺激したもう一つの要因とみられるのは、一八八八年四月に市制、町村制、九〇年五月に府県制、郡制がそれぞれ制定され、わが国の地方自治制度の整備が進んでいたといった時代の動向である。そして、このような時代の動向に積極的に呼応したのもまた、高田であり、一八八七年八月に読売新聞主筆に就任した高田は、八八年から八九年にかけて地方自治に関する論説を再三読売紙上に掲げた。これらの論説の中に含まれるのが、「地方自治の制度地方自治の精神」(八八年三月一四日)、「市制町村制の発布」(八八年四月二七日)、「中央自治と地方自治の釣合」(八九年四月一九日)、「市会議員の地位は貴し」(八九年五月三〇日)などである。

そして、高田が、一八九一年七月の「新得業生送別会」でおこなった演説で、「成るべく地方に往け」と呼びかけ、つぎのように論じて東京専門学校の卒業生の地方での活躍に期待したのは、このような時代的文脈においてであった。

「今更余輩が呶々するを俟たず、智識分配の失当は実に国家の大患なりといふべし、智識の中央首府に集りて地方の光景日々に寂寥たるに至れるは、中央集権の結果固より已むを得ずと雖も、この分にて打捨て置かば、日本といふ国家脳充血となること受合なり、……なれば俠骨ある諸学校の秀才は、天下の為国家の為に卒業の後地方に赴き、多年練へ置きたる脳力を其利益の為に使用せんこと切望に堪へざるなり」

早稲田大学大学部政治経済学科に、一九〇六年度から地方自治を主題とする科目として「自治行政及法制」が設置されたのは、このような背景と関連するにちがいない。担当の井上友一は、一八九三年に帝国大学法科大学を卒業して内務省に入り、九七年に府県課長、一九〇八年に神社局長(府県課長兼任)となり、一五年七月に東京府知事に選任された。井上が早稲田大学に出講したのは一九一七年度までであるから、神社局長から東京府知事にかけての時期で、一八七一年生まれの井上の三五歳から四七歳にかけてのときである[64]。

そして、井上は、この間にわが国における地方自治研究の先駆となる多くの業績を残した。その中に含まれるのが、『欧西自治の大観』（一九〇六年）、『自治要義』（一九〇九年）、『救済制度要義』（一九〇九年）、『自治興新論』（一九一〇年）、『都市行政及法制』（一九一一年）、『自治の開発訓練』（一九一二年）である。このうち、『自治興新論』は、「第二九回政治経済科講義録」として早稲田大学出版部から刊行され、また『自治の開発訓練』は、「早稲田大学に於ける講義を基礎とし修補増訂の上刊行せられたもの[65]」とされているが、他の著作も、おそらく早稲田大学での講義と密接に関連するにちがいない。

このようにして、内務官僚としての経歴に照らして、井上を早稲田政治学の本流の中に位置づけることは適切でないにせよ、同時に井上の地方自治研究を早稲田での講義と切り離して考えることも適切を欠くであろう。井上は、早稲田政治学の主走者でなかったとしても、いわば主伴走者としての役割を演じたのである。井上は、東京府知事在任中の一九一九年六月に四八歳で生涯を終えたが、それは、早稲田での講義担当を降りたちょうど一年後のことであった。いずれにしても、井上は、早稲田での講義に専任教員に勝るとも劣らない熱意とエネルギーを注いでいたとみられる。自治研究の必要を説きながら、地方自治の担い手としての卒業後の学生の奮起を促しているつぎの一節は、そのような井上の講義への取り組み方をうかがわせるであろう。

「今や早稲田大学が自治の研究を為し、農村、山村、漁村の研究を始め、町村を良くし、市を良くし、郡府県の改革を図るといふことに注意して下さるのは、深く感謝しなければならぬ。随って諸君は普通の大学の人と違って、地方に帰って重望を得、又有志家となられ、進んでは代議士ともなられ、又社会に立派な仕事をもせらるるであらうが、併ながら之れと同時に諸君の村を良くし、諸君の町を良くし、諸君の郡府県を良くするといふことに努めなければならぬ。……諸君もこれから地方の有力な方となられるであらうから、どうか此自治といふことは、十分に研究して戴きたいといふ考を有って居るのである[66]。」

ところで、井上の地方自治研究は、とりわけ三つの点で注目に値する。第一は、その研究が体系的であったことであり、早稲田での講義も、体系的展開への試みとして、周到な用意の上に進められた。一九一〇年度の講義録とみられる『自治興新論』が、「自治研究の必要」「自治研究の資料」の序章的前置きとともに「第一章　緒論」「第二章　自治の沿革」「第三章　自治の本義」「第四章　自治の趨勢」「第五章　自治の基礎」「第六章　自治の作用」の各章から構成されていることからも、このことは明らかであろう。

第二は、地方自治政策への強い関心であろう。『自治興新論』の第六章は、「防衛行政」「風化行政」「風紀行政」「娯楽行政」「奨倹行政」「救済行政」「保健行政」「交通行政」「勧業行政」の各節から成り立ち、同書の総ページの六割に近いページ数を費やして、今日の地方自治における政策課題のほとんど全領域にまたがる問題の断面図を描き出している。ちなみに、井上は、「保健行政」の節で「掃除行政」について論及し、「汚物は単に棄てる丈けではいけない、如何に之を利用すべきかと云ふことを研究しなければならぬ[67]」と指摘しているが、そこに見いだせるのは、今日につながる井上の先駆的問題提起にほかなるまい。

井上の地方自治研究の第三の特徴は、それが地方自治推進への積極的な主張に導かれていたということである。『自治要義』における井上のつぎのような議論は、井上の地方自治論の含意を鮮やかにうつし出すものであろう。

「念ふに将来中央政治の経営や益々多端にして直接に地方の福利公益に関するものは勢ひ之を顧みるの余力なきに至るべし。而かも地方の福利公益こそ聚りては国家繁栄の基礎となり積んでは国力増進の根本となるべし。即ち知る地方自治の任務は国家の発展に伴ふて益々其重きを加へて止まざることを。去れば我国民は自治の趨勢此の如きものあるを自覚し進んで広く知見を海外に求め地方実際の興新に貢献すること愈大ならんこと是れ吾人が深く期して已まざる所なり[68]。」

早稲田政治学における自治研究の文脈で注目に値するのは、このような井上の地方自治研究と並行する形で、安部磯雄による都市政治研究が進められていたことである。安部は、早稲田大学において通常経済学関係の系列に属するとされているが、同時に都市政治研究においても先駆的な役割を演じた。安部のこの領域における早い時期からの関心の所在は、フランク・J・グッドナウの『都市問題』(一八九七年)の抄訳である『市制論』を一九〇二年に早稲田大学出版部から刊行したところにうかがえるが、安部が、残されている講義録の示すところによると、一九〇六年度から一一年度までの間に早稲田大学大学部政治経済科で「市政論」「比較市政論」などを担当し、一九一一年度から一八年度までは継続して「都市問題」を担当したのは、安部のこのような関心に導かれてのことであろう。

このような背景で、安部は、今日わが国の地方自治研究の古典と目される二冊の著作を残した。一九〇八年刊行の『応用市政論』と一九一一年刊行の『都市独占事業論』であり、前者は、都市の政策面での問題を総合的に俯瞰し、後者は、市街鉄道、ガス事業、電気事業の公有への主張を論点としている。すでに明らかなように、安部の都市政治研究の重心は、制度にではなくて、政策にあった。『応用市政論』にしても、総ページ(五四三ページ)のうち九割に近い四八一ページが、「市区改正及び道路」「道路掃除及汚物掃除」「交通機関」「水道」「瓦斯事業」「電気事業及び電話事業」「公園」「家屋」「食物の供給」「衛生」「警察と消防」「教育」「慈善事業」「娯楽事業」「質店と貯蓄銀行」「財政」「都市の修飾」などの議論にあてられている。

このような政策論重視の点で、安部の都市政治論は、井上友一の地方自治論と共通的であるが、安部が、都市経営の三大要件として、「衛生的」であること、「便利」であること、「住み心地の善き」ことをあげ、この角度から都市政策のあり方を論じているところに投影されているのは、疑いなく安部の独自の都市政治観であろう。そして、この関連で、安部が、「都市の修飾」の重要性を強調し、さらにこの文脈で「黒煙を禁止すべし」「工場を市外に移すべし」「電線を地下に埋むべし」「耳に不快なる所の音響はなるべくこれを制止する所の方法を講ぜねばならぬ」と主張して、今日の環境保護問題に直結する議論を展開しているところに躍如しているのは、まさしく都市政治研究の先駆者・安部磯雄の面目であるにちがいない[69]。

安部は、「都市問題」の担当を一九一八年度をもって打ち止めとしたが、その年度から「自治政策」の担当を井上友一と交代したのが高橋清吾である。また、一九一九年五月に早稲田大学内に「都市生活の科学的調査研究」を標榜し、「都市及農村問題に関する自由討究及実地調査を為す」ことを目的として都市政策学会が設立されたが、この学会の顧問に就任したのも、高橋であった[70]。要するに、一九一八年から一九年にかけての時期に、高橋は、早稲田の地方自治・都市政治研究の中心に位置することになったのである。

高橋は、一九一四年八月から早稲田大学留学生としてアメリカに留学し、一七年七月までコロンビア大学でチャールズ・A・ビーアドに師事して政治学および自治政策の研究に当たった。高橋は、その後引き続いて一七年七月から翌年七月までニューヨーク市政調査会で市政調査研究に従事して帰国、九月に早稲田大学講師に就任し、政治学、政治学史とともに「自治政策」を担当したのである。このことは、科目としての「地方政治論」の設置から三〇年余りを経て、ようやく地方自治を専攻領域とする専任教員の早稲田大学における誕生を意味した。

高橋はまた、一九二二年二月の東京市政調査会の設立に当たっては、後藤新平を援けてこれに参画するなど、大正末期から昭和初頭期にかけてわが国における地方自治・都市政治研究の中心的推進者の一人として活躍した。しかし、「自治政策」は、一九三二年度から科目名が「政治政策学」に改められ、さらに高橋が、一九三九年一月に四七歳で病没するという成り行きの中で、国の戦時態勢の強化ともあいまって、早稲田大学における地方自治領域の研究・教育が一頓挫を来すことになる。

早稲田大学でこの領域における研究・教育が復活するのは、第二次大戦後の一九四七年のことで、この年の一二月に専門部政治経済科に自治行政専攻を設ける「認可申請」が、文部大臣に提出され、翌年二月に文部大臣の許可をうけ、四月から学生を受け入れた。この際に、「認可申請」書に付されたつぎのような「理由」説明は、早稲田大学における地方自治研究・教育の伝統の文脈で興味深い。

「新憲法の実施に伴い地方公共団体の組織及び運営が地方自治の本旨に基き根本的改訂を加へられ政治、経済、社会の各般に亘って地方民主化の実現が企画されてゐる。由来民主主義は人民自治を理想とし、人民自治は地方自治体の健全なる発達を基盤とする。然るにわが国にあっては多数人民が未だ民主主義の精神と原則に習熟せず、日常の生活体験においてさうした思想的訓練を多く経て来てゐない。従って地方自治の有効なる実施は、何よりも多数人民の良識による民主精神と、その原則の把握を前提とせざるを得ないのであって、そのために地方の政治、経済、社会各般に亘る民主主義的指導養成が正に国家再建途上の急務と言はざるを得ない。本大学は専門部政治経済科多年の歴史と伝統に顧み、かうした新事態に照応して新たに同科に自治行政の専門科を新設し、地方自治体の指導者を養成して地方自治の健全なる発達に寄与せしめ、以て叙上の国家的要請に資せんとするものである。」

そして、一九四九年四月の早稲田大学の新制大学への移行に伴い、専門部政治経済科自治行政専攻は、新設の第一政治経済学部自治行政学科に吸収された。この新学科に設けられた地方自治関係の科目は、「地方行政」「地方財政」「比較地方制度」「都市政策」「農村政策」等であったが、中心科目としての「地方行政」を一九五二年度から担当したのが、後藤一郎である。

また、専門部政治経済科自治行政専攻、第一政治経済学部自治行政学科の新設時に、早稲田大学常務理事（一九四六年七月〜四八年二月）、理事（一九四九年七月〜五〇年六月）として中心的な舵取り役を演じたのは、吉村正であった。吉村は、一九二九年九月から三か年にわたる早稲田大学留学生としての米欧留学から帰国した翌年（一九三三年）から、早稲田における最初の行政学専攻者として「行政学」の担当者となったが、高橋清吾の門下として地方自治問題への関心を持続させ、その延長線上で『地方都市の近代化——市支配人制への道』（一九六六年）と『シティー・マネージャー——理念と実際』(一九七七年)を著した。これらの著作を通じて、吉村は、二〇世紀初頭のアメリカで「能率と経済」を旗印とした市政改革のために導入され、やがてアメリカ全土の都市に広がった市支配人制について、現地での調査をふまえつつ、その理念と実際を検討し、わが国における地方自治改革のための参考に供しようとしたのである。

6　政治学教育の目的観の原点

ところで、デモクラシー論の展開、政党研究の開拓、地方自治研究の提起といった早稲田政治学の特徴が示しているのは、早稲田政治学と「現実」との密接な対応関係にほかならない。そして、このあり方こそが、建学以来の早稲田政治学が基本的にねらいとするところであった。高田早苗は、「早稲田大学開校式・東京専門学校設立二十周年紀念式」での学監としての「報告」で、早稲田の特色として展開させたい一つとして、「学理と実際の密着[71]」をあげたが、その五年後の早稲田大学創設二五周年に当たって発行された『早稲田学報』紀念号に寄せた「我が学園の教旨」と題する文章において、高田は、重ねてこの点に触れ、さらにここで「陥り易い弊害」について警告を発しつつ、つぎのように論じている。

「学理と実際とを密接せしめて、其の成果を社会に提供するには、単純なる学理討究よりも、一層深奥なる研鑽を要するのである。また所謂実用的人物は、一身の栄達、一家の繁栄に許り執念して、天下国家を慮ることが薄いやうでは困るのである。元来、国家と個人との間に、利害の衝突がある可き筈はない。各個人が繁昌すれば国家が富強になる。国家が富強になれば各個人が繁昌する。然るに小利己ばかりに眼を着けて、大利己を認めない時は、個人の栄達、一家の繁栄の上より見てもまた国家其ものゝ利害から観察しても、其の結果はまことに慮ふべきことになる。少くともわが早稲田学園の学徒は、そんな邪道に踏み迷ってはならぬ。[72]」

注目すべきは、大隈重信も、同じ『早稲田学報』紀念号に早稲田大学総長として「早稲田大学の過去現在将来」と題して寄せた所感の中で、「学校の創立も此二十五年間に於て稍々其緒に就いたが併し今日は未だ初め企てた目的の十分一を達したと云ふに過ぎぬ、更に第二第三の発展を為して完全なる理想の大学を作らねばならぬ、創立の当時は理科を置いたこともあったが、時勢が許さぬ為に中止して今日に及んで居る、今や日本に於ては学理と実際との調和を要求し科学の必要を感じて居る、早稲田大学が将来力を尽すところはコヽにあると信ずる[73]」と述べていることである。このような大隈と高田の呼応からうかがわれるのは、「学理と実際の密接」「学理と実際との調和」が、東京専門学校以来の早稲田の学問のあり方を示すキーワードであったということであろう。そして、早稲田政治学がねらいとしたのは、ほかならぬこのような志向性に導かれた研究・教育であったのである。

このような文脈で、草創期の早稲田政治学が、各界の指導者、とりわけ政治家の育成に強い関心をもっていたのは当然であろう。高田が、一八九二年一〇月二一日の東京専門学校一〇周年祝典での演説で、「日本は早晩政党内閣になるに相違ないが、其の政党内閣になった時には、少なくとも其内閣の半分は、東京専門学校の得業生が地位を占められなければならん……英国のヲックスホルド又はケンブリッチと云ふような大学校は、大政治家を出し、大法律家を出し、大文学者を出して居て、英国の豪傑の製造元であると云ふことは、人の許して居ることである、丁度其の通りに此専門学校が日本の豪傑の製造元、問屋と称せらるゝことを私は望むのである[74]」と説いているのは、そのような政治学教育の目的観の直接的な表現であった。そして、高田は、さきに触れた「早稲田大学開校式・東京専門学校創立二十周年紀念式」での学監「報告」においても、つぎのように論じて、その「信念」を吐露しているのである。

「二十世紀の陣頭に立ちまする人物は、実用的人物であらねばならぬ、英雄豪傑は実用的英雄豪傑でなければならぬと、斯様に私共は信じて居る者である、左れば此学校よりして将来出づべき所の人々は、成るべく第一流の人物となって、而して国家の需要を充すやうにありたいと考へます、即ち遠大の思想を抱く人の数多く出でん事を希望します、彼の疎大なる考を持つ所の者実用に遠い人間の出る事は我々の決して好まざる所である[75]」

このような高田の「教育の目的」観の雄弁な代弁者の役割を演じたのが、家永豊吉であった。家永は、一八九一年九月一一日の「大演説会」で東京専門学校の学生に対しておこなった「我校の養成すべき人才」と題する講演で、「人各々其の目的ある如く学校にも各々其の目的があり」「医学校は医者を出し」「工業学校は技師を」出すのであり、「同志社の如きは思ふに宣教師牧師を出します。東京大学の如きは思ふに重に官吏様を出します」「然らば此の東京専門学校は如何なる人物を養成するか其の目的とする所は如何なる所にあるかと云ふことは此の東京専門学校に取て甚だ大切なる問題であると考へます」として論を進め[76]、「此の学校が養成するを欲する所の人物」として、「第一政治家第二法律家第三新聞記者第四著述者文学者第五実業家第六教師[77]」をあげたのである。

要するに、家永は、政治・社会・文化の各分野の指導的担い手を送り出すところに東京専門学校の目的を求め、新学年度のはじめに当たって、学生の奮起を促したのであるが、家永の議論の趣は、家永が政治家の場合についてつぎのように述べているところにきわめて明快であろう。

「法学部に御勉強なさる方も文学部に御勉強なさる方も政治家にならるゝことは決して差支がありませぬ此の学校が上は国会議員より下は市町村会議員迄養成することを私は希望します……諸君は国会議員にならなければ政治家の事業が出来ぬと思召すことはありますまいが国会議員にならぬでも地方に居て県会議員になっても随分其地方に勢力を及すことが出来ます……此の東京専門学校から処々方々の府県会議員市町村会議員になって其処の政治をしたならば日本の政治は諸君の手に落るではありませんか[78]」

ちなみに、この「大演説会」で開会の辞を述べ、引き続いて「信任投票」について講演したのが高田であり、家永は、この高田についで登壇したのである。

しかし、高田らにとって、政治学教育の目的は、単に指導者養成にとどまらなかった。むしろ、高田らがいっそう基本的な目的としていたのは、デモクラシーへの市民教育であったのである。高田が、国会開設期に読売紙上に連載した「国会問答」「通俗大日本帝国憲法註釈」「衆議院議員選挙法講義」などが、そのような目的観に直接的に沿うものであったことはいうまでもない。この点に関連して、高田は、さきに触れた早稲田大学での「憲法発布二十年記念式」に引き続いておこなわれた講演会での講演で、「成程諸君の専門は違ふ。文科あり商科あり政治科経済科あり法科もあり亦工科の人もある。専門は皆違ふが此学校は諸君に専門学のみを授ける場所でない。毎々申す通り諸君に向って模範的国民たる国民教育を与へる場所である」と説き、さらにこう敷衍している。

「『ユニヴァーシチー』なるものゝ意味は二つある。高等なる国民教育と併せて専門教育を授けるといふ二つの意味である。即ち何れの科の人としても一方に此模範的国民教育といふものを受けて此学校を出でなければならぬ。此立憲的教育の洗礼を受けて早稲田大学の門を出づるといふ事でなければならぬ。諸君が専門家となるとならぬとは第二として、先づ諸君を立憲的国民、模範的国民とする責任は我早稲田大学に在ると深く信ずる。[79]」

高田にとっての問題は、このようなねらいが、早稲田大学のその後の教育において十分に達成されてきたとはいいがたいことであった。一九二七年に出された『半峰昔ばなし』において、往時を回顧しながらつぎのように慨嘆しているところにさらにくっきりと浮き彫りにされているのは、高田の年来の「教育の目的」観にほかならない。

「教育にした処で、たとひ形式は整ったとしても、其教育が詰込み主義の教育であり、不消化な教育であり、将た専門教育のみを偏重して教養教育を怠るといふ状態であり、技師を造る事にのみ熱中して、早稲田大学の教旨に所謂模範国民の造就といふ実が挙がらないといふ事が、其の実状であるとすると、頗る心細い感じがする。所詮、今日の教育は利用厚生に偏して、教養即ちカルチュアを怠るといふ傾向のある事は、心ある者の認めざるを得ない処であると、私には思はれる。[80]」

注

1 内田満『日本政治学の一源流』(内田満政治学論集1)、早稲田大学出版部、二〇〇〇年、二九ページ。

2 『早稲田政治経済学雑誌』(第七八・七九合併号、一九四一年)の「浮田教授退職記念論文集」所載の「浮田和民博士略歴」は、この点に触れてこう記している。「明治三十一年正教員トナル。早稲田大学設立後引続キ西洋史ヲ講ジ、後ニ高田博士多忙ノタメ、代リテ政治学ヲ講ジ、爾来西洋史及ビ政治学ノ一部ヲ担当ス」

3 内田『日本政治学の一源流』九五ページ、注(66)参照。

4 宮崎吉政「浮田先生の思い出」故浮田和民先生追懐録編纂委員会編『浮田和民先生追懐録』故浮田和民先生追懐録編纂委員会、一九四八年、三六二ページ。

5 高田早苗「政治汎論序」ウツドロオ・ウイルソン『政治汎論』(高田早苗訳)、三版、東京専門学校出版部、一八九六年(初版、一八九五年)、一―二ページ。

6 同右、二ページ。

7 「早稲田叢書」については、前掲1、三一―四四ページ参照。

8 柳田泉『明治文明史における大隈重信』早稲田大学出版部、一九六二年、四二一―四二二ページ。

9 「文明協会叢書」については、前掲1、五〇―六六ページ。

10 浮田和民『最新政治学』早稲田大学出版部、一九二三年、三七ページ。

11 高田早苗「外遊所感」『早稲田学報』第二三八号、一九一四年、三ページ。

12 大山郁夫『政治の社会的基礎――国家権力を中心とする社会闘争の政治学的考察』同人社、一九二三年、一一九ページ、注1。

13 同右、一〇二ページ。

14 大山郁夫『現代日本の政治過程』改造社、一九二五年、六二ページ。

15 家永豊吉のジョンズ・ホプキンズ大学留学については、前掲1、九八―一〇五、一一七―一一八ページ参照。

16 大山郁夫のシカゴ大学留学およびチャールズ・E・メリアムとの関係については、前掲1、一三〇―一四五ページ参照。

17 高橋清吾のコロンビア大学留学およびチャールズ・A・ビーアドとの関係については、前掲1、一五七―一六四ページ参照。
18 内田『日本政治学の一源流』一一―一五ページ参照。
19 坪谷善四郎「浮田和民君の追懐」故浮田和民先生追懐録編纂委員会編、前掲書、二四―二五ページ。
20 浮田和民「太陽の読者に告ぐ」『太陽』第一五巻第二号、一九〇九年二月、二ページ。
21 坪谷善四郎「法学博士浮田和民君を迎ふ」『太陽』同右号、三ページ。
22 阿部賢一「自由民権の学父浮田先生」故浮田和民先生追懐録編纂委員会編、前掲4、一三四ページ。
23 浮田和民「選挙権を拡張せよ」『太陽』第一六巻第四号、一九一〇年三月、一〇ページ。
24 徳富猪一郎「浮田先生」故浮田和民先生追懐録編纂委員会編、前掲4、三六八ページ。
25 吉野作造「民主主義鼓吹時代の回顧」『社会科学』一九二八年二月（『吉野作造選集12』岩波書店、一九九五年所収）、八一ページ。
26 黒川みどり編「大山郁夫著作目録」『大山郁夫著作集』第七巻、岩波書店、一九八八年に基づいて作成。
27 大山『政治の社会的基礎』一〇七ページ。
28 大山『現代日本の政治過程』七九ページ。
29 同右、一〇九ページ。
30 大山郁夫「都市自治と協同的精神」『新小説』一九一六年六月（『大山郁夫著作集　第一巻』岩波書店、一九八七年所収）、二三一ページ。
31 大山郁夫「婦人の個人的解放とその社会的解放」『婦人公論』一九二二年一二月（『大山郁夫著作集　第六巻』岩波書店、一九八八年所収）、四七―四八ページ。
32 大山『現代日本の政治過程』ivページ。
33 高橋清吾『デモクラシー』早稲田大学出版部、一九一九年、九二―九三、九七―九八ページ。
34 同右、一二六―一二七ページ。
35 浮田『最新政治学』三〇〇―三〇一ページ。
36 G・D・H・コール『産業自治論』（浮田和民訳）、大日本文明協会、一九二五年、訳者序四ページ。

37 大山『現代日本の政治過程』一三五ページ。
38 『政友』第五号、一八八八年一二月一二日、第六号、一二月二七日、第七号、一八八九年一月一二日、第八号、一月二七日、第一〇号、二月二七日、第一一号、三月一二日、第一二号、三月二七日。なお、『政友』は、第一二号で休刊となった。
39 山田一郎『政治原論　政党論』一八八四年、一ページ。
40 同右、六ページ。
41 同右、七—八ページ。
42 同右、八、一〇ページ。
43 同右、一一、一五ページ。
44 同右、一六—一八ページ。
45 同右、二〇—二八ページ。
46 同右、二八—三一ページ。
47 同右、四九ページ。
48 内田『日本政治学の一源流』八一ページ参照。
49 高田早苗『国家学原理』早稲田大学出版部、一九〇三年(?)、一四二—一四三ページ。
50 早稲田大学編輯部編『大隈伯演説集』早稲田大学出版部、一九〇七年、二二〇—二二一、二二三ページ。
51 高田早苗「政府政党の外に独立する能はず(承前)」『憲法雑誌』第四号、一八八九年三月一五日、八ページ。
52 大日本雄辯会編『高田早苗博士大講演集』大日本雄辯会講談社、一九二七年、三六五—三六六ページ。
53 高田早苗『半峰昔ばなし』早稲田大学出版部、一九二七年、三三三—三三四ページ。
54 浮田和民「将来の政党」『太陽』第一五巻第六号、一九〇九年五月、七ページ。
55 同上、八ページ。
56 浮田和民『政治原論』早稲田大学出版部、一九一二年、三二九ページ。
57 浮田和民「政党史」副島八十六編『開国五十年史』上巻、開国五十年史発行所、一九〇七年、三七七、三七八、三八一ページ。

58 浮田『政治原論』三〇七―三〇八ページ。
59 高橋清吾『現代の政党』日本評論社、一九三〇年、二三二ページおよび『政治科学原論』有斐閣、一九三二年、六二八ページ。
60 高橋『政治科学原論』七三九ページ。
61 高橋『現代の政党』四八九―四九〇ページ。
62 高橋『政治科学原論』七〇〇ページ。
63 『東京専門学校年報　明治十五年度』一〇ページ。
64 井上友一の経歴については、井上会編『井上博士と地方自治』全国町村長会、一九四〇年所載の「博士の略家譜と其の生涯」参照。
65 中川望「序」同右書、二ページ。
66 井上友一『自治興新論』早稲田大学出版部、一九一〇年、四―五ページ。
67 同右、一五〇ページ。
68 井上友一『自治要義』博文館、一九〇九年、六八―六九ページ。
69 内田『日本政治学の一源流』一一四―一一五ページ参照。
70 『早稲田学報』第二九三号、一九一九年七月、一四ページ。
71 山本利喜雄編『早稲田大学開校・東京専門学校創立廿年紀念録』早稲田学会、一九〇三年、一九ページ。
72 高田早苗「我が学園の教旨」『早稲田学報』第一五三号、一九〇七年一一月、五ページ。
73 大隈重信「早稲田大学の過去現在将来」『早稲田学報』同上号、三ページ。
74 山本編『早稲田大学開校』附録二一ページ。
75 同上書、二二―二三ページ。
76 家永豊吉「我校の養成すへき人才」『同攻会雑誌』第八号、一八九一年一〇月、一ページ。
77 同右、五ページ。
78 同右、三ページ。

79 大日本雄辨会編『高田大講演集』三六八―三六九ページ。
80 高田『半峰昔ばなし』六七八―六七九ページ。

第3章　高田早苗の政治学

1　高田政治学の三分期

高田早苗は、ジャーナリストであり、政治家であり、大学行政家であり、また政治学者であった。しかし、高田の活動は、単に多面的であっただけではない。高田は、それぞれの領域で先導的・指導的な役割を演じたのである。そして、政治学者としての高田の活動もまたきわめて多面的であり、同時に時代先導的であった。

高田の政治学者としての活動は、東京専門学校の創設に参画して、政治学教員スタッフに加わった一八八二年に始まる。そして、当初の政治原論の担当者であった山田一郎がわずか三年で東京専門学校講師を辞した後、高田は、東京専門学校政治学の牽引車的役割を担い、一九〇九年度をもって講義担当を降りるまで、政治学教員スタッフの中心的存在であった。高田が講義担当を降りたのは、一九〇七年四月に早稲田大学初代学長に就任し、学長職との両立が困難となったことに基づくとみられる[1]。

しかし、これによって高田が政治学者としての活動をまったくやめてしまったわけではない。高田は、一九一五年八月に学長を辞任し、第二次大隈内閣に文部大臣として入閣したが、翌一六年一〇月四日にこの内閣が総辞職した。そして、その三週間ほど後の一〇月二八日の日付で刊行されたのが、高田が一八九五年に公にしたウッドロー・ウィルソンの『国家』の邦訳である『政治汎論』の「訂正増補版」である。

このようにして、高田が政治学者として第一線にあったのは、一九世紀と二〇世紀にまたがり、両世紀にほぼ折半される三〇年余りの間ということになるが、この間における高田の活動は、およそ三つの期間に分けられよう。第一期は、一八八二年から九〇年代のはじめまでの高田の二〇歳代の時期、第二期は、一八九〇年代のはじめから一九〇〇年前後期までの高田の三〇歳代の時期、第三期は、二〇世紀初頭の一〇年ほどの間の高田の四〇歳代の時期をそれぞれ中心とする。

まず、第一期に高田が東京専門学校で担当した政治学領域での科目は、憲法史、行政法、英国憲法史、政体論、憲法論、国会法、外交学、外交政略等で、きわめて多岐にわたった。これらの講義の講義録として刊行されたのが、『英国行政法』(一八八四年)、『英国政典』(一八八五年)、『英国外交政略』(一八八六年)、『英国憲法史』(一八八六年?)、『国会法(二巻)』(一八八七年)、『英国憲法』(一八八九年?)等である。また、一八九一年に通信講学会から刊行された『通信教授政治学』も、講義録として一八八六年四月から八九年六月にかけて一一分冊で刊行されたものを「合本出版」したものである[2]から、第一期に属するものとしてよかろう。

ところで、『国会法』は、第一巻が一八八七年三月、第二巻が同年八月に出版されているが、第一巻に予告されている第八編までのうち、第二巻は、第一編第三章までで終わっており、第三巻以下が出版された形跡がない。おそらくその継続部分を含むのが、第二巻刊行とほぼ時を同じくする一八八七年八月一日に読売新聞主筆に就任した高田が、二か月後の一〇月一日から翌年七月二二日まで読売紙上に七三回にわたって連載した「国会問答」であろう。現に、一八八七年一二月二七日の読売紙上の「国会問答」で、「明年より御話し申上ぐべき事柄を御披露に及び申すべく」として、高田が掲げた「目録の大要」は、「第一　国会の議事手続」「第二　委員会及其作用」「第三　議案の経過」から成り、それぞれに含まれる議論項目とあわせて、『国会法』第一巻掲載の「目録」中の「第五編　国会の議事手続」「第六編　委員会及其作用」「第七編　議案ノ経過」とほぼ重なるのである。

第二期における高田の東京専門学校の内外での活動領域の広がりは、目覚ましい。高田は、一八九〇年一二月末まで読売主筆をつとめて市島謙吉に交代したが、この年の七月一日の第一回総選挙で衆議院議員に当選し、さらに九二年二月一五日の第二回総選挙、九四年三月一日の第三回総選挙、九四年九月一日の第四回総選挙で連続当選する。高田は、九八年三月一五日の第五回総選挙では落選の憂き目をみたが、この間に九七年四月から一一月まで松隈内閣の大隈外相の下で通商局長をつとめ、さらに九八年六月に成立した第一次大隈内閣では、尾崎行雄文相の下で高等学務局長、専門学務局長などを歴任した。

他方、学内では、高田は、一八九四年八月に東京専門学校出版部の部長に就任し、翌年から「早稲田叢書」の刊行を開始する[3]。この間に高田は、東京専門学校での講義担当も中断していない。まさに八面六臂の活動というべきであろう。

高田の東京専門学校におけるこの時期の担当科目は、第一期よりもかなり整理された。第一期から続く担当科目としての英国憲法、英国憲法史に、帝国憲法、各国憲法、さらに一八八八年の「英語ヲ以テ教授スル」英語政治科の新設に伴って設置された「ブルンチュリー国家論」「バルジェス政治学」が加わったが、全体として憲法・政治学の範囲に担当科目がしぼられてきたのである。そして、東京専門学校発足当初から担当してきた貨幣論、租税論などの経済領域の科目は、一八八七年度をもって担当から外れた。

この時期の高田の著作としては、一八八九年の大日本帝国憲法の発布をうけて開始した「帝国憲法」の講義の講義録としての『帝国憲法』(一八九七年?)が目につくが、いっそう注目にあたいするのは、「早稲田叢書」を通じて相ついで刊行された英米政治学関係の翻訳書であろう。実際に、みずからの翻訳によって「早稲田叢書」の最初の刊行書として一八九五年一〇月に出した「ウッドロオ、ウイルソン『政治汎論』」に続いて、高田は、九七年に「ビー、シー、スコットオ『英国国会史』」、九七年に「ヱー、ヴィ、ダイシー『英国憲法論』(梅若誠太郎との共訳)」、一九〇〇年に「ジャスチン、マッカァシー『英国今代史　上巻』(吉田巳之助、石井勇との共訳)」をやつぎばやに公にしているのである[4]。

第三期に入ると、高田の多忙の度はますます強まった。高田は、一九〇二年八月一〇日の第七回総選挙に当選して議員活動を再開し、翌年三月一日の第八回総選挙にも当選して、同年一二月一一日の衆議院解散まで議員をつとめたが、この間の一九〇〇年には東京専門学校学監の任に就き、さらに一九〇七年には、総長・学長制の導入に伴い、早稲田大学初代学長に推された。他方で、高田が早稲田政治学の名実ともの中心的存在になったのもこの時期である。一八八八年以降設置されてきた国家論(学)を有賀長雄、織田一、井上密らと交代で担当していた高田は、一八九八年以降この科目(一八九九年以降「国家学原理」)の単独の担当者となった。そして、この時期における高田の担当科目は、国家論(学)、国家学原理のほかは、バルジェス政治学、各国憲法、憲法論にしぼられていたが、その中で一九〇七年に学長になった高田は、この年に国家学原理の担当を浮田和民と交代し、政治学、憲法論のみの担当となったが、一九〇九年をもっていっさいの講義担当を辞することになる。

この時期の高田の刊行書として注目にあたいするのは、「早稲田叢書」の一冊として出た「ジョン・ダブリュ・バルジェス『政治学及比較憲法論』(吉田巳之助との共訳[5])」である。同書は、はじめ上巻(一九〇一年一二月刊)と下巻(一九〇二年一一月刊)の二分冊で刊行された。なお、上巻の第一編の部分は、すでに一九〇一年三月(?)に『政治学』(東京専門学校蔵版)として出されていたが、おそらくそれは、一八九八年から高田の担当で始められた「バルジェス政治学」の講義録であったのであろう。ちなみに、上下両巻が「合本」となって刊行されたのは、下巻の刊行と同時の一九〇二年一一月である。

また、この時期の高田の講義録を代表するのは、『国家学原理』であり、「東京専門学校蔵版」版(一九〇一年?)、「東京専門学校出版部蔵版」版(一九〇二年?)、「早稲田大学出版部蔵版」版(一九〇三―五年の間?)など数種の版が残されている[6]。

2　欧米政治学の先駆的導入者

このようにして、一九世紀末から二〇世紀初頭にかけての時期における、きわめて広範な政治学の領域での高田の精力的な活動には、目を見張らされる。しかし、高田は、最初から政治学者として確かな土台の上に立っていたわけではない。とりわけ、政治学者としての高田の第一期は、高田が東京大学文学部を卒業した直後からの二〇歳代の時期であり、この時期の高田の政治学が独創性を欠いていたとしても、とくに難じるには当たるまい。高田と東京大学で同窓であった市島謙吉が、東京専門学校の最初の「政治原論」担当者であった同じく同窓の山田一郎の政治学について触れながら、「同窓諸氏が東京専門学校を創立して、皆な夫れ夫れの講義を担当したが、多くは外国の説を其の伝受売する間に立って、独り山田君の政治学講義は全く独創の物であった[7]」と述べているのは、当時の「講義」のありようを適切に伝えるものであろう。

残されている高田の講義録の中でもっとも古いものの一つとみられる『英国行政法』は、そのような高田の講義の実際を如実にうかがわせるものにちがいない。すなわち、東京専門学校開校第二年度(一八八三年)の高田の「行政法」の講義録とみられる同書は、上下二編から成り、上編「中央政治論」は、H・D・トレイルの『中央政府』(一八八一年)、下編「地方政治論」は、M・D・チャーマーズの『地方政府』(一八八三年)をそれぞれ種本としており、また一八八四年度の「行政法」講義録とみられる『英国政典』は、これらの二編に「貧民救済編」を加えて構成されているが、この「貧民救済編」は、T・W・ファウルの『救貧法』(一八八一年)を種本としている[8]。

この点について、高田は、『英国政典』の「緒言」で、「本編ハトレイル氏著中央政治論シャルマア氏著地方政治論ファウル氏著貧民救済論ノ三書ヲ参考シテ講述セルモノナリ[9]」と記しているが、さらにそれから一〇年ほど経た一八九五年ころに書いたとみられる「政治学研究之方法」の中で、高田は、行政分野での参考文献の一つとしてこの『英国政典』をあげ、こうコメントしている。

「予が訳したる『英国政典』はイングリッシュ、シテズンセリースの内中央政治編、地方政治編、及貧民救済編を口訳したるものにして周密のものには非ずと雖も英国行政の一斑は之に拠りて窺ふを得べし[10]」(傍点内田)

また、一八八八年度ころの「英国憲法」の講義録とみられる「文学士高田早苗講義・政治科得業生山沢俊夫編輯」の『英国憲法』は、高田がみずからの講義について「専らバリストル、サー、ウヰリアム、アール、アンソン氏のゼ、ロー、エンド、カストム、オブ、ゼ、コンスチチューションに由りて講義す此書は上下二巻に別れ第一巻は国会の事を論じ第二巻は行政部の事を論するの順序なれども上巻のみ出版せられて二巻は未た梓に上らず故に他日上梓を待て講述する処あるへし[11]」とことわっているところからも明らかなように、主としてウィリアム・R・アンソンの『政治構造の法と慣行――第一部　議会』(一八八六年)に基づいている。実際に、『英国憲法』は、アンソンの著作の抄訳としての趣が濃いが、そのありようは、つぎの個所の対比から容易にうかがうことができよう。

「投票を為すに先ちて投票会の主宰官は候補者の姓名を記せる紙を投票者に渡すべきを以て投票者は己れの欲する所の候補者の姓名の上に×の如き印しを為し之を投票箱に投せざるべからず[12]」(高田『英国憲法』)

「候補者の名前が載っている投票用紙が投票者に手渡され、投票者は、投票が秘密にできるように、投票したいと思う候補者の名前のところに×印を記す。投票用紙は、投票箱に入れられる[13]」(アンソン『政治構造の法と慣行』)

さらに、高田が、講義が直接的に種本の「口訳」であることを明らかにしているのが、「英国憲法史」の場合で、一八八五年度の「英国憲法史」の講義録とみられる『英国憲法史』において、高田は、「我政治部の設けられたる初年に於て講義したる所の」「英国憲法史」は、「専らタヅウエル、ラングミードの著述に拠れるものなり寧ろラングミードの著述を口訳したりと謂ふを以て適当とす[14]」（傍点内田）と認めている。ちなみに、高田がここで依拠した種本は、トマス・ピット・タズウェル—ラングミードの『イギリス憲政史』（第二版、一八八一年[15]）であった。

第一期の高田政治学をしめくくる位置を占める『通信教授政治学』にしても、特定の単一の種本と結びついてはいないが、もっとも多く依拠した一冊がジョン・スチュアート・ミルの『代議政治論』であることは、疑うべくもない。『通信教授政治学』には、随所にこのミルの著作からの二ページ前後に及ぶ長い引用が織り込まれているだけでなく、議論の展開においてもミルの議論をなぞる形になっているところも少なくないのである。たとえば、『通信教授政治学』中の「撰挙場は撰挙者の便利を計り多く設くるを良しとす」「投票権は各自が恣に使用し得へき権利にあらざるなり各自の投票は恰も陪審の擬判に同じく正義公道に由りて使用すべきものにして私利を計るが為めに使用すべきものにあらず[16]」といったくだりは、ミルの『代議政治論』中のつぎのような議論に明らかに対応するであろう。

> 「投票所は、どの投票者も簡単に行ける範囲内にある程度の数でなければならない」「投票は、自分で勝手に使っていいものではない。陪審員の評決と同じように、投票は、自分の個人的願望と関係させてはいけない。それは、厳密に義務の問題であり、投票者は、公共善についての最善の、またもっとも良心的な考え方に従って投票する義務を負っている[17]」

このようにして、とりわけ初期の高田の政治学には、一般的に「輸入政治学」的性格が色濃い。しかし、東京大学文学部を卒業した直後の二〇歳代の高田の講義が自らの研究の蓄積の上に立つものでなかったのは、むしろ当然のこととしなければなるまい。加えて、当時は、わが国の高等教育が草創期の段階にあり、政治学もまた未発達で、東京大学の場合、高田が教えをうけたアメリカ人アーネスト・フェノロサのあとをうけて一八八二年から九〇年まで政治学を担当したのは、ドイツ人カール・ラートゲンであったのである。

このような事態にもかかわらず、政治学者としての高田の活動は、まず草創期の日本政治学の発展への二つの点での寄与で特筆にあたいしよう。一つは、当時の欧米における最新の政治学動向に寄せた高田の旺盛な関心であり、それらの新知識の積極的な導入である。

さきに触れた『英国行政法』『英国政典』の種本としての三冊は、いずれも「イギリスの政治生活の日常的状態や一般におこなわれている用語についての入手可能な情報への需要に応じる[18]」ために企てられて「イギリス市民叢書(English Citizen Series)」中に含まれ、一八八〇年代の初頭期に相ついで刊行された。高田が、「行政法」の講義を担当し、これらを種本としたのは、その直後の時期である。また、『英国憲法』の種本としてのウィリアム・R・アンソンの『政治構造の法と慣行』は、一八八六年に出版された。高田の「英国憲法」講義がおこなわれたのは、その二年後の一八八八年とみられるのである。さらに、高田が『英国憲法史』の種本としたトマス・ピット・タズウェル—ラングミードの『イギリス憲政史』の第二版が出たのが一八八一年であり、高田が一八八五年の講義で使ったのは、おそらくこの版であったろう。

すでに明らかなように、同時代の学問動向への高田の目の凝らし方は、尋常一様ではないが、第一期における高田の関心は、主としてイギリスの学問に向けられていた。これに対して、第二期の高田の関心は、アメリカ政治学へ大きく傾く。

おそらくそのきっかけは、ジョンズ・ホプキンズ大学で博士号を取得して一八九〇年に帰国し、ただちに講師として東京専門学校に迎えられた家永豊吉からうけた刺激であろう。そのような刺激の直接的な所産の一つが、ウッドロー・ウィルソンの『国家』の翻訳にほかならない。一八九五年に『政治汎論』のタイトルで「早稲田叢書」の皮切りとして出版されたこの本の翻訳のきっかけについて、高田は、「訳者序」において「先年友人家永豊吉氏学成りて米国より帰朝し其齎せし所『ゼ、ステート』を余に示せり余之を読んで嘆賞措かず益々ウイルソンが尋常一様の学者にあらざるを識り遂に家永氏の書に依りて翻訳に従事し四ケ年の星霜を経て漸く稿を脱せるなり[19]」と記している。

一八九四年八月に東京専門学校出版部の出版部長に就任した高田のリーダーシップの下で、翌九五年から刊行が開始された「早稲田叢書」は、「泰西の諸著述」の翻訳紹介を主目的とし、一九〇九年まで四三冊を送り出したが、そのうち一五冊が政治・政治学関係で、イギリス政治・政治学関係五冊、フランス政治・政治学関係二冊、ドイツ政治・政治学関係一冊に対して、アメリカ政治・政治学関係は七冊であった。ちなみに、アメリカ関係の中に含まれるのは、ウィルソンの『政治汎論』のほかに「フランク、ジェー、グッドノー著、浮田和民訳『比較行政法』」「ジョン、ダブリュ、バルジェス著、高田早苗・吉田巳之助共訳『政治学及比較憲法論』」「エー、ローレンス、ローエル著、柴原亀二訳『政府及政党』」などである。高田自身が、『政治汎論』に加えて、『政治学及比較憲法論』の邦訳にも直接かかわっているところにも、高田のアメリカ政治学への関心のありようがうかがえよう。そして、高田は、一八九八年度から英語政治科で「バルジェス政治学」の講義を開始した。

このようにして、第二期における高田の活動は、翻訳に集中している。ウィルソン、バージェスの著作の邦訳のほかに、この時期の高田のめぼしい仕事として残っているのは、「早稲田叢書」から刊行されたイギリス関係の三著作の邦訳「ビー、シー、スコット著『英国国会史』一八九七年」「エー、ヴイ、ダイシー著『英国憲法論』一八九九年（梅若誠太郎との共訳）」「ジャスチン、マッカァシー著『英国今代史　上巻』一九〇〇年（吉田巳之助・石井勇との共訳）」である。

いずれにしても、この第二期においても、高田の新知識への関心は衰えていない。この時期に高田が翻訳の対象としたのは、いずれも当時の最新の著作で、原書の刊行から邦訳書の刊行までの間隔は、もっとも長いのが、バージェスの『政治学及比較憲法論』とマッカーシーの『英国今代史』の一二年で、もっとも短いのが、スコットーの『英国国会史』

の五年である。

第三期になると、高田は、ドイツ政治学へ関心の重心を移動させる。この中で、高田がとりわけ目を向けたのは、ヨハン・K・ブルンチュリーの政治学であった。もっとも、高田のブルンチュリーへの関心は、一八八〇年代末にまでさかのぼる。坪谷善四郎の『通俗政治演説』(一八八八年)に寄せた「序」において、一八八八年一一月の日付で高田は、こう書いている。

「(政治理財の)学問を以て価値なしと為すの徒と雖どもプレトオ、アリストオトルの古へよりブルンチリー《ママ》、スタインの今日に至るまで数多の学者が焦心苦慮して案出せる真理を取るに足らずと為すこと能はざる可く……」[20]

おそらく、高田のブルンチュリーへの関心は、一八八八年に設けられた英語政治科で、ブルンチュリーの『一般国家学』の英訳本(東京専門学校翻刻版、一八八八年)がテキストとして採用され、一八八九年、九〇年、九二年には、この科目を高田が担当したことと関連するにちがいない。しかし、当時は、この科目は、有賀長雄、織田一、井上密らとの交互の担当であり、このテキストが東京専門学校刊となっていることとあわせて、テキストの選択において高田が主導的であったか否かは明らかではない。しかも、井上密が、一八九六年に京都帝国大学法科大学の教員予定者に選ばれ、ドイツ留学のため東京専門学校を辞した後、東京専門学校における政治学の中心科目の担当者としての地位を享受することになった高田は、「ブルンチュリー国家学」に代えて、「バルジェス政治学」をテキストに採用した。そして、すでに触れたように、高田は、バージェスの著作の邦訳『政治学及比較憲法論』を一九〇一年から〇二年にかけて「早稲田叢書」から刊行したのである。

ところが、一九〇一年度からは、「政治学」のテキストが、前期は「バージェス」、後期は「ブルンチュリー」に変更になり、また一八九六年度から、高田は、邦語政治科において国家学(一九〇〇年度から国家学原理)を継続して担当するようになった。そして、これらの講義の講義録とみられる『国家学原理』からうかがわれるのは、ブルンチュリーに依拠するところがきわめて大きいことである。現在、早稲田大学図書館等には、異なった年度の講義録とみられる六種の『国家学原理』が所蔵されているが、一九〇三年以降の刊行とみられる最新の一種を除く他の五種のいずれもが、ブルンチュリーの国家学の定義からはじまっている。たとえば、「東京専門学校蔵版」版で、現在早稲田大学大学史資料センター所蔵の版（一八九九年？）の書き出しは、こうである。

「国家学、即ち政治学は英語にポリティカル、サイエンス（Political science）と謂ひ、独逸語にてはスターツウヰッスエンシャフト（Staatswissenschaft）と謂ふ。ブルンチュリー氏（ハイデルベルヒ大学の教授）国家学に定義を下して曰く『国家学は国家に関する処の科学にして国家の要件及本性、其種々の形状及其発達等を理解するが為の学問なり』と[21]。」

そして、『国家学原理』の「第一章　国家学及其研究法」「第二章　国家の概念」が、それぞれ『国家の理論』（『一般国家学の英訳本のタイトル[22]』）の「序章」「第一部第一章　国家の概念と観念」に関連しているのをはじめとして、両書の目次は、ほぼ対応的であり、『国家学原理』には『国家の理論』の抄訳としての趣が濃い。

いずれにしても、ブルンチュリーの『一般国家学』の英訳本がイギリスで出版されたのは、一八八五年であり、東京専門学校翻刻版が出されたのは、その三年後であった。この事実が示唆するのもまた、高田らの「知のアンテナ」の敏感さであろう。もっとも、ブルンチュリーについては、すでに加藤弘之訳『国法汎論』（一八七二年）、中根重一訳『政治学』（一八八二―八三年）、玉田啓一郎訳『党派総論』（一八八二年）などによってわが国に紹介されており、高田らが最初の紹介者であったわけではない。高田らが素早く対応したのは、英訳本に対してである。

ちなみに、東京専門学校翻刻版は、同校の「教課書」として出版されたものであったが、翌一八八九年には、憲法雑誌社から一般読者頒布版が刊行された。その広告文中に「文学士高田早苗氏校正」とあるのは、高田がブルンチュリーの導入に積極的にかかわったことを示すものであるかもしれない。また、発行元の憲法雑誌社は、高田が中心となって一八八九年二月から一一月にかけて刊行した『憲法雑誌』の版元である。

しかし、高田は、単に同時代の政治学者を無差別的にいち早くわが国に紹介したわけではない。政治学者としての高田について注目すべき第二の点は、欧米政治学の導入に当たっての高田の卓越した眼識であり、これによって草創期のわが国政治学のために高田が演じた適切な水先案内人の役割である。実際に、高田が紹介者の役割を演じたA・V・ダイシー、W・R・アンソン、W・ウィルソン、J・W・バージェス、J・K・ブルンチュリーなどが、いずれも高田が政治学者として活動した一九世紀末から二〇世紀初頭期を代表する政治学者であったことは、およそ疑うべくもない。

これらの学者たちの活動期から一〇〇年を経て出した『イギリス政治についての諸解釈』（一九八八年）において、イギリスの政治学者レナード・タイヴィが、ダイシーについて「ヴィクトリア期の偉大な法学者」であり、「一九世紀末期から二〇世紀初頭期にかけての時期に政治活動のための枠組みの構成に当たって重要な役割を演じた」と記し、さらにアンソンについて「同時代のもう一人の偉大な憲法学者」として言及している[23]のは、ごく一般的な今日的評価を代弁するものであろう。

さらに、高田によって「早稲田叢書」を通じてわが国の読者に紹介されたときまだ三八歳であったウィルソンは、その七年後の一九〇二年にプリンストン大学総長になり、一九〇九年にアメリカ政治学会の第六代会長に就任、続いて一九一〇年にニュージャージー州知事に選出され、一二年には大統領選挙で当選する。同じく「早稲田叢書」を通じて高田が紹介したバージェスは、一九世紀末から二〇世紀初頭期にかけてのアメリカ政治学界の大御所であり、一八八〇年に、アメリカ政治学の誕生を刻するものと評される、アメリカで最初の大学院レベルの政治学教育機関としてのコロンビア・スクール・オブ・ポリティカル・サイエンスを創設した。

そして、チューリッヒ生まれで、ドイツに帰化したブルンチュリーが、一九世紀ドイツを代表する政治学者として位置づけられていることについては、あらためてことわるまでもない。

３　「学理と実際の密着」の政治学

このようにして、高田は、わが国の政治学の草創期において、欧米政治学の先駆的導入者として積極的な役割を演じたが、さらに進んでわが国の政治学発達史上に先導的政治学者としての確かな足跡を残した。すでに触れた「政治学研究之方法」がその一つで、おそらくこれは、わが国での最初の政治学研究ガイドであり、文献案内であろう。

東京専門学校の「政治科講義録」の読者（校外生）のために用意されたこの小冊子（Ａ５判・一三ページ）について、高田は、「政治学研究之方法と題して茲に述べんとする目的は此講義録を独修せんとする人々、及び其他政治学の初学者の為めに研究の順序を示さんとするにあり[24]」と述べているが、ここには当時のわが国の政治学の状況が鮮やかにうつし出されていて、わが国政治学史の資料としても、きわめて興味深い。たとえば、「国家学原理の参考書に適当なるものありやと云へば、これ又其数甚だ多からずと答へざるを得ず。元来政治学に関する著述は、独乙、仏蘭西等に乏しからずと云ふも英書には其類甚だ少なし。而して翻訳書には殊に多からざるなり」として、高田が、その中で「読者に推薦すべき」ものとしているのは、つぎの五冊である[25]。

平田東助・平塚定二郎二氏共訳ブルンチュリー氏　国家学
山崎哲蔵氏訳ラートゲン氏　政治学
室原重福氏訳述バルゲス氏　政治学（国家の部）
土岐僙氏訳ラレー氏　国家学要論

石原健三氏木下新三郎氏合訳クレーン氏　政治学

ところで、この「政治学研究之方法」には、高田が一八九五年六月一日に東京専門学校講堂で学生のためにおこなった「戦争と外交」と題する講演の記録が付されているが、ここでは、「権力平均、即ち英語で云へば Balance《バランス》 of《オブ》 power《パウワー》」の視座から戦争と外交の関係が論じられていて、興味をひく。高田は、一八八四年から八七年にかけて外交学、外交政略等の科目も担当していた。これらの点からみると、高田は、わが国の政治学史上、国際政治学の草分けの地位を占めるともいえるであろう。

しかし、いっそう注目にあたいするのは、より基本的な点でわが国の政治学史上に高田が残した足跡である。一つは、高田の政治学上の視座にほかならない。高田は、一九〇三年以降の刊行とみられる『国家学原理』において、「政治学上国家を論ずるに当りては須らく実想上の国家に就て研究せざるべからざるものとす[26]」と論じているが、高田が標榜した政治学上の立場は、事実主義とも呼ばれるべきものであった。この立場に立ってこそ、高田は、「政治学研究之方法」において、「事実は理論の基礎」と論じ、「ウヰルソン氏国家学汎論は事実的に政治学を研究する者の左右に欠くべからざる参考書」と指摘し、さらに「政治学を修むるものは事実的に之を研究するの必要あり。従て統計学の大躰に通ずるを要す」とも説いている[27]。

もっとも、高田が重視したのは、現在的事実というよりは、歴史的事実であった。この関連で、亡くなる前年の一九三七年に早稲田の学生に対しておこなった講演の中で、高田が、東京専門学校における「政治学事始め」のころを回顧しながらつぎのように述べているのは、興味深い。

「早稲田大学の前身東京専門学校が明治十五年に開かれ、私は始めて此の学校の教員となり政治学を教へることになった。所が書物はなし、知識は乏しいし、頗る困ったが、兎に角貧弱な知識で政治学を教へたのは私であるといって宜しい。所が帝大の方は段々政治学が独逸化した。所謂国法学といふ方になって即ち公法的の研究を主としてやる様になった。早稲田でも今日国法学の講座がある位だから法律的公法的研究を閑却して居る訳ではない。併ながら早稲田では主として歴史に基礎を置いて政治学をやり始めたのである。[28]」

高田の政治学について注目すべきもう一つの点は、政治学教育の目的についての高田の考え方である。高田は、東京専門学校の学問のあり方を「学理と実際の密着」に求めたが、このキーワードがもっとも重要な意味をもっていたのが、政治学にほかならない。この議論を提起した一九〇二年の早稲田大学開校式での「学監報告」において、高田は、さらに進んで「二十世紀の陣頭」に立つ人物の養成を早稲田の教育のねらいとして掲げ、「此学校よりして将来出づべき所の人々は、成るべく第一流の人物となって、而して国家の需要を充すやうでありたいと考へます。即ち遠大の思想を抱く人の数多出でん事を希望します、彼の疎大なる考を持つ所の者実用に遠い人間の出る事は我々の決して好まざる所である[29]」と述べている。

この「報告」より一〇年前の「東京専門学校十周年祝典」でおこなった演説で、三二歳の少壮気鋭の高田は、東京専門学校のあり方についていっそう直截的につぎのように論じた。

「日本は早晩政党内閣になるに相違ないが、其の政党内閣になった時には、少なくとも其の内閣の半分は、東京専門学校の得業生が地位を占められなければならん。又少なくとも日本の裁判所の判事検事若しくは大状師の過半は、東京専門学校の得業生が地位を占められなければならん、又日本の文学者として名小説を著はす人、大歴史を著はす人は、是亦東京専門学校の得業生が其の人とならなければならんと云ふことを私は諸君に申して置く、英国のヲックスホルド又はケンブリッチと云ふやうな大学校は、大政治家を出し、大法律家を出し、大文学者を出して居て、英国の豪傑の製造元であると云ふことは、人の許して居ることである、丁度其の通りに此の専門学校が日本の豪傑の製造元、問屋と称せらるゝことを私は望むのである。[30]」

高田にとって、政治学教育の目的がこのような早稲田の教育のねらいと密接に結びつくものであったことは、疑いなかろう。この文脈で注目されるのは、高田が地方自治論に強い関心を示していたことである。このことは、高田が東京専門学校発足当初に担当した「行政法」の講義ですでに地方政治論に大きな比重をおいていたことから明らかにみてとれるが、M・D・チャーマーズの『地方政府』を種本としたこの講義において、高田がみずからのことばで論評的に論じている部分にさらに鮮明に高田の考え方をうかがうことができよう。ちなみに、チャーマーズは、『地方政府』でJ・S・ミルの『代議政治論』の一節を引き、地方自治の重要性に関する議論を補強している[31]が、高田は、このミルの議論を「彌兒曰ク権力ハ地方ニ移ス可シ智識ハ之ヲ中央ニ集メザル可ラズ」と訳出し、その直前にみずからの感懐を挿入し、こう述べている。

「英国地方政治ノ情況ハ余ガ篇ヲ逐フテ陳述セル所ニ因リ其大略ヲ窺フヲ得可シ蓋シ其制度ノ錯雑極リナキ固ヨリ弊ナリト雖モ地方自治ノ精神確トシテ動カサルニ至テハ大ニ羨望スルニ足ルモノアリ[32]」

東京専門学校で一八八六年の政治学関連の科目に「地方自治論」が登場するのは、おそらくこのような高田の議論と無関係ではなかろう。この科目の担当者も、高田自身であったかもしれない。さらに、一八八八年の英語政治科の新設に伴い、「トレール氏英国中央政府論」とともに「シャルマー氏英国地方政治論」が一八八八年度に設置されたが、「行政法」の講義内容に照らして、これらの科目の担当者もまた高田であった可能性が高い。

「学理と実際の密着」を説き、「二〇世紀の陣頭に」立つ人物は、「実用的人物」でなければならないと論じた高田にとって、地方政治の担い手を生み出すことは、東京専門学校の政治学教育の重要な目的の一つであり、地方自治論は、まさしくそのような目的にそうべきものであったであろう。東京専門学校一〇周年の前年一八九一年九月一一日に東京専門学校の学生のためにおこなった「我校の養成すべき人才」と題する演説で、家永豊吉がつぎのように論じたとき、家永は、まさに高田の代弁者の役割を演じていたともいえよう。

「諸君に申して置きたいことは地方に居ると云ふことで諸君は国会議員にならなければ政治家の事業が出来ぬ

と思召すことはありますまいが国会議員にならぬでも地方に居て県会議員になっても随分其地方に勢力を及すことが出来ます假令ひ一足飛に国会議員になっても若も其地方に人望がなければ其人の勢力は弱いと思ふ之れからは国会議員は県会議員の卒業生であると思ふから其根拠を堅くして益々それを勉めると云ふことは諸君に取て甚だ大切なことであると思ひます此の東京専門学校から処々方々の府県会議員市町村会議員となって其処の政治をしたならば日本の政治は諸君の手に落るではありませんか[33]」

なお、ここで付言しておかなければならないのは、高田にとって単に政治学の知見を備えた人材が、期待される人物像ではなかったことである。高田が持論としたのは、政治学が文学と「ブラザーとシスターの関係」にあるということであり、また哲学や歴史学と密接な関係にあるということであった。高田は、一九一九年四月に早稲田の学生研究団体「政治学会」の会合で「文学史学哲学、此基礎の上に成立つ政治学」の重要性に注意を喚起した[34]が、それから一八年を経て一九三七年に再び「政治学会」の学生に対しておこなった講演で、高田は、重ねて同じ見地に立ってこう説いたのである。

「無論専門学は必要でないとは言はない。専門学勿論必要だが、其の専門学だけの知識で以てそれで宜い、とは思はれない。私の経験では専門学だけで世に立つ人は毎年出る卒業生の一小部分に過ぎない。大部分は或は実業、或は政治、色々の方面より、即ち学者として、専門家としてでなく活動する人が大多数である。さうすると専門学を固より深く治めるが宜しいが、教養と云ふことを余程考へなければならぬ。殊に政治科、文科と云ふ所を出る人は教養と云ふことを余程心掛ける必要がありやしないかと思ふ。政治学が専門だから深く学ぶのは結構な話であるが、それだけでなく、文学的政治学的教養も大いに持って貰ひたい[35]。」

さらに、政治学教育の目的についてのこのような高田の考え方と結びつくのが、高田の主導による政治科科目への「国会演習」の導入であろう。「国会演習」は、いっそう直接的に政治家をめざす学生たちのための「実地演習」としての性格をもっていたのである。この関連で、この科目が導入された翌年の一八八九年九月二二日付の『毎日新聞』に掲載された東京専門学校講義録の広告中にあるつぎの問答は、まことに興味深い。

> 問　東京専門学校政治科、司法科、行政科教授の目的は如何なるものにや
>
> 答　政治家は政治学、理財学、財政学、史学、憲法、行政法、法学通論、民法、商法、論理学等を教授専ら政治に志す者議員等にならんとする者に適当の科目を教授いたし候[36]（傍点内田）

「国会演習」は、まず「国会法演習」（隔週一回）として一八八八年に設置され、その第一回は、一〇月三一日に第四講堂で開かれた。出席した正員（政学部三年）は二一人、客員（政学部一、二年）は五〇人余で、「議員任期中財産上ノ資格ヲ失ヒタル時尚期限間勤続シ得ルヤ否ヤ」「議員被選挙資格中ニ住居区域制限ヲ置クノ可否」といった議案について議論したことが記録されている[37]。翌年度から科目名が「国会演習」に改められたが、この「国会演習」が正式に開始されたのは、国会開設の翌年の一八九一年で、この年の四月二二日に第一回が開かれ、「衆議院議員選挙法改正案」と「賎業者公権停止建議案」を議題とした。『同攻会雑誌』は、この第一回「国会演習」について「当日列席議員は英語邦語第二年第三年級にて百名許傍聴者は各級学生を以て講堂に充満せり」と報告している[38]。

その後、「国会演習」は、一般に模擬国会、擬国会と呼ばれ、「早稲田名物」として大正中期まで続いた。『早稲田学報』が、一九一八年四月に開かれた第三〇期擬国会に当たって、「国会演習」発足以来の成果についておこなっているつぎのような総括は、当時の早稲田での「国会演習」観を代弁するものであろう。

> 「本大学の擬国会は既に三十年の歴史を閲し、初期の擬国会以来吾早稲田の壇場に熱弁を振ひし人々の多くは、今や帝国政界の中心人物として日比谷の原頭に飛躍し居れり。故に本大学の擬国会は徒らに一種の芝居として形式のみを真似るを以て能事とするものに非ず、真に政治科の実地演習として溷濁せる帝国政界に対する一種の刺激と皮肉と諷刺とを与へ、吾が議会の若き政治家はやがては帝国政界の将星として真に国政を燮理せんとするの

意気と抱負とを抱懐して場に蒞めるなり。[39]」

4　啓蒙家としての役割

「学理と実際の密着」の立場を標榜した高田の政治学者としての活動は、東京専門学校＝早稲田大学を拠点とした学園の内側にのみ限られていなかった。高田は、同時に積極的に「校外」への知的情報の伝達を試みたのである。その一つが、講義録の出版にほかならない。

東京専門学校の校外教育の企ては、辻敬之が、高田との相談の上で始めた「一学科毎に毎月一回づつの筆記を発行して、若干月にして完結せしめる」「通信教授」を範とする。[40] 辻は、東京師範学校の出身で、一八八五年に開発社を創立して、四月に『教育時論』誌を創刊し、さらに一二月に通信講学会を設立して、通信教育事業を発足させた。『教育時論』第二三号（一八八五年一二月）に掲載されている「通信講学会設立の主意書」は、「任を学校教師の職に受くるもの其他研学の志に富み学校に入る能はざるものゝ為に通信教授の便を開きて大に教育の欠典を補ひ学術上の新利根を開かんとす」と宣言している。

そして、みずからも辻の企画のために『通信教授政治学』を執筆した高田は、そこからヒントをえて、東京専門学校で講義したものに筆を入れ、「講義録の形にして毎月何度かに是を出版し、校外生を募集して其の雑誌を頒ち、質問を許して講義録の余白で答へる事にしたならば、学校の教育が学校外の学生にも及ぶ事になり、大変具合の好い事になりはすまいかと考へた。[41]」こうして、高田のきもいりで横田敬太に委ねて始められたのが、講義録の出版であった。一八八六年のことである。

こうして、翌八七年に定められた東京専門学校校外生規則は、「校外ニアツテ本校ノ科目ヲ講習セント欲スル者」を「校外生」とし、これらの校外生に「講義筆記」を印刷して頒つこととした。これらの講義筆記としての講義録が、政学部校外生のための「政学部講義」と法学部校外生のための「法学部講義」である。その中で、横田は事業上の失敗によって手を引き、一八九一年一月から東京専門学校が、直営の形で講義録を出版することになった。

一八八七年に第一巻、第二巻としてまとめられた高田の『国会法』は、この講義録の一つであるが、同書の「例言」で、高田が、「余ハ我国ノ有志者ヲシテ国会ノ何物タルヲ識ラシメ其特例権力及執務ノ順序ヲ覚ラシメ以テ議院政治ノ準備ヲ為サシメント欲シテコノ書ヲ編タリ[42]」と述べているところに、高田が講義録に託した意図が、明瞭に読みとれよう。講義録は、「高等ナル意義ニ於テ国民教育ノ一機関タラン事ヲ期[43]」したのである。

一八九五年からは文学科講義録も出されることになり、校外生総数は、この年におよそ三〇〇〇人を数え、四年後の九九年には一万人を超えた[44]。その限りにおいて、講義録の啓蒙的役割は、きわめて成功的であったというべきであろう。

さらに、東京専門学校出版部の出版部長としての高田のリーダーシップの下で企画された「早稲田叢書」にしても、その目的の一つは、広く社会一般の啓蒙にあった。一八九五年一〇月の日付で書かれている「早稲田叢書出版の趣意」は、この点に触れてつぎのように述べている。

「今日日新進歩の時勢に於て人々政治法律経済の如き社会に密接の関係ある学問上の智識を蘊蓄するの必要あるは論を俟たず我専門学校こゝに思ふ所あるが故に彼の欧米に行はるゝ『ユニヴルシチー、エキステンション』の制に倣ひ或は講義録を発し或は講筵を地方に開きて斯学の普及を謀れり左ればこの翻訳書出版の挙も世間学生諸氏の便益を計るが為のみにあらず又広く大方士君子に処世の指南車を供給せんが為なり世間活眼篤学の士幸に微意の在る所を酌みてこの挙に賛成せられんことを切望せざる可からず[45]」

しかし、高田の啓蒙活動においていっそう際立っているのは、国会開設をはさむ、いわばわが国のデモクラシーの黎明期に高田が果たしたデモクラシーの啓蒙家としての役割であろう。高田のこの活動の主舞台になったのが、読売新聞であった。まず、一八八七年八月に読売新聞の初代主筆に就任した高田は、ただちに紙面改革に乗り出したが、その改革の一つの柱が「憲法及び国会法に関する通俗の問答を記載し、国会開設準備の一端となす事」であり、一〇月一日から読売の紙面に登場したのが、高田みずからの執筆による「国会問答」にほかならない[46]。

「国会問答」の意図は、連載第一回のまえがき文において、「明治廿三年以後永く国会の支配を受く可き同胞諸君の為に心得となる可き事柄を時々本紙に掲げんと欲す但し余の期する所は誰人にも解し易きにあるを以て問答の躰裁を以て説明することと為せり」と記されているところに明らかであろう。高田はまた、こうことばをついでいる。「余は勉めて要を摘まみ繁を省き先づ諸君の識らざる可からざることを掲げ而して尚ほ余時あらば諸君が識りて都合好きことをも記載すべし或本は消化する様に綿密に読べし或本はうのみにしても差支え無しとベエコンといふ翁は云へり同じ国会の事の中にもザット知りて宜きことあり委しく識るを要することあり余は先づ諸君が委しく識るを要する事即ち消化する様に読むべきものを掲載せんと思ふなり」

こうして、高田は、「国会の事を御説明下さる訳ならば先づ第一に国会といふは何の事なりや伺度候」という問いを手始めに、「国会の起原及実況」「国会開会の手続」「国会の役員」「議員着席の方法」「議員の出席」「国会の特権」「国会の法権」「国会の組織及職権」「国会の議事規則」「原案の種類」「議事定式」「国会の会期」「国会の議事手続」「国会の委員会」などの項目について、順次問答を進めていく。第一の問いに対する答は、こうである。

「委細承知致し候国会が如何な物といふことは既にご承知の事と存じたれど左様ならば申上ぐ可し国会といふことを一口に申せば国の政治を相談する集会に御座候御存知の如く西洋にては政治を三つに分け政治を相談するものは相談許りを致し相談した事を行ふ者は行ふこと許に関係しまた行つたる政治に違背したる者を裁判する者

は裁判の事許に関係いたし候扨て国会と申すはこの三種の政治の中相談の事許りを掌る者共の集会する場所に有之」[47]

しかし、高田は、けっして無味な制度的説明を事としてはいない。たとえば、高田が、出席議員がまばらで、議員の演説中に大あくびをかいている同僚議員が少なくないといったアメリカ連邦議会の議場風景の説明のあとに、「亜米利加の国会は如何なれば斯く因循に候や」との問いを設けているところにうかがわれるのは、高田の用意周到ぶりであろう。高田の答はこうである。

「これは理由のあることに候先づ第一の理由と申すは亜米利加にては立法行政の区別余り判然過ぎ英国の如く内閣大臣が議員を兼ねること無く随つて議論の劇しからざることに候扨第二理由は何なりやと云に亜米利加の代議士院にては議長の権力重大にして且常置委員会頗る多く其数四十七前後なる由而してこの議長と常置委員は大概多数党派より出で候故議長は恒に常置委員と慣れ合ひ自党に不便なる議案は常置委員に於て取調べ相済ますと称し成る可く議場へ出ださぬ様にいたしまた議論となりても議長は相成る可く反対党の議員に口を聞せざる様いたし候故自然張合抜の姿となり議員に喰ひ過ぎた時腹こなしの為に演説する外余り口を利かぬことに候」[48]

また、高田は、まえがき文の中で「読者諸君の中若し不明瞭を感ぜらるる事項あらば幸ひに書を寄せられよ余は問の中に之を加へて其答を掲ぐ可し」と付言しているが、啓蒙家高田の真骨頂というべきであろう。ちなみに、これは講義録においても用いられた手法であった。そして、つぎのような問答は、おそらく読者から寄せられた質問をもとにして組み立てられたものであろう。

問　ここに一つ伺ひ度事有之全体国会を開き候には如何なる建物が必要に候や若し御講義の御妨げと相成らず候はば伺ひ度候

答　承知いたし候国会の建物は議員の多寡に応じ候事故如何程の大きさといふことは申し難く候得共必要なる室

の数なぞは取調べ置候間申上ぐ可く候聞く所によれば国会を開くに必要なる諸室は議員の着席に充分なる大室一箇（凡そ五六百人を入るる所）委員会の用に供すべき小室数箇議長の用に供すべき小室一箇記録官の用に供し且文書を保蔵すべき室数箇人を禁錮するに適当なる差官の室一箇若くは数箇議院の命により若くは他の理由ありて国会に出頭する者の用に供すべき前室一箇若くは数箇等の由に御座候又外に二院協議の時に用ふ可き協議室必要に御座候[49]

問　而して議長の給料は幾許に候や

答　英国にては年俸五千ポンド（凡我金貨二万五千円）に有之別に官宅の備へ有之候[50]

「国会問答」が終わったのは、一八八八年七月二二日であったが、それから半年余りを経て八九年二月一一日に発布されたのが、大日本帝国憲法であり、高田は、ここで再び読売紙上で啓蒙の筆をふるった。それが、憲法発布の三日後の二月一四日から四月三日まで三五回にわたって読売新聞に連載し、この憲法の全条文についての解説を試みた「通俗大日本帝国憲法註釈」である。その意図について、高田は、こう書いている。

「其発布後未だ多くの日数も経ざる今日より直に註釈を試むるは少しく軽卒の嫌なきに非ずと雖も四千万の同胞悉とく学者にあらずして折角憲法を拝受しながら其何たるをさへ辨へざる者尠からざるを見ては、甚だしきに至ては憲法様の御迎に何処にまで行くのかと問ひ憲法発布を絹布の法被を給るが為なりと誤解する者あるを見ては勢ひ猶豫し難きなり左れば余は是より帝国憲法の註釈に取かからん勉めて通俗を旨としこれが説明を試むべし[51]」

「国会問答」の場合と同じく、ここでも高田は、註釈がいたずらに安直に流れないように注意を払った。啓蒙家高田の面目を躍如とさせているのは、連載の意図を述べたあとにつけ加えているつぎの一節であろう。「通俗の二字に遁途をこしらへ置き杜撰なる説明を為すが如きは余の欲せざる所なり若しこの註釈にして幸に俗に通ぜば豈俗ならざる人の参考たり難き理由あらんや[52]」

この連載を終えて九か月ほどして、高田は、政治的啓蒙をねらいとするさらにもう一回の連載を読売紙上に掲げた。それが、衆議院議員選挙法施行規則が一八九〇年一月九日に公布されたのをうけ、第一回総選挙が実施される半年前の一月一一日から二七日まで一〇回にわたって連載された「衆議院議員選挙法講義」である。ここで高田が試みたのは、代議制度の発展から説き起こし、「選挙区画」「選挙人の資格」「被選人の資格」を中心にわが国にはじめて導入された選挙制度について解説し、七月一日にせまった総選挙へ向けて読者の参考に供することであった。

ところで、注目にあたいするのは、高田が、読売紙上でこのような啓蒙的論説を立て続けに連載していたさなかに、他方で美辞学の必要性についての議論を精力的に展開していたことである。高田は、まず「国会問答」連載中の一八八七年一二月六日と九日の二回にわたって、読売紙上で「修辞の学を盛んにせざるべからず」と題して論陣を張り、「論理修辞兼学の人でなければ紳士とは云はれぬ」と主張した。一二月六日の紙面では、高田は、第一面では「修辞の学」を論じ、附録面では「国会の議事規則」を解説している。さらに、高田は、翌八八年一〇月一四日には東京専門学校校友会演説会で、「美辞学の必要を論ず」と題して講演した[53]。このような関心の結実として、「通俗大日本帝国憲法註釈」の連載が終了した直後の一八八九年五月に公刊されたのが、わが国における修辞学の開拓的著作と評される前編(二一三ページ)、後編(一五三ページ)から成る高田の『美辞学[54]』である。

そして、高田は、『美辞学』において、「文体に欠く可からざる要素」を検討して、「言語文章の明晰なるべきに就ては須くベーコンの格言を服膺すべし格言に曰『学者と共に考へ俗人と共に談ずべし』と蓋し思想は深邃なるべく談話は平易なるべしと云ふの意なり」「音調は意義の如くに肝要ならずと雖文章の効力を増さんと欲せば又須く之に注意すべし文辞の性質の如何を問はず其耳目に於ける効力の浅深に注意せざる時は折角の名文と雖疵瑕あるの憾に堪えざる事あり」と論じている[55]が、高田の読売紙上での三部作的連載「国会問答」「通俗大日本帝国憲法註釈」「衆議院議員選挙法講義」には、高田自身のこのような「美辞学」の実践の試みとしての趣が濃い。

実際に、「美辞学」は、高田にとって政治学とも密接に結びつくべきものであった。「政治学研究之方法」において、高田は、こう説いている。

「政治学者は或は文筆を以て、或は口舌に拠りて其思想を吐露するに巧みならさるへからさるを以て修辞学の研究をも亦為すを要するなり。予の意見を以てすれば論理学と修辞学とは鳥の雙翼の如く相待て用を為すものなるが故に政治学に志すもの其始めに於て攻究を怠るへからず。」[56]

5　立憲政治の唱道者

すでに明らかなように、高田の政治学・政論には、立憲政治・デモクラシーの発展への志向性が一貫していた。「国会問答」「通俗大日本帝国憲法註釈」「衆議院議員選挙法講義」がそのような志向性の端的な表現であったことは、いうまでもない。高田が第一回総選挙直前の時期に、「衆議院議員の撰挙近きに在り」（一八九〇年六月二五日）、「選挙人に告ぐ」（六月二六日）、「再び選挙人に告ぐ」（六月二七日）、「撰挙権を重ずべし」（六月二八日）と連日読売紙上で公正な選挙・積極的な投票参加を訴える論陣を張ったのは、これらの連載の延長線上においてであった。六月二八日の論説で、高田はこう論じている。

「撰挙権を放棄するとも撰挙罰則に照して刑せらるゝ事はなけれど徳義上より之を見る時には立憲代議政体の罪人と謂はざるを得ざるなり夫れ撰挙権を放棄せんとするは選挙を為すを以て面倒なりと思ふる或は撰挙すべき人物なしと謂ふを口実とするに過ぎず而して是しきの事にて貴重なる撰挙権を放棄するは立憲代議政体を軽蔑して之が運用の円滑を冀望せざるものと謂はざるを得ざるなり」

また、高田は、読売紙上での「三部作」連載と相前後する時期に『通信教授政治学』において、「政党内閣の利益」を検討し、政党内閣の発展を弁じた。高田によると、政党内閣の利益は、①「君主をして無責任ならしむること」、②「当局者をして謹慎ならしむること」、③「機に臨みて適当の政治家に政柄を掌握せしむること」、④「国民に政治上の教育を与ふること」にあるという[57]。高田は、こう説いている。

「往時にありて国会は君主の意に抗したるに当りて解散されたりと雖ども今は内閣員が其意見を人民に訴へんとするに当りて解散せらる而して更に撰出されたる議員にして内閣を助くる者多数なるときは是れ人民内閣を賛助するの意なること明かなれば内閣は其地位を保ち若し内閣を助ける者小数なるときは国会の意見人民と同一なる証拠なれば内閣は是に至りて始めて高踏勇退す是に由て之を観れば政党内閣は苟も更迭する者にあらず之を進むる者真正の輿論なり之を退くる者も亦真正の輿論なり之を目して更迭常なしとする者は其真相を見認めざる説なるのみ[58]」

さらに、ここで注目にあたいするのは、二つの点での高田のデモクラシーへの視点であろう。一つは、高田の選挙権拡張への主張である。高田は、『通信教授政治学』において普通選挙と制限選挙とを対比し、「所謂制限撰挙論は敢て絶対の論拠あるにあらずして唯た普通撰挙より生ずる所の弊害を恐れて之を防止せんと欲するに過ぎざるが故に他に其弊害を防止するの方法だに発見せば撃たずして自ら破れんのみ[59]」と論じているが、高田は、基本的に普通選挙権論者であった。高田の普選論の根拠は、まずもって「汝須らく苦痛を忍んで租税を払ふべし汝須らく生命を擲ちて戦闘に従事すべし然れども汝は貧賤なるが故に敢て喙を其間に容るるを得ず」といった事態は、「小学の児童と雖ども尚且其不可なるを知らん[60]」というところにある。しかし、高田にとって、普通選挙には、もう一つの「一大利益」があった。それが、「知識の開発[61]」にほかならない。高田は、こう述べている。「普通撰挙の国に於て其人民の知識の著しく進歩するは全く其制度固有の利益なりと称するも敢て誇言にあらざるなり[62]」

そして、高田は、第一回総選挙の直後に、選挙の経験に照らして選挙法改正を提起したが、高田がまず改正点としてあげたのは、記名投票を「匿名投票」に改めることとともに、「撰挙権を今一層拡張せんこと」であった。総選挙二日後の読売紙上で、高田は、こう主張している。

「抑も撰挙権は漸を以て之を拡張せざる可らざるものにて其之に資格を要する所以のものは実に已を得ざるものなり而して我撰挙法中なる選挙権の資格は之を欧州各国に比して狭きに過ぐるものゝ如し撰挙資格の狭に過ぎ撰挙人の数割合に少ければ親類縁故の多寡周旋人勢力の多少を以て候補者の勝敗を決することあるべし余輩今回の撰挙を見るに大に此弊あるが如し若し納税資格を改めて撰挙権を拡張したらんには豈親類縁故の多寡周旋人労力の多少を以て候補者の勝敗を決することあらんや況や世局の進運と人文の発達に従ひ撰挙権を拡張するも危険の憂なきに於てをや今回の撰挙の如は実に撰挙権外の人にして大に選挙に勢力を及ぼせしもの多し若し撰挙権を拡張せざれば却て危険に立到ることあるや蓋し図る可らざるなり[63]」

普選論との関連で付言しておくべきは、高田の女性参政権についての見地であろう。高田は、第一期においてはJ・S・ミル派ともいうべき立場に立ち、積極的な女性参政権論者であった。『通信教授政治学』において、高田は、ミルの『代議政治論』での議論をなぞりながら、こう論じている。

「蓋し男女の別に由りて撰挙権の有無を決するは猶ほ躯幹の長短頭髪の黒赤に由りて之を決するが如し天下何物か之より不正なるあらんや元来一国の人民は政治の影響を被ること均一なるが故に撰挙の権亦均一ならざる可らざるは論を俟たず若又之を被むるに大小軽重の差異ありとせん乎余は将さに云はんとす其最も重大なる影響を被むる者は男子にあらずして女子に在りと何となれば女子は男子に比すれば其身体軟弱にして保護を要すること一層多ければなり[64]」

しかし、第二期に入るころから、高田は、女性参政権について慎重論の立場を強めてくる。実際に、高田は、一八九九年ころの刊行とみられる『国家学原理』では、「今其実際に就き婦人参政権の有様を観察するに地方政治の範囲に於ては間々是れが選挙権を認むるの実例なきに非ずと雖も、中央政治に参与するの権利に至りては未だ之を付与したるの実例を見ざるなり[65]」として女性参政権についての議論を終え、さらに、一九〇三年ころの刊行とみられる版の『国家学原理』では、普通選挙について論じながら、女性参政権についてはまったく言及していない。

すでに触れたように、高田は、第一回総選挙直後の読売紙上での論説で、「撰挙権は漸を以て之を拡張せざる可らざるもの」と説いていたが、女性参政権についての高田の見地の変化は、おそらくブルンチュリーの議論の影響によるところ大であろう。ブルンチュリーは、一八八〇年代末から高田自身もテキストに用いた『国家の理論』の第二部第二〇章「女性の地位」において、J・S・ミルの女性参政権論を俎上に載せ、ミルの議論に真っ向から反論し、「妻が夫の政治的尊厳を共有するとみなされているのは、ドイツ諸邦の公法のすぐれた特徴である。このようにして、女性は、国家の組織において自分の本当の地位をうるのであり、政治的権利からの排除の補いを十分にうけているのである[66]」と論じているが、高田は、『国家学原理』（一八九九年？）において、ブルンチュリーのこのようなミル批判を詳細に紹介している[67]。

そして、このような高田の見地の変化の中間点に位置するのが、一八九〇年一月の読売紙上での「衆議院議員選挙法講義」であるかもしれない。高田は、ここで「英国の大儒ミルは婦人贔屓にして独逸の大儒ブルンチュリーは反対説なり」として両者を紹介し、ブルンチュリーの議論を軸に両者の説を対比した後で、女性参政権に対するみずからの態度表明を保留し、こう結んでいるのである。

「女子は終に選挙権を得るに至るべきや終にはこれをして得せしむべきものなるべきや暫く読者諸君の判断に任せてこゝに余の説を述ることを為さざるべし[68]」

いずれにしても、普通選挙を求める見地においては、高田は、変わることはなかった。そのような年来の主張を背景にしてこそ、高田は、一九一九年四月に早稲田の学生に対しておこなった講演で、「御承知の通り彼の普通選挙、諸君の中でも大分之を唱へる人があるやうであるが、之は余り知れ切つて居ることである。幾ら税を収めれば選挙権があつて夫れに一円欠けても選挙権がないなどと、そんなことが何時迄続く可きものではない。分り切つた話だ。普通選挙は遅かれ早かれ……そんなに遅くない未来に忌やでも必らず来る可きものである[69]」と論じたのである。

高田のデモクラシーへの視点で注目にあたいするもう一つは、少数派の位置づけへの積極的な関心である。しかも、そのような視点は、わが国の国会開設以前の時期にすでに提起されていた。高田は、まず一八八八年度ころの「英国憲法」の講義録とみられる『英国憲法』において、「英国現行の撰挙法は党派の器械となること多く夫れが為に党派外に在て独立の意見を有するもの其意見を代表せしむる能はざるの実ありとて近年に至り往々少数代表の方法を案出し之を実行せんと試みるものあり」と指摘し、比例代表法等について説明し、こう結んでいる。

「以上掲げたる諸種の少数代表法は今日に於て一も行はるゝ者なし然れども多数圧制の風漸く盛になりて独立の意見を有する撰挙者は適当の代表者を得るに苦むの実あること素より明なれば右の中に於て最も適当なる方法他日行はるゝか又は更に新しき名案出てゝ現行撰挙法の弊害を矯正するに至ること疑ひあるべからず[70]」

また、『英国憲法』と相前後する時期に刊行された『通信教授政治学』においては、「蓋し通常世間に行はるる所の撰挙法は各党派をして単に相対して競争を縦まにせしむるが故に多数党派は能く其好む所の代議士を出すを得るも少数党派は撰挙の競争に失敗すると同時に一人の代議士をも出すことを得ずして其結果たるや識者の常に憂慮するが如く多数をして少数を圧伏せしむるを免れず是れ豈正当の法ならんや論者或は少数の多数に従はざる可らざるを説くと雖ども所謂小を捨てて大を全ふし尺を枉けて尋を直ふすとは二者到底両立すること能はざる場合にのみ適用すべきの窮策にして好んで採用すべき良法にはあらず然るを強て之が辞を作り二者をして両立せしむるの策を求むることを為さざるは寧ろ自棄の甚しきものにあらずや[71]」と論じて、高田の少数代表への主張は、いっそう直截で強硬である。

ところで、このような高田の見地は、W・R・アンソンの『政治構造の法と慣行』やJ・S・ミルの『代議政治論』における議論に触発されたところが、きわめて大きい[72]。しかし、少数代表論は、やがて高田の持論としての位置を占めるようになったように思われる。一九〇三年ころの刊行とみられる版の『国家学原理』において、高田が、一九世紀末以降の事態の推移に目を向けながらつぎのように述べているところにうかがわれるのは、高田のそのような持論に基づく少数代表への強い志向性であろう。

「爰に一言すべきは少数代表に就てなり。抑も代議政治に於て諸事多数によりて決せらるべきは勢の免れざる所ならんも少数を犠牲にし無代表の民たらしむるは頗る不道理なりと云はざるべからず、……故に道理上多数を以て事を決するは勢ひ不得止ものとするも少数は少数ながらに代表者を出さしめ無告の民たらざらしむるを要す、従てこれら少数者を保護する方策を講ぜざるべからず。之に就ては学者大に苦心し且其所説に基き少数者の保護策を採用したる国なきにあらず。例せば白耳義の如き最も少数代表の発達せる国なり。日本の改正選挙法が単記にして大選挙区制を採用したるも亦この目的に出づ[73]。」

6　早稲田政治学の定礎者

高田が政治学者として活動した三〇年余りは、一九世紀と二〇世紀をまたぐ時期であった。高田が、一八九五年に「早稲田叢書」の皮切りとして出版した『政治汎論』の原著者で、一九一四年四月から七か月にわたった欧米巡遊中の九月二八日にホワイト・ハウスに訪ねた時の大統領ウッドロー・ウィルソンは、政治学者として「一九世紀と二〇世紀をつなぐ橋」と評された[74]が、高田もまた、政治学者として「一九世紀と二〇世紀をつなぐ橋」と特徴づけられる。

高田は、政治学者として歴史研究に軸足をおいて出発した。その意味において、高田の政治学は、一九世紀的性格を色濃くもっていたといえよう。実際に、高田が、第一期から第二期にかけての時期に、「英国憲法史」の講義担当とともに、B・C・スコットーの『英国議会小史』、ジャスティン・マッカーシーの『現代英国史』をそれぞれ『英国国会史』『英国今代史』として訳出しているところに示されているのは、そのような高田の関心の所在であろう。

しかし、ここでの高田のねらいは、単に歴史を叙述するところにあったのではない。高田にとって、「事実は理論の基礎」であり、いっそう重要なのは、歴史的事実を確認するところにあったのである。いいかえれば、高田は、実証主義的立場を志向したのであり、その限りにおいて、高田政治学は、二〇世紀の政治学の流れの中に位置するのである。高田が、政治研究における統計学の重要性を指摘しているところにも、このような高田の志向性は明らかであろう。さらに、高田政治学をいっそう明確に二〇世紀政治学の流れの中に位置づけるのは、それが議会制デモクラシーの発展への寄与を目指すデモクラシーの政治学としての特徴を顕著にもっていたことにほかならない。

そして、これらの特徴点は、その後の早稲田政治学の基調となった。いいかえれば、高田は、早稲田政治学の定礎者としての位置を占めるのである。

同時に、高田は、早稲田政治学の関心を英米政治学、とりわけアメリカ政治学に向けさせるという点でも、大きな役割を果たした。すでに触れたように、高田にアメリカ政治学への関心を強く刺激したのは、家永豊吉であったとみられるが、とにかく早稲田育ちの第一号、第二号の政治学者としての大山郁夫、高橋清吾が、それぞれシカゴ大学、コロンビア大学に留学し、続いて国法学専攻の中野登美雄が、一九一八年から二一年までの留学先をシカゴ大学とジョンズ・ホプキンズ大学に定めたのも、このような高田―家永の直接・間接の影響の下においてであったにちがいない。中野は、ジョンズ・ホプキンズ大学でウェステル・ウッドベリー・ウィロービーに師事したが、ジョンズ・ホプキンズ大学は、家永の母校であった。

ちなみに、ウィロービーは、一九一二年から一三年にかけてアメリカ政治学会会長をつとめたが、大山がシカゴ大学で師事したチャールズ・E・メリアムと、高橋がコロンビア大学で師事したチャールズ・A・ビーアドも、それぞれ一九二四―二五年、一九二五―二六年にアメリカ政治学会会長に就任している。二〇世紀初頭期において、早稲田政治学がアメリカ政治学の流れの中心と接点をもっていたことは、注目すべきであろう。

家永は、一八九五年に東京専門学校講師を辞したが、それから二〇年近くを経た一九一四年に、高田は、四月から七か月にわたった欧米巡遊の旅行で九月二三日から一〇月五日にかけてニューヨークを訪れたおり、家永に再会した。家永は、九月二三日にニューヨーク港に高田を出迎えただけでなく、二六日には、高田を自宅に招いて食事を共にしたあと連れだって「エムパアヤー座」で観劇し、一〇月二日午後に高田の宿泊先であったアスター・ホテルで開かれた日本協会主催の高田学長歓迎晩餐会では、高田を紹介する演説をおこなっている。それだけではない。ニューヨークをあとにする一〇月五日に高田がたずねたのは、「世界最高の建築物ウールウォース館」内にある家永の東西通信社であった[75]。二〇年近くの歳月を隔てて、高田と家永の交遊はなお、親密の度を失っていなかったのである。

家永が日本協会での高田紹介演説をつぎのように結んでいるのは、まさに相識ならではというべきであろう。

「日本国民は今や、政府の指導を待つにあらづんば何事をも成し得ざりし幼稚の時代を脱して国民自覚の声高く立憲自由の思想民間に普及するに至れり、官僚武断派を倒さんとして多年奮闘せしのみならず英米派政治思想の祖述者として固く其主義を主張して止まざりし大隈伯は今や廟堂に立ちて政権を握り其主義主張を実行しつゝあり、而して今日の正賓高田博士は最も熱心に伯の主張を助け、且つ伯の信頼を受けて其帷幄に参せしものの一人なり、是れ余の日本協会が早稲田大学の学長として大隈伯年来の友人たる高田氏に対し双手を挙げて歓迎するの特に今日を以て其時を得たりとすと云ひし所以なり[76]」

注

1 高田の後をうけて早稲田政治学の中心としての役割を演じることになったのが浮田和民であるが、「浮田教授退職記念論文集」『早稲田政治経済学雑誌』第七八・七九合併号（一九四一年一一月）に掲載されている「浮田和民博士略歴」は、この点に触れてこう記録している。「早稲田大学設立後引続キ西洋史ヲ講ジ、後ニ高田博士多忙ノタメ、代リテ政治学ヲ講ジ、爾来西洋史及ビ政治学ノ一部ヲ担当ス」

2 吉村正『政治科学の先駆者たち——早稲田政治学派の源流』サイマル出版会、一九八二年、七一ページ。

3 「早稲田叢書」については、内田満『日本政治学の一源流』（内田満政治学論集1）早稲田大学出版部、二〇〇〇年、二九―四四ページおよび本書5章参照。

4 それぞれの原書は、つぎの通りである。

Woodrow Wilson, *The State*, 1889.

B. C. Skottowe, *A Short History of Parliament*, 1892.

A. V. Dicey, *Introduction to the Study of the Law of the Constitution*, 3rd ed., 1889.

Justin McCarthy, *A History of Our Own Times*, Vol.I, 1888.

5 原書は、つぎの通りである。

John W. Burgess, *Political Science and Comparative Constitutional Law*, 2 vols., 1890.

6 早稲田大学図書館は、他に「政治科得業生本田信教編輯」版と「政治科得業生田中唯一郎編輯」版の二種の『国家学原理』を所蔵している。本田と田中が講義録編集に従事したのは、それぞれ一八八八～九一（?）年、一八九一年九月～九七年三月であるから、これらの二種の『国家学原理』は、あるいは高田が一八八九年、九〇年、九二年におこなった「ブルンチュリ国家論」の講義のいずれかに対応する「講義録」であるかもしれない。『早稲田叢書』第二輯、一九一九年一二月、二六九ページおよび山本利喜雄編『早稲田大学開校・東京専門学校創立廿年紀念録』早稲田学会、一九〇三年、二六六ページ参照。

7 薄田貞敬『天下之記者——一名山田一郎君言行録』実業之日本社、一九〇六年、四一ページ。

8 それぞれの原書は、つぎの通りである。

H. D. Traill, *Central Government*, 1881.
M. D. Chalmers, *Local Government*, 1883.
T. W. Fowle, *The Poor Law*, 1881.

9 高田早苗『英国政典』晩青堂、一八八五年、緒言一ページ。

10 高田早苗「政治学研究之方法」一八九五年(?)、九ページ。

11 高田早苗『英国憲法』一八八九年(?)、二〇三―二〇四ページ。なお、アンソンの著作の第二部「国王の政府」は、一八九二年に刊行された。

12 高田『英国憲法』、九四ページ。

13 William R. Anson, *The Law and Custom of the Constitution, Part I Parliament*, 1886, p.122.

14 高田早苗『英国憲法史』一八八六年(?)、三ページ。

15 Thomas Pitt Taswell-Langmead, *English Constitutional History: From the Teutonic Conquest to the Present Time*, 2nd ed., 1881.

16 高田早苗『通信教授政治学』通信講学会、一八九一年、二七七―二七八、二八二ページ。

17 John Stuart Mill, Considerations on Representative Government, 1883, pp.206-209, 220-221. ちなみに、この版は、東京で翻刻出版されたもので、出版人として十字屋・岩藤錠太郎、開新堂・加藤鎮吉、三省堂・亀井忠一、桃林堂・石川貴知が名を連ねている。東京専門学校でテキストとして用いられたのは、この版であろう。早稲田大学図書館所蔵のこの版には、高田早苗のローマ字署名があり、随所にみられる書き込みも、高田のものとみられる。

18 H. D. Traill, *op. cit.*, p.v.

19 ウツドロオ、ウイルソン(高田早苗訳)『政治汎論』東京専門学校出版部、一八九五年、序二―三ページ。

20 高田早苗、序、坪谷善四郎『通俗政治演説』博文館、一八八八年、二ページ。

21 高田早苗『国家学原理』東京専門学校蔵版、一八九九年(?)、一ページ。

22 J. K. Bluntschli, *The Theory of the State*. 東京専門学校翻刻版の奥付には、「明治二二年二月二六日翻刻出版　発行人田原栄」とある。

23 Leonard Tivey, *Interpretations of British Politics: The Image and the System*, 1988, pp.19,23.
24 高田「政治学研究之方法」一ページ。
25 同右、五―六ページ。
26 高田早苗『国家学原理』早稲田大学出版部蔵版、一九〇三年(?)、一八ページ。
27 高田「政治学研究之方法」二、六、一一ページ。
28 高田早苗「政治学と政治」『早稲田学報』第五〇八号、一九三七年六月、五一―五二ページ。
29 高田早苗「報告」山本編『早稲田大学開校』一九、二一―二二ページ。
30 高田早苗「東京専門学校十周年祝典に於て」山本編『早稲田大学開校』附録、二一ページ。
31 M. D. Chalmers, *op. cit.*, p.158.
32 高田『英国政典』二三六ページ。
33 家永豊吉「我校の養成すへき人才」『同攻会雑誌』第八号、一八九一年一〇月、三ページ。
34 高田早苗「政治学会と政治教育」『早稲田叢誌』第二輯、一九一九年一二月、八、一〇ページ。
35 高田「政治学と政治」五五―五六ページ。
36 早稲田大学大学史編集所編『東京専門学校校則・学科配当資料』早稲田大学出版部、一九七八年、一二五ページ。
37 『専門学会雑誌』第二号、一八八八年一一月、三二―三五ページ。
38 『同攻会雑誌』第三号、一八九一年五月、三二ページ。
39 『早稲田学報』第二七九号、一九一八年五月、一八ページ。なお、「国会演習」については、内田『日本政治学の一源流』一七―二三ページおよび本書7章参照。
40 山本編『早稲田大学開校』二三六ページ。
41 高田早苗『半峰昔ばなし』早稲田大学出版部、一九二七年、一九二ページ。
42 高田早苗『国会法』政学講義会、一八八七年、例言。
43 ウツドロオ・ウイルソン(高田訳)『政治汎論』付載の「東京専門学校講義録」広告文。

44　山本編『早稲田大学開校』一六六―一六七ページ。
45　ウッドロオ・ウイルソン『政治汎論』付載。
46　内田『日本政治学の一源流』一一―一五ページ参照。
47　高田早苗「国会問答」『読売新聞』一八八七年一〇月一日。
48　高田「国会問答」『読売新聞』一八八七年一〇月五日。
49　高田「国会問答」『読売新聞』一八八七年一〇月二八日。
50　高田「国会問答」『読売新聞』一八八七年一〇月二一日。
51　高田早苗「通俗大日本帝国憲法註釈」『読売新聞』一八八九年二月一四日。
52　同右。なお、「既に憲法が布かるゝ以上、一般国民に憲法其物を理会せしむる事が緊要であり、急務であると考へた」高田は、「註釈」の連載開始とほぼ時を同じくして『憲法雑誌』を創刊（一八八九年二月一七日）し、「大日本帝国憲法註釈」とともに「英国憲法」解説を載せ、立憲政治についての「少しく理論的」な理解に資する試みに取り組んだ。同誌は、八九年一一月一三日発行の第二三号で終刊。高田『半峰昔ばなし』一八三―一八六ページ参照。
53　高田早苗「美辞学の必要を論す」『専門学会雑誌』第一号、一八八八年一〇月。
54　高田早苗『美辞学』東京金港堂、前編、後編ともに一八八九年五月刊。合本は同年六月刊。
55　同右、前編、二一一、二二〇ページ。
56　高田「政治学研究之方法」一一ページ。
57　高田『通信教授政治学』三三六―三四三ページ。
58　同右、三三四ページ。なお、『憲法雑誌』第三号、一八八九年三月所載の社説「政府は政党外に独立するを得ず」の六ページの一節は、ほぼこれと同文である。この社説も高田の執筆であろう。
59　高田『通信教授政治学』二二六ページ。
60　同右、二二七ページ。
61　同右、二二八ページ。

62 同右、二三四ページ。

63 高田早苗「撰挙法改めざる可らず」『読売新聞』一八九〇年七月三日。

64 高田『通信教授政治学』二四〇ページ。

65 高田『国家学原理』前掲21、一八九九年(?)、一〇一ページ。

66 J. K. Bluntschli, *The Theory of the State*, 1888, p.194.

67 高田『国家学原理』前掲21、九五―一〇一ページ。

68 高田早苗「衆議院議員選挙法講義」『読売新聞』一八九〇年一月二三日、二四日。

69 高田「政治学会と政治教育」一二ページ。

70 高田『英国憲法』九四、九七―九八ページ。

71 高田『通信教授政治学』二四五―二四六ページ。

72 高田の『英国憲法』での議論は、アンソンの『政治構造の法と慣行』の第五章第三節の「少数者の代表」の項(W. R. Anson, *op. cit.*, pp.122-129)に、『通信教授政治学』での議論は、ミルの『代議政治論』の第七章「真のデモクラシーと偽のデモクラシーについて――万人の代表と多数者のみの代表」(J. S. Mill, *op. cit.*, pp.144-168)にそれぞれ対応する。

73 高田早苗『国家学原理』前掲26、一一九―一二〇ページ。なお、ベルギーで比例代表制が導入されたのは、一八九九年である。また、わが国では、一九〇〇年に衆議院議員選挙法が改正され、それまでの小選挙区を基本とする選挙区制に代えて、府県を単位とする大選挙区制が導入された。

74 内田『日本政治学の一源流』三ページ参照。

75 『早稲田学報』第二三八号、一九一四年一二月、一四―一七ページ。

76 同右、一七ページ。

第4章 『太陽』主幹・浮田和民のデモクラシー論

1 『太陽』と浮田和民

明治末期から大正中期までの時期を代表する総合雑誌としての『太陽』は、明治二八(一八九五)年一月に創刊号を出し、昭和三(一九二八)年二月号で、突然の休刊となった。浮田和民が、一九〇八年一二月二一日に病没した『太陽』主筆・鳥谷部銑太郎(春汀)のあとをうけて、「太陽の読者に告ぐ」の一文を掲げ、『太陽』主幹としての活動を開始したのは、創刊一五年目に入った一九〇九年二月一日発行号からである。

浮田が主幹の座にあったのは、一九一七年六月までであったが、それから一九年六月までの二年間は、「客員」として随時『太陽』誌上に論説を掲げた。浮田は、主幹に就任する以前にも、また主幹・客員の座を離れたあとも一九二六年まで、ときおり『太陽』に執筆しており、表4―1にみられるように、一八九九年から一九二六年までの二七年間に『太陽』に掲載された浮田の論文数は、一七九編にのぼる。そのうちの九割強に当たる一六五編は、主幹・客員時代に執筆された。浮田が『太陽』誌上で縦横の論陣を張ったのは、『太陽』の三三年の歴史の中で最盛期であった中期の

表４―１　浮田和民の政論活動：1899―1926年

年	太陽	実業之日本	中央公論
1899	2		
1900			
1901			
1902	1		
1903	2		
1904			1
1905			
1906	2	1	2
1907		1	
1908	2		2
1909	12	2	
1910	22		
1911	24		
1912	22	1	
1913	24		1
1914	13		1
1915	13	4	2
1916	11	21	
1917	13	25	1
1918	10	20	1
1919	1	22	
1920		7	
1921	1	9	1
1922		12	
1923		9	
1924		2	
1925	1	1	
1926	3		
計	179	137	12

一〇年間においてであり、この時代の浮田は、まさに『太陽』の顔であったのである。

　ちなみに、浮田が主幹に就任したころの『太陽』は、誌上に掲載した広告文においてみずから「東洋雑誌界の覇王」を惹句とし、「雑誌界に於ける日本現代の代表産物たるを以て自任」していた[2]。

　政論家・浮田の活動は、もちろん『太陽』誌上においてのみ展開されたわけではない。表4―1にもみられるように、浮田は、『太陽』主幹をおりる前後のころから活動の重心をしだいに『実業之日本』誌に移しているが、『太陽』での大車輪の活動を開始する以前には、『六合雑誌』『国民之友』誌などを活動の主舞台としていた。また、これらの雑誌を舞台として発表された浮田の論文の主題は、政治問題に限られていたわけではない。浮田の論題は、さらに文芸、社会、教育、歴史、思想などに及び、まさに「百般」にわたるの観があったのである。

　この中で、本章は、『太陽』主幹・客員時代の浮田のデモクラシー論に焦点を合わせた。この時代の浮田は、四九歳から五九歳にかけての時期であり、政論家・浮田の最盛期と目され、また、浮田が大正デモクラシー期の政論の先導役を演じたのは、ほかならぬこの時期の浮田のデモクラシー論によってであったからである。

2 立憲政治の発展への指標

浮田が、『太陽』の主幹を引きうけるに当たって、同誌が「国民教育の一端として」の「新発展」を期する用意があるか否かを刊行元の博文館に問い、「憲法政治の完成、選挙制度の刷新を期する事」「欧米諸国殊に英国に於ける選挙制度を調査し改正の法案を輿論に訴へ又た議会に提出する事」等を「論議主張」の第一の主題とすることを提起したことについては、すでに第2章で触れた。

このような「条件」を博文館側が応諾したことにより、浮田主幹が実現し、一九〇九年二月一日発行の『太陽』に掲載された「太陽の読者に告ぐ」と題する「就任あいさつ」文を皮切りとして、浮田の『太陽』での政論活動が活発に展開されることになったが、博文館側で浮田との折衝に当たった編輯部主幹・坪谷善四郎は、浮田の「就任あいさつ」文に続けて、同誌上に「法学博士浮田和民君を迎ふ」と題する一文を掲げ、浮田が、『太陽』主幹としてその「経綸を本誌の上に遺憾なく発揮」されることになったと報告し、その経緯に触れて、こう述べている。

「君の温厚にして自重なる、当初は全然之を辞し、強て請ふに及び、若し単に編輯顧問若くは編輯監督の名義を以て事に当るは或は一考すべきことを答へらる。而も吾人の望む所は更に大なる責任の衝に当るにあり、故に君は現に鞅掌せらるゝ早稲田大学の責任を顧みて、容易く吾人の請を容せられざりしなり。是より先き、往年鳥谷部春汀氏を太陽に聘するや、早稲田大学学長法学博士高田早苗君の斡旋に因れり。而して今や浮田君は実に同大学枢要の位地に立たる。故に吾人はまた高田学長に就き、先づ其承諾を請ひ、且つ斡旋を煩はし、交渉多次、茲に始めて浮田博士の肯諾を得、今より同君を本誌の主幹に戴くの運びとはなりぬ[3]。」

ちなみに、坪谷は、東京専門学校邦語政治科一八八八年卒、鳥谷部は、英語普通科一八九〇年卒であった。

ところで、浮田は、主幹就任の二か月後の一九〇九年四月一日発行の『太陽』誌上に「第二十世紀の憲法政治」と題する巻頭論文を掲げて、自らの基本的政治観を提示する。浮田の議論の出発点は、二〇世紀初頭期における議会政治への信用の「失落」とそれへの対応策であった。浮田はこう論じる。

「第十九世紀の前半期に於て欧米諸国の人民が凡ての政治的若くは社会的改革の秘訣を有する唯一の機関として其の開設を熱望し、其の為めには生命財産を犠牲に供して顧みざりし程の議会政治は第二十世紀の初頭に於て著しく一般に悲観せらるゝに至れり。」

それでは、問題はどこにあるか。浮田は、三つの点について注意を喚起する。第一は、行政権と立法権との関係である。浮田によれば、なるほど「立法権健全にして行政権を牽制し得るは憲法政治の妙所」ではあるが、「徒らに行政権を薄弱ならしむる」のは、憲法政治を発展させることにはならない。浮田はこう説く。

「若し行政権薄弱ならんか、如何に完全なる法律を制定しても行政部に之を実行するの能力なく、立法部存するも亦た何の益あらんや。故に立法権を強大にして行政権を薄弱ならしむるの論はハックスレーの所謂行政的虚無主義にして妄誕の見解たるを免かれざるなり。」

浮田が注目したのは、当時急速に進行していた国の内外での政治の条件の大きな変化にほかならない。国際的には、「国際竞争激烈」化に伴い、「世界の何辺より一国の安危に関する問題」がいつ起こるかわからない状況にあり、国内的には、「労働問題、貧民問題、土地問題、租税問題、其他商工業に関する百般の社会問題」がつぎつぎに立ち現われている。こういった成り行きの中で、「立法部は単に旧法律を廃止するを以て専務と為すこと能はず、新法律を制定し、又た之を実施せんことを要するが故に、立法部は強大なる行政権の存在を以て必要条件」とするようになってきた。この事態に照らして、浮田は、二〇世紀における立法権と行政権のありようについて、こう指摘する。

「第十九世紀の憲法政治は一時立法権のみを偏重して特に主権の発動と為したれども、第二十世紀の憲法政治は立法行政の二権共に主権の発動にして二者分離す可からず、偏重す可からず、而して社会公共の利益とあれば如何なる方案、如何なる政策をも断行し得る行政権の存在を必要と為せり。」

この第一の論点が、政治の機構のありように関連しているのに対して、浮田の第二の論点は、政治の運用の方法に関連する。ここでの問題の核心は、多数決の性質であり、多数決によって排除される少数意見への対し方にあった。一般に、近代デモクラシーの考え方をもっとも端的に表現しているとされるベンサムの政治準則「最大多数の最大幸福」は、「多数の利益の為めには少数若くは個人の利益を犠牲に供しても不可なし」という結論を含意するであろう。浮田にとって、この含意は、「現世紀の憲法に於て是認す可からざる所」であった。「今日の如く数多の利益若くは意見ありて複雑を極むる時は、多数の利益のみならず、又た少数者の利益を保護し、特に社会の最少数者たる個人の利益をも保護す可きことは社会公共の為めに最も重大な要件」であると考えられるからである。浮田は、論を進めてこう主張する。

「第二十世紀の憲法政治は第十九世紀に於ける議会制度を改革し、少数者代表の方法を実施し、特に強大なる行政権を擁して社会多数者の為めのみならず其の少数者の為にも教育若くは救済の方法を完備し、以て真に社会全体の進歩発達を期せざる可からず。是れ第二十世紀に於ける憲法政治の最大要務なりとす。」

浮田の第三の論点は、第一と第二の論点をうけた、行政権を強化し、少数者への視点を重視した政策の実施であった。浮田は、二〇世紀の憲法政治が、「国民の精神的活動に自由を与へ、又た商業上に於て自由を拡張する」ことが重要であることはもちろんであるが、同時に「大会社の独占事業や工業労働者に関しては強者を制して弱者を保護し、以て社会公共の利益を増進するの政策を採用する」ことが必要だと論じたのである。

要するに、浮田によれば、「第二十世紀の大問題は最早や憲法問題に非ずして広義の行政問題」であり、現代の大問題は、政府が「外は国際上の平和を確保し、内は人民の為に如何なる制度を設け、如何なる行政を施すべき乎」ということであった[4]。

このようにして、浮田は、この巻頭論文で二〇世紀の日本の政治の基本的なあり方を示したが、いずれにしても、浮田の見地からすれば、「憲法も議会も三権分立も立憲政治の外形に過ぎぬ」ものであり、立憲政治の要諦は、「政党、議会、及び憲法を通じて実現する所の生命[5]」にあった。浮田は、この点について、一九一一年一〇月一日号、一三年四月一日号のそれぞれの巻頭論文「憲法上の大義」「立憲政治の根本義」において、くり返し論じた。すなわち、「憲法上の大義」では、憲法上の大義として、「輿論政治」「人民の自由権利の擁護」「選挙権を拡張して、一般人民の立憲思想を養成すること」を挙げ[6]、さらに「立憲政治の根本義」においては、「政党内閣が出来さへすれば立憲政治は完備するといふのが一般世人の見解であるが是れは甚だ浅薄なる見解である。是れは内容と外形、生命と体躯とを混同した見解である[7]」と説いている。

そして、浮田は、「立憲政治の根本義」のひと月後の五月一日号の巻頭論文「第二維新の国是五ケ条」において、第二維新としての「大正維新」の大改革の課題をより具体的に五つの点について示した。第一は、「大いに言論を振起し、国民の政治思想を養成す可き事」である。浮田の説くところによると、大正初頭期の日本で立憲政治の実があがっていないのは、「多数人民に政治思想の欠乏して居る事」に最大の原因があるのであり、国の識者が「人民を啓発し人民を指導する責任」を果たしていないところに問題があった。ここで不可欠なのは、言論の自由をさらに推し進めることであり、浮田は、「言論の自由は立憲政治の検定標準又た必要条件」であるとし、こう論じている。

「立憲政治は憲法上政府の権力を制限し人民各自の自由を保障し而して人民の輿論によって政治を行はんとするものである。所謂天下と共に天下の政を行ふものである。そこで言論の自由が何より、緊要である。言論自由ならざれば民意明白ならず、随って政治は専制に陥るの危険がある。」

大正維新の大改革の第二の課題として浮田が挙げたのは、「選挙権を拡張し、選挙法を改正し、以て選挙の腐敗を一掃する事」である。3節でより立ち入って触れるように、浮田にとって、選挙権の拡張こそは、選挙の腐敗を匡正するカギであったが、この問題への現職の議員たちの積極的な取り組みは、まず期待しがたいものであった。こうして、浮田は、「憲政擁護の為めに努力せんと欲する者は、是非とも議会及び選挙区民以外に国論を喚起し、普通選挙に近き程の選挙拡張を為すことが目下焦眉の急務である」と論じたのである。

第三の課題は、「官学私学の別を廃し、教育制度の根本的刷新を要する事」である。当時の日本の教育制度には、画然とした官学私学の差別があり、「官学を正統とし、私学を排斥するの弊習」が存在していた。浮田は、この結果として、私学の発展が妨げられ、教育の普及が遅々として進まないという事態がひき起こされてきたと観察し、進んで「父母として其子を養はざるは無慈悲の親である。国家として自から其の青年子女を教育する能はず、又た他の之を教育せんとする者を妨げて、凡べての青年に教育を受くるの機会を与へざるは残忍なる国家である」と論断して、第二維新の国是として、官学正統主義を廃し、「教育の自由を公開し、官学以外に私学の勃興を奨励」することを主張したのである。

第四の課題として浮田が掲げたのは、「忠君愛国の新意義を発揮し、立憲的道徳を普及せしむる事」であった。ここでの浮田の「忠君愛国」論は、この巻頭論文が書かれた一九一三年という時代的文脈に照らして位置づけられなければならないが、浮田が説いているのは、専制時代とは異なる忠君愛国の「新意義」である。浮田によれば、「立憲時代に於て君主は独裁専制を為さず、万機公論によって決定するから、君主は法律上並に道徳上悪を為すことはない」のであり、「方今忠臣ならんと欲する者は必ず理非曲直を尽くして輿論を指導し常に正義が輿論を制する様に努力す可き」であった。要するに、浮田によれば、「立憲政治は広義に於ける人民の自治」であり、「国民教育の主義方針は此に淵源し又た此に帰着す可きもの」であったのである。

第五の課題として、浮田は、「国民の理想を高尚にし、大義を世界に布かんことを努む可き事」を挙げた。浮田によれば、「偉大なる個人は最も多く社会の為めに貢献する人」であり、「偉大なる国民は最も多く世界の為めに貢献する国民」であり、「世界の文化、人類の進歩の為めに意義最も深く内容最も豊富なる貢献をなす国民に非ざれば文明世界の第一等国民と称することは不可能」であるからである[8]。

3　民主政治の新展開への論点

ところで、浮田のデモクラシー論を通じて注目されるのは、民主政治を担うべき国民のあり方がくり返し論点として取りあげられていることである。その一つが、選挙権拡張問題にほかならない。すでに触れたように、浮田は、「憲法上の大義」において、憲法上の大義の一つとして、「大に選挙権を拡張して一般人民の立憲思想を養成すること」を挙げ、また「第二維新の国是五ケ条」においても、第二維新の最重要の五課題の一つとして「選挙権の拡張」を掲げた。

しかも、これらの二論文においてだけではない。「憲法上の大義」の三か月後の論文「政党の死活問題」では、「選挙権を拡張することは一党一派の利益でなく凡べての党派の利益」であり、「政党が選挙権拡張を已に不便として実際問題と為さゞる間は政党の信用も勢力も先づ現状を脱することは望まれぬ。選挙権拡張問題は政党の死活問題と言ふ可きである[9]」と論じて、選挙権拡張への政党の積極的取り組みを強く促した浮田は、その一年三か月後の論文「立憲政治の根本義」において、「我が立憲政体の腐敗は政府のみの腐敗に非ずして議会の腐敗又た選挙区の腐敗である。選挙区が改造せられ真正の輿論が発揮さるゝまで立憲政体の実現は望まれぬ」とし、さらに、「選挙区を改造し真正の輿論を発揮するの道は選挙権を拡張し腐敗行為禁止法を励行するの一途あるのみである[10]」と主張し、重ねて立憲政治の発展へのカギが選挙権拡張にあると説いたのである。

明らかに、選挙権拡張論は、浮田の年来の持論であった。そして、その基本的考え方は、すでに主幹就任後一年ほどを経た一九一〇年三月一日号の『太陽』巻頭論文「選挙権を拡張せよ」で提示されていたのである。

この巻頭論文において、浮田は、立憲政体の実をあげるために必要な条件は、反対党が「輿論を喚起し、且つ其の輿論を転化して実力たらしむるの方法を講ずる」ことであるとした。ところが、当時のわが国においてこのことがけっしてたやすいことでなかったことは、いうまでもない。一つには、選挙権を有する者が人口五〇人に付き一人にすぎないといった状況の下にあっては、「選挙区民にして権勢、金力其他の情実に制せらるゝこと容易ならんには選挙区民に訴ふることも亦以て大勢を動かすに足らざる可し」といった事態が避けられなかったからであり、もう一つには、「我が国民にして選挙権を望む者」が少なく、「議会に於ける多数党も少数党も選挙権の拡張を不便なりとして之を冷眼に看過し、熱心之を唱導するものなき」といったありさまであったからである。

このような事態を打開するには、「人民をして選挙権を得んことは国家公共の為めにして又た人民の利益を増進す可きことを知らしめ」「民論を喚起する」ほかに方法はない。こうして、浮田は、つぎのように論を進めたのである。

「現状を打破し局面を展開するの道は輿論を喚起し選挙権を拡張するの一途あるのみ。如何なる程度にまで選挙権を拡張す可きかは第二の問題なり。兎に角現今の腐敗せる投票買収制度を一掃して健全なる選挙競争の行はれ得べき程度にまで選挙権を拡張せざる可からず[11]。」

この関連で興味をひくのは、『太陽』が、一九一三年末に①「選挙権所有者の年齢を二十五歳とするの可否」、②「被選挙権所有者の年齢を三十歳とするの可否」、③「納税資格を撤廃するの可否」、④「宗教家、官吏、教師、学生に選挙権を与ふるの可否」、⑤「宗教家、官吏、教師、学生に被選挙権を与ふるの可否」、⑥「内地在留の朝鮮人に選挙権を与ふるの可否」について「名士」アンケート調査をおこなった際の浮田の応答ぶりであろう。この調査結果は、『太陽』

一九二四年一月一日号に発表されたが、それによると、加藤高明が、①「可とす」、②「可とす」、③「絶対反対、弊害多く益少なし」、④「絶対反対」、⑤「絶対反対」、⑥「未だ其時期に在らず」と答えているのに対して、浮田の応答はつぎのとおりであり、ここに投影されているのは、民主政治の発展へ向けての浮田の一貫した姿勢であろう[12]。

①「日本の如く世界の大勢に後れたる国民の間に於いては進歩を急ぐ故、満二十一年にて不可なし、二十五歳まで延ばす必要なし」

②「何ぞ、三十歳を要せんや、英国に於いてはピット、バーク其他二十歳にて議会に入りし例あり」

③「納税は直接税のみに非ず、間接税を算入すれば、普通選挙は最も公平なる納税資格なり」

④「可なり、他に制限の方法あり」

⑤「可なり、他に制限の方法あり」

⑥「朝鮮人に選挙権を与ふるは正義としても政策としても此際最も急務とす」

ところで、ここでもう一つの基本的問題に直面する。それが、輿論の担い手のありようにほかならない。浮田のみるところでは、当時の日本においては、「自他の権利を尊重し、各自の義務を固守する近世的正義に於て欠くる所多し[13]」といった状況が一般的であったからである。この事態に照らして、浮田が、立憲政治の発展にとってのこの問題の重大性について大方の注意を喚起する必要を強く感じたのは、当然であろう。『太陽』一九〇九年九月一日号の巻頭論文「教育上の立憲制度」が書かれたのは、この文脈においてである。この論文が、浮田の主幹就任の七か月後、「選挙権を拡張せよ」論文に六か月先立って書かれているところにうかがえるのは、浮田がこの問題に寄せた関心の高さにほかなるまい。

この論文での浮田の論点の一つは、「専制時代の人民の教育」と「立憲時代の人民の教育」とは、教育の主義および目的において異ならなければならないということであり、「立憲政体の下に国民を統治する以上、青年に自治の習慣を賦与し、公共的輿論を発揮し得るの能力を養成せしめざる可からず」ということであった。ここで浮田が説くのは、将来の立憲国民を養成するために、まず教育の場で家庭と国家とが協同作業をおこなう必要であり、この点について、浮田はこう論じている。

「第十九世紀及び現今に於ける教育の原則は昔時の如く教育を以て専ら家庭の義務と為さず、併せて之を国家の任務と為すに在り。是れ教育を以て家庭及び国家の協同事業と為すの趣旨に非すや。されば政府は教育を以て単に国家の独占事業と為し、民間私設の教育を嫉視するの根拠なきが如く人民も亦た教育の事を全然政府及び学校に一任して自から関係なしと傍観するの理由なきなり。」

ここでの浮田のもう一つの論点は、立憲的習慣を養成する教育上の方策である。ここで浮田がとりわけ重視したのは、討論と自治の訓練であった。浮田はこう説いている。

「若し学生をして平素立憲的に討論を為し、自由に意見を発表し得るの習慣を有し常時彼等の間に真実信用ある委員若くは代表者を設置せしめば、一旦事起りても着実なる委員若くは代表者の在るありて当局者も穏便に事を協議するの機会を得べく、且つ他の過激極端なる意見を有する者をして遽かに多数を制し、暴威を逞しくせしむること無かる可し。」[14]

民主政治を担うべき国民のあり方に関連して、浮田が、選挙権の拡張とあわせて積極的に問題を提起し、くり返し論じたのが、女性の政治的・社会的地位の向上の必要性であった。浮田は、「第二維新の国是五ケ条」において、第三の改革課題としての「教育制度の根本的刷新」を論じながら女子教育について言及し、こう述べている。

「教育を要求する者は今日男子のみに非ずして、女子も男子同様である。然るに到る所高等女学校は欠乏し、又た女子の高等専門教育は殆んど其の設備なく、国家は恰かも女子に向って小学教育の外必要なしと言って居る様なものである。而して女子教育の弊害を唱へ又は新しき女子の堕落を非難するが如きは、全く標準を過った議論である。」[15]

そして、浮田は、そのひと月半後に「婦人問題及び婦人運動」を『太陽』（一九一三年六月一五日号）の巻頭に掲げ、「社会上貴賤の別を廃するは現代文明の大勢なるに、独り男子と女子との間にのみ貴賤の制を存せんとするは固より不条理なるのみならず、最早や時勢の許さゞる所」であるとし、より広範な視野から、女性の政治的・社会的地位をめぐる問題について論じた。

浮田はここで、女性の運動の要求は、二点に集約されるとみる。その一つは、「婦女子の人格を認識せよ」ということであり、他の一つは、「婦人に自由を与へよ」ということである。そして、浮田は、このような要求に応じて「先づ婦人の人格を発揮せしむるに必要なる諸種の自由を与へなければならぬ」とし、とくに三つの自由について問題の所在と性質を明らかにした。

第一は、教育の自由である。この点については、「第二維新の国是五ケ条」論文ですでに論じていたが、浮田は、ここで重ねて「婦人にして其志望あり才能ある者には之を受くることの出来る機会を与ふる様に為せといふのが時勢の要求」であるとし、「日本女子教育の程度が西洋ほど普及し又た西洋ほど高度に達せざる限り日本の文化は何時までも西洋に優ることは不可能であらう。女子教育の必要は単に女子の為めばかりでなく、同時に男子の為めであり、従って国民全体の為めである」と説いたのである。

第二は、職業の自由である。浮田によると、「従来婦人は結婚さへすれば他に職業を求むる必要はなかった」が、「今日の社会は婦人が単に結婚するのみを以て世に処することの不可能なる状態となっている」だけでなく、「独立の能力ある婦人にして始めて結婚の資格も完全である」とみられるようになってきた。こうして、浮田は、「婦人に職業の自由を与ふるは実際社会の必要」であり、「我国にても漸次女子に此の自由を与へ其の範囲を広くする様にせねばならぬ」と主張する。

女性の人格を発揮させるのに必要な第三の自由として浮田が挙げたのは、再婚の自由である。浮田によれば、「元来結婚の権利は道理上男女平等である可き筈」であり、「男子に再婚の自由が正当であるならば女子にも之を認めねばならぬ」ない。浮田は、こう付言している。「日本人の目には印度の習慣が馬鹿らしく見ゆるであらうが日本の男女関係にも頗る道理と人情とに反したことが多いから是等の束縛を解き自由を与ふることは単に婦人の為めばかりではないのである[16]。」

女性の政治的・社会的地位への浮田の積極的関心は、その後も衰えることなく持続し、それから四年余りを経て第一次世界大戦の最中に「欧洲戦乱と民主政治の新傾向」と題して『太陽』に掲げた論文では、戦後の民主政治を展望して、「男女協同の民主政治」の発展を予想し、こう論じた。

「今後世界の列国は其の国体及び政体の形式的組織如何に拘らず益々多数人民が政治上の勢力たることは疑ふ可からざる結論である。而して将来の民主政治は第十九世紀に於けるが如く単に男性的にあらず、男女協同の民主政治となる傾向は抵抗し難き勢を以て文明世界に瀰漫しつゝあるのである。其の結果大に平和主義の勃興を見るかも知れぬ。少なくとも戦前に戦争を防遏する一大勢力となるであらう[17]。」

浮田が、さらにそれから四年を経て、『太陽』一九二一年八月一日号に寄せた「欧洲大戦の歴史的意義」と題する論文で、「第二十世紀は如何なる方面より観察するも歴史的進化の順序として婦人解放の世紀[18]」であると説いたのは、まさしくこのような議論の延長線上においてであった。もっとも、浮田が二〇世紀を女性の政治的・社会的地位の大発展を期すべき世紀と目したのは、このときがはじめてではない。その九年前の論文「百年前の世界と百年後の世界」（一九一二年一月一日号）において、浮田はすでに、「物質的文明の上にて第二十世紀を『電気の世紀』といふならば社会問題の一面より見て第二十世紀は『婦人の世紀』であるといふことが出来るであらう[19]」と論じていたからである。「二〇世紀は婦人の世紀」論は、「選挙権拡張」論とともに、浮田の年来の持論であったというべきであろう。

ところで、すでにみたところからもうかがわれるように、浮田が『太陽』に拠ってデモクラシーへの論陣を張っていた時代は、デモクラシーの大衆化、政治の積極化、さらに政治の国際化の進行が、しだいに顕著化し、デモクラシーが一つの大きな転換期に立っていたときであった。二〇世紀初頭期の「新しい政治学」の台頭が、このような文脈での政治への新しい視座を模索する運動と関連していたことはいうまでもない。

浮田は、このようなデモクラシーの新動向に目を凝らし、変化する条件の中でのデモクラシーの基本的あり方についての再検討の試みに取り組んだ。その中で、浮田はまず、民主主義の協同的性格に注目し、自由主義と民族主義と民主主義の連鎖するところに二〇世紀のデモクラシーの行くべき道を示唆した。浮田は、「欧洲戦乱と民主政治の新傾向」においてこう説いている。

「自由主義を抽象的に解釈して之を論理的に極端まで実行せんとするならば結局無政府主義となるのである。民主主義は即ち此の危険と弊害とを匡正するものである。自由は個人的であるが民主主義は協同的である。個人の自由を円満に実現せんとするには社会協同の意思によらなければならぬ。即ち国民多数の意思を正当に発表して全体の公共的利益を達するのが民主主義である。……去り乍ら民主主義一点張りでは多数専制となる恐れがある。特に現在暫時の群集心理に支配せらるゝときは社会公共の正義と利益とを犠牲に供する危険がある。之を匡正するには一面に個人の権利を擁護する自由主義を加味し又た一面には正当なる民族主義を尊重して個人及び特殊民団の利益を顧慮しなければならぬ。[20]」

さらに、浮田は、国際政治の場におけるこれらの三主義の連鎖関係の中に、「侵略的帝国主義」の弊から脱する方策としての国際主義を提起した。すなわち、浮田は、「自由主義は国内に於て各個人の権利を認識し民主主義は国内に於て人民協同の意思を尊重し、民族主義は国内に於て特殊民団の自由を擁護するものであるが国際主義は以上の三理想を世界に実現せんとする最初の企てである」と説き、進んでこう論じたのである。

「国際上の協同意思は列国政府及び人民の輿論によりて成り立つものである。而して列国の輿論を尊重し其の矛盾を緩和し以て列国共通の利益を保護せんとするのが国際主義である。即ち国際主義とは自由主義、民主主義、及び民族主義の理想を国際上に実現する為めの第一歩である。第二十世紀の使命は国際主義を正当に解釈し之を公平に実行するに在りと云ふに帰着するのである。[21]」

4　浮田デモクラシー論の特徴

このようにして、『太陽』主幹・客員として、大正デモクラシー前期に浮田が同誌を舞台に展開したデモクラシー論は、とりわけ三つの点で特徴的であった。

第一は、議論が自由主義を基調とし、独立不羈の立場に立っていたことである。浮田が、「憲法上の大義」において、「常識を逸せざる思想は極めて穏健であるが同時に平凡である。平凡思想は安全であるが其中から新発見や新発明をなす様な天才は出で来らぬ。常識を逸した思想は危険であるが奇抜であり、卓越である。新発見、新発明を為す天才は多く斯る思想の中より出て来るものである。且つ世の中には概ね常識が普通に行はれ、危険思想は穏健なる思想の為めに牽制され一々危険行為となって実現するものではない」と説き、したがって「思想の自由を承認し之を取り締らぬのが文明国、特に立憲国の原則である[22]」と論じているところに示されているのは、浮田の基本的視座であったといっていい。

それから一年半ほど後に『太陽』に掲げた「第二維新の国是五ケ条」において、浮田は、立憲政治と言論の自由の不可分の関係を論じつつ、「我国の識者にして自由に意見を発表するの勇気を有する者は甚だ少ない。識者の意見は先づ当り障りの少ない常識論か然らざれば不得要領なる穏和説で一向人心を刺激し思想を啓発するに足るものがない[23]」と慨嘆しているが、このような大方の識者の対極に立ったのが、浮田自身であったのである。

そして、その半年前の、明治天皇の大葬がおこなわれた当日（一九一二年九月一三日）の乃木大将殉死事件について論じた巻頭論文「乃木大将の殉死を論ず」は、このような浮田の真骨頂を如実に伝えるものであった。浮田は、この論文で、乃木大将の殉死についての讃美論が世上広くおこなわれている中で、「大将の自殺殉死を日本道徳の積極的実現であると称賛するのは道理上矛盾した事であるから其説には我輩断じて与みすることが出来ぬ」と主張したが、その理由について、浮田はこう説明している[24]。

「凡そ教育の理想や道徳の理想は万一国民が悉く之を実行しても更らに社会の害とならぬのみならず、成るべく一般国民の模倣し得べきものでなければならぬ。」

ところが、

「乃木大将の精神は固より万人の仰ぐ所であるが其の行為の形式は悉く他人の規範となし難く、特に其の最後に至っては外国人は勿論、日本人と雖ども模倣す可からざるものである。」

また、博文館の客員を辞して二年を経て『太陽』に寄せた「欧洲大戦の歴史的意義」で、「米国参戦の前後に於ては此の戦争こそ実にオートクラシー対デモクラシーの戦であるといふことが頻りに宣伝せられたけれども何分名にし負ふ独裁政治の露国及び軍閥専制の日本が聯合に参加して居たので独裁政治対デモクラシーの戦争といふことは最初より敵国側の嘲笑となったのである[25]」と論じ、わが国の政府に対して歯に衣着せぬ批判を投げかけているところに躍如としているのも、浮田の議論に一貫して変わらない不羈の視座であろう。

第二に、浮田の議論には、時代の変化につねに注意を払い、新しい条件を視野に入れ、未来志向的に試みられたところに特徴があった。鹿野政直は、浮田を「古い自由主義者」として位置づけている[26]が、浮田はむしろ、一九世紀の

「古さ」からの脱却を模索し、二〇世紀の新思潮の動向に積極的な関心を向けつつ論陣を張ったのである。

一九二五年四月からの一年間、早稲田大学政治経済学部の一年生として、六五歳の浮田の政治学講義を聞いた小松芳喬は、その講義が、「先生が曾て最善のものと信ぜられた体系に対する鋭い批判に終始した」と述べ、「年齢よりは寧ろ老けた感じの先生、弱った感じの先生が、ラスキを語り、マックイヴァを語り、此れ等先生の子か孫ほどに若い学者の驥尾に附して新しい政治学体系を樹立したいと語る折の怪しいまでの情熱は、『永遠の青年』といふ印象を私共に与へずにはおかなかった」[27]と回想しているが、浮田の面目は、まさに知の世界での「永遠の青年」であり続けようとしたところにあったというべきであろう。

すでにみたように、一九世紀から二〇世紀への移行期における政治的・社会的条件の変化を背景にして、二〇世紀のデモクラシーのあり方を論じ、多数決の問題点に注意を喚起し、少数者への視点を提起した「第二十世紀の憲法政治」には、そのような浮田の議論の特徴が顕著に示されているが、このような立場をさらに前面に押し出して、二〇世紀の政治の行方を論じたのが、『太陽』の一九一二年年頭号の巻頭に掲げた「百年前の世界と百年後の世界」であった。浮田は、この論文で「今より百年前の世界と現今の世界とを比較すれば進歩の跡は実に驚く可きもの」があるとし、このような変化をもたらした「第一の原因は蒸汽船、鉄道、及び電信器の発明」であり、「此の三大発明がなかったならば今日の世界を見ることは不可能」であると論じ、このような変化が生んでいる新しい問題を、3節で触れた婦人問題とともに、社会問題、人種問題、平和問題について検討している。

ちなみに、浮田は、この論文で人種問題の「現在」について、「人種の差別は有史以前からあったもので異人種接触する処では古来激烈なる競争もあった。然れども第十九世紀以前は何分交通不便で何れの国民も実際上鎖国して居ったから今日の如く人種問題が世界共通の問題とはならなかった。現代は蒸汽船、鉄道及び電信器の世の中で、世界各国如何なる半開野蛮の土地でも交通自在となったから凡ての人種が同時に世界を通じて相接触する様になった」ために、

「大概何れの国家に於ても多少殖民地や属領を有する処では人種問題は国際的問題であると同時に国内問題となって居る」と指摘し、さらにアメリカ、カナダ、オーストラリアにおける日本人をめぐる問題について、こう論じている。

「黒人の事は偖て置き東洋人として支那人は勿論、日本人も近来合衆国、カナダ及び濠洲に於て排斥されて居る。此事実は今後百年間継続す可き問題であろうか或は其以前に解決す可き問題であらうか、一般に返答は出来ぬが日本人が百年間きょうの侭に忍ぶ能はざることは我輩の断言し得る所である[28]。」

時代の変化に積極的に注意を払いながら議論を展開するというこのような浮田の態度は、その研究者としての生涯を通じて変わらなかった。「百年前の世界と百年後の世界」を書いてから一三年を経た一九二五年五月に創刊された『早稲田政治経済学雑誌』に寄せた「巻頭の辞」において、浮田がつぎのように述べているのは、そのような浮田の態度の一貫性を明確にうかがわせるものであろう。

「人間此世に現出して以来既に五十万年を経過したが天涯比隣となったのは実に昨今の事である。過去一世紀間に於ける人類の繁殖はその以前の五十万年よりも甚しく、世界は縮少して従前の二十分一になって居る。之を貫通するに電信があり、鉄道があり、飛行機があり、潜航艇があり、無線電話がある。顧ふに前世紀迄の政治学や経済学が間に合はぬのは当然の事であらう。旧政治学や旧経済学は一国を本位として制度を建設し社会を組織するのを目的としたものである。然るに今後の新政治学や新経済学は一国を単位として世界を如何に組織するかゞその問題となるのである。政治も経済も社会的現象の一要素且つ世界的組織の単位として研究されなければならぬ[29]。」

さらに第三の浮田の議論の特徴は、論点が広いパースペクティブの中で位置づけられ、確かな歴史観・社会観によって裏打ちされ、的確な方位感覚によって導かれていたことである。浮田の議論は、「不羈」という点で際立っていたが、けっして「不用意」ではなかったのである。

美濃部達吉、上杉慎吉の両東大教授の間でおこなわれた天皇機関説論争を論じた「無用なる憲法論」は、そのような浮田の政論の特徴をきわめて明確に示している。浮田は、「乃木大将の殉死を論ず」のひと月前（一九一二年一〇月一日）に『太陽』誌上に発表したこの論文で、時代の大論争の論評を試み、「二様の見解ある場合に一方が真理で他方が誤謬でないのみならず、雙方とも同時に真理であることも少からぬ。即ち両方とも真理の半面であって其の一方だけでは真理の全体を為さぬことが多くある[30]」と指摘しつつ、上杉の「日本では統治権の主体は天皇であるから国家は即ち天皇なり」という説は、「西洋にても三百年前に民約説と対抗して一時流行した説であるが最早学説としては今日排斥さるゝことになって居る[31]」と論じ、さらにこう付言している。浮田の面目躍如というべきであろう。

「美濃部博士が天皇は国家の最高機関なりと言ったので頗る不敬なる用語を為したものとせられて居るが学問上の研究に用ゆる言葉には元来敬不敬の論を挟む可きものでない。それは全く別問題である[32]。」

ところで、このような特徴をもった浮田の政論の背景にあったのは、早稲田大学の教員としての多分野にわたる科目の担当と文明協会編輯長としての活動であった。浮田の政論は、早稲田大学教授、文明協会編輯長、『太陽』主幹の三つの役割での活動の相互の連関の中での所産であったのである。

まず、浮田は、主幹就任の二年前の一九〇七年に、早稲田大学学長の任についた高田早苗に代わって、政治学関係の中心科目と目された「国家学原理」を担当することになり、早稲田政治学の中軸に位置することになったが、その後も引き続き同時に多岐にわたる科目の講義も担当した。実際、浮田が一九〇九年から二〇年の間に担当した科目は、**表4―2**[33]のとおりであり、政治学、政治史から社会学の分野にまで及ぶのである。

その中でとくに注目にあたいするのは、浮田がこの間に一貫して原書研究の科目を担当し、アメリカの同時代の社会学者フランクリン・H・ギディングズの著作をテキストに用いて学生とともに原書を講読する作業に従っていたことであろう[34]。第5章で触れるように、「早稲田叢書」からギディングズの『社会学原理』（一八九六年）の邦訳が『社会学』

表4―2 浮田和民の大学部政治経済学科・政治経済学部での担当科目：1909～1920年

学年度	担当科目			
1909	国家学原理	政治史	政治哲学	社会学
1910	国家学原理	近代政治史	政治哲学	社会学
1911	国家学原理	近代政治史	原書研究	
1912	国家学原理	近代政治史	近代及最近政治史	原書研究
1913	国家学原理	近代政治史	名著研究	
1914	近代政治史	原書研究		
1915	近代政治史	原書研究		
1916	近代政治史	原書研究		
1917	近代政治史	原書研究		
1918	国家学原理	原書研究		
1919	国家学原理	セミナー		
1920	政治学			

として刊行されたのは、一九〇〇年のことであったが、浮田が、原書研究で一九一一～一二年度にテキストとして用いたギディングズの『記述社会学・歴史社会学読本』(編)は一九〇六年初版、一九一三～一八年度にテキストとして用いた『社会学要論』は一八九八年初版で、一九一三年二月までにすでに一五刷りに達し、この間の一九一〇、一九一一年度にギディングズは、第三代アメリカ社会学会会長をつとめていた。浮田は、時代の代表的学者の話題作に不断の注意を怠らなかったのである。[35]

また、浮田は、『太陽』主幹就任の前年一九〇八年四月に発足した大日本文明協会で、編輯長の役割を担い、一九二七年五月まで在任し、第6章で立ち入って検討するように、「百般」の問題についての欧米の最新著作の中から選りすぐって邦訳出版する「文明協会叢書」の企ての陣頭指揮をとった。そして、浮田の主幹時代にこの「叢書」から邦訳出版された著作の中には、ル・ボン『群衆心理』(一九一〇年)、ローベルト・ミヘルス『政党社会学』(一九一三年)、ウェッブ夫妻共著『国民共済策』(一九一四年)、エレン・ケイ『婦人運動』(一九一八年)、大日本文明協会編『科学的管理法』(一九一九年)などが含まれるのである[36]。

自由主義を基調とし、独立不羈で未来志向性を備え、的確な方位感覚に導かれた、浮田の『太陽』誌上での議論を支えていたのが、このような二〇世紀初頭期の知の最前線での、浮田の広範な知的見晴らしであったことは、まず疑いないところであろう。

5 大正デモクラシー前期の知的転轍手

このような特徴をもった浮田の政論は、大正デモクラシー前期の知的転轍手としての役割を演じた。武田清子が、『太陽』主幹時代の浮田について、「毎号、文明評論、時事評論を担当して論陣をはり、明治、大正期を通し、骨太のリベラリズムをもって、日本の思想界に大きなインパクトを与えた。彼は、堅い信念に立つ民主主義者であり、格調の高いリベラリズムをもって文明批評をなし、立憲主義的な政治の確立、思想・信教の自由をはじめとする基本的人権の擁護、普通選挙の実現等のために積極的に発言をなした自由主義者であり、デモクラットであった[37]」と評しているのは、まずうなずけるところであろう。

このような浮田の政論の影響を直接にうけた一人が、早稲田で浮田の門下であった大山郁夫である。大山は、浮田を回想する文章の中で、「雑誌『太陽』における先生の論説の愛読者」であったと書き、さらにこう述べている。

「先生は『太陽』における論説をはじめとして雑誌や新聞に多くの評論を発表して社会を啓蒙し指導されたが、それらはいづれも先生の深く広く豊かな教養のにじみ出たものであり、何者をも怖れない先生の精神を以てつらぬかれたものであった[38]。」

大山が、東京専門学校が早稲田大学と改称してからの最初の卒業生として大学部政治経済学科を卒えたのは、一九〇五年であったが、一九〇八年に高等予科に入学し、一二年に大学部政治経済学科を卒業したのが、それから半世紀を経た六六年に第八代早稲田大学総長の任に当たることになる阿部賢一であった。阿部はまさに、浮田が、文明協会編輯長、『太陽』主幹として大車輪の活動を展開していた最中に早稲田で学生時代を過したのである。そして、阿部は、直近の目撃者として政論家浮田の活動ぶりについてこう証言している。

「門下の一人として私の眼底に浮ぶ先生は形式を越えたクリスチャンである。物やさしい村夫子然たる先生ではあったが、文字通り外柔内剛、自由民権の鉄腸の自由人であられた。この一線に触れると先生は頑強無比の闘士になられた。この点は『太陽』の主幹としての先生の文章に最もよく表はれてゐる。『太陽』は明治末年、わが国における綜合雑誌として最高の地位を占めてゐたが、これにはわが早稲田学園からも大隈総長始め高田、塩沢、田中、金子、島村、永井その他の諸先覚が筆を執ってゐたが、毎号巻頭を飾る「浮田和民」の論文は論題多彩、思想高邁、達意の文章を以て、当時の呼びものであった。蘊蓄と自信に油の乗った当時の先生の批判は、その独特の史眼を以て宗教文芸政治など広く各方面に亘って自由に展開せられ、民衆の啓発指導の先頭に立つの観があった。」[39]

さらに、『中央公論』の一九一六年一月号に「憲政の本義を説いて其有終の美を済すの途を論ず」を発表して、一躍脚光を浴び、大山郁夫と並んで大正デモクラシー後期を代表する政論家として位置づけられることになる吉野作造が、浮田の論説から受けた刺激について再三言及していることは、よく知られているところであろう。その一つが、『中央公論』一九二六年一二月号に寄せた「青年学生の実際運動」においてであり、他の一つが、一九二八年に書いた「民本主義鼓吹時代の回顧」と題するエッセーにおいてである。それぞれの文章で、吉野はこう書いている。

「日露戦争前後に於て、既に自由主義の政治論を以て立つ人を数へるなら、早稲田の浮田和民先生の外には一寸見当らない[40]。」

「其頃早稲田大学の浮田和民先生は毎号の『太陽』の巻頭に自由主義に立脚する長文の政論を寄せて天下の読書生の渇仰の中心となって居た。私も之には随分と惹きつけられた[41]。」

あるいは、吉野の「憲政の本義を説いて其有終の美を済すの途を論ず」論文にしても、浮田の『太陽』一九〇九年四月一日号の巻頭論文「第二十世紀の憲法政治」での議論に対する応答の企てであったかもしれない。浮田は、2節で紹介したこの論文での議論の末尾で「我国の憲法政治は甚だ不完全にして憲政創業の美未だ成らず」とし、こう結んでいるのである。「されば現世紀の要務は前世紀に於ける憲法政治の欠陥を補足して憲政有終の美を為すに在り[42]。」（傍点内田）

吉野は、この浮田論文からちょうど一年後の一九一〇年四月に渡欧し、一三年七月に帰国するまで、主としてドイツ、フランスで留学生活を送った。およそ八万五〇〇〇字の吉野の長大論文が『中央公論』に発表されたのは、帰国後二年半を経てのことである。

ところで、吉野は、この論文が発表された翌年の一九一七年に早稲田大学から「最近支那革命史」の講義を依頼されたが、結局これに応じなかった[43]。しかし、一九二一年一月には、外遊中の浮田の代講として早稲田大学政治経済学部での「政治学」の講義を引き受けている[44]。浮田への敬愛の念に導かれてのことであったのであろうか。なお、吉野は、浮田の『太陽』巻頭論文に「惹きつけられた」のを東京帝国大学法科大学学生時代のこととしているが、これは、おそらく吉野の記憶違いであろう。吉野が法科大学の学生であったのは、一九〇〇年九月から一九〇四年七月までであり、浮田が、この間に『太陽』に寄稿したのは三回にすぎない。浮田が同誌に巻頭論文を毎号執筆するようになったのは、一九〇九年の初めに『太陽』主幹に就任してからである。そして、吉野は、ほぼ同時期の一九〇九年二月五日に東京帝国大学法科大学助教授に任じられた。

このようにして、浮田は、『太陽』を拠点として展開した政論によって、大正デモクラシー後期の主要論客としての役割を担うことになる大山、吉野らに影響を及ぼしつつ、大正デモクラシー前期を代表する時代の転轍手としての役割を演じたのである。

しかし、吉野が「憲政の本義を説いて其有終の美を済すの途を論ず」をひっさげて論壇に登場したとき、それは、大正デモクラシー期の論壇の旗手の世代交代を告げるものであったというべきであろう。大山が、「凡そ近世の各国家に於ては、其政体の様式如何を問はず、苟くも多少の程度に於てデモクラシーを行ふ所に於ては、其内治外交上の最後の支配者は、国民の精神」であり、「覚醒せる国民の意思即ち国民精神を全然法律制度より隔離する」ことは、「現代国家の取るべき道ではない」と説き、代議制度の意義を強調した論文「政治を支配する精神力」によって、『中央公論』誌上に初登場した[45]のは、吉野論文の三か月後の一九一六年四月号においてである。

この中で、浮田は、『太陽』一九一七年六月一日号の巻頭論文「総選挙の回顧的批評――立憲政治と群衆心理」を最後に主幹の座を降り、『太陽』の編集主宰者の地位を浅田彦一（江村）に譲って、客員の地位に退き、さらにそれから二年を経て、一九一九年六月に博文館を辞した[46]。大山が、長谷川如是閑、井口孝親らと雑誌『我等』を創刊したのは、その四か月前の一九一九年二月のことである。

注

1　松田義男『浮田和民研究――自由主義政治思想の展開』（非売品）、第三版、一九九八年所収の「浮田和民著作目録」に主として基づいて作成。

2　『太陽』第一五巻第九号、一九〇九年六月一五日、および第一五巻第一六号、一九〇九年一二月一日所載の広告。

3　坪谷善四郎「法学博士浮田和民君を迎ふ」『太陽』第一五巻第二号、一九〇九年二月一日、三ページ。

4　浮田和民「第二十世紀の憲法政治」『太陽』第一五巻第五号、一九〇九年四月一日、二―一〇ページ。

5 浮田「立憲政治の根本義」『太陽』第一九巻第五号、一九一三年四月一日、五ページ。
6 浮田「憲法上の大義」『太陽』第一七巻第一三号、一九一一年一〇月一日、一―一〇ページ。
7 浮田「立憲政治の根本義」五ページ。
8 浮田「第二維新の国是五ケ条」『太陽』第一九巻第六号、一九一三年五月一日、二―一一ページ。
9 浮田「政党の死活問題」『太陽』第一八巻第一号、一九一二年一月一日、一〇ページ。
10 浮田「立憲政治の根本義」一一ページ。
11 浮田「選挙権を拡張せよ」『太陽』第一六巻第四号、一九一〇年三月一日、七―一〇ページ。
12 『太陽』第三〇巻第一号「普通選挙の可否に関する名士の意見」一九二四年一月一日、九六、九八ページ。
13 浮田「教育上の立憲制度」『太陽』第一五巻第一二号、一九〇九年九月一日、九ページ。
14 同右、一―一一ページ。
15 浮田「第二維新の国是五ケ条」、九ページ。
16 浮田「婦人問題及び婦人運動」『太陽』第一九巻第九号、一九一三年六月一五日、二―七ページ。
17 浮田「欧洲戦乱と民主政治の新傾向(続論)」『太陽』第二三巻第一四号、一九一七年一二月一日、三九ページ。
18 浮田和民「欧洲大戦の歴史的意義」『太陽』第二七巻第一〇号、一九二一年八月一日、八二ページ。
19 浮田「百年前の世界と百年後の世界」『太陽』第一八巻第一号、一九一二年一月一日、七ページ。
20 浮田「欧洲戦乱と民主政治の新傾向(第一)」『太陽』第二三巻第一三号、一九一七年一一月一日、二〇ページ。
21 同右、二一ページ。
22 浮田「憲法上の大義」七ページ。
23 浮田「第二維新の国是五ケ条」三ページ。
24 浮田「乃木大将の殉死を論ず」『太陽』第一八巻第一五号、一九一二年一一月一日、六ページ。
25 浮田「欧洲大戦の歴史的意義」七六ページ。
26 鹿野政直「『太陽』――主として明治期における」『思想』第四五〇号、一九六一年一二月、一四六ページ。

27 小松芳喬「永遠の青年」故浮田和民先生追懐録編纂委員会編『浮田和民先生追懐録』故浮田和民先生追懐録編纂委員会、一九四八年、二七七―二七八ページ。

28 浮田「百年前の世界と百年後の世界」八ページ。

29 浮田「巻頭の辞」『早稲田政治経済学雑誌』第一号、一九二五年五月、八ページ。

30 浮田「無用なる憲法論」『太陽』第一八巻第一四号、一九一二年一〇月一日、七六―七七ページ。

31 同右、八三ページ。

32 同右、八四ページ。

33 早稲田大学大学史編集所調べ『政治経済学部教員学課担任名簿(自明治三五年至昭和一七年)』参照。

34 同右。

35 浮田がテキストに用いたフランクリン・H・ギディングズの二著の原題等は、つぎのとおりである。

Franklin H. Giddings, ed., *Readings in Descriptive and Historical Sociology*, 1906.

Franklin H. Giddings, *The Elements of Sociology*, 1898.

36 本書第6章参照。

37 武田清子「リベラリズムと〝帝国主義〟の間〈浮田和民〉」早稲田大学社会科学研究所日本近代思想部会編『近代日本と早稲田の思想群像Ⅱ』早稲田大学出版部、一九八三年、五七ページ。

38 大山郁夫「先生の追憶」故浮田和民先生追懐録編纂委員会編、前掲27、八六―八八ページ。

39 阿部賢一「自由民権の学父浮田先生」故浮田和民先生追懐録編纂委員会編、前掲27、一三四―一三五ページ。

40 吉野作造「青年学生の実際運動」『吉野作造選集12』岩波書店、一九九五年、六五ページ。

41 吉野作造「民本主義鼓吹時代の回顧」『吉野作造選集12』岩波書店、一九九五年、八一ページ。

42 浮田「第二十世紀の憲法政治」一〇ページ。

43 『早稲田学報』第二七二号、一九一七年一〇月、四ページおよび吉野作造「日記二〈大正4―14〉」『吉野作造選集14』岩波書店、一九九六年、九九ページ参照。

44 『早稲田学報』第三一二号、一九二一年二月、五ページ。また、早稲田大学の「大正七年九月〔至大正十一年四月〕教務関係書類」中に、一九二一年一月一一日付の「吉野作造講師嘱任」の件に関する書類があり、「時間給金五円」と付記されており、さらに「大正九年四月起　教員異動通知簿」には、一九二一年一月二四日の日付で、吉野作造関係として「時間給五円、参時分」と記されている。吉野は、おそらくこの年の一月に早稲田に三回出講したのであろう。

45 大山郁夫「政治を支配する精神力」『大山郁夫著作集　第一巻』岩波書店、一九八七年、一七二―二〇七ページ。

46 『太陽』第二三巻第六号、一九一七年六月一日は、浮田の主幹辞任を伝えるつぎのような「誌告」を掲載している。「多年弊誌主幹として尽瘁せられし法学博士浮田和民氏は今回一身上の都合に依り其任を辞せられ七月以後は客員として間接に助力せらるゝことゝなり。然かも引続き毎号執筆せらるゝことは従来と変り無きのみならず、博士一個の所見を論述せらるゝ点は従来よりも一層自由となられたれば博士の所論は今後寧ろ一層の光焔を誌上に加ふることゝなるべし。」また、鈴木正節『博文館『太陽』の研究』アジア経済研究所、一九七九年、二〇―二二ページ参照。

第II部　草創期の展開

第5章 「早稲田叢書」の世界

1 忘れられた「早稲田叢書」

わが国における大学出版部の嚆矢としての東京専門学校出版部の発足は、東京専門学校創立から四年を経た一八八六年である。しかし、東京専門学校が「自ら出版発売の衝に当る」ことになったのは、一八九一年一月からのこと[1]で、これを機としたさまざまな新企画に基づく出版活動の展開によって、東京専門学校出版部は、一九世紀末から二〇世紀初頭にかけての時期に大発展を遂げた。東京専門学校の創立二〇年を契機としての早稲田大学の発足に当たっておこなわれた一九〇二年一〇月一九日の「早稲田大学開校式及び東京専門学校創立満二十年紀念会」の『紀念録』は、出版部の発足以来の一六年間の活動をつぎのように総括している。

「本校の特に出版部を置ける所以のもの、一に建学の趣旨たる高等学術の普及及び国民教育の発達を企図せんとの微意に出づ。本校は此の趣旨を貫徹するの一方便として政治経済、法律、行政、文学、史学等の諸講義録を発行し、又た豫ねて本校に関係を有する諸名家に依嘱して欧米諸大家の名著を翻訳し、或は其の多年研鑽の結果に成れる大著述を出版して広く之を公衆に頒ち、或は社会の各部面に適合すべき諸種の学術雑誌を発行して、人心の開発に勉むるもの茲に年あり。本校の此の事業は、幸に江湖の歓迎を辱うし、年と与に隆盛に赴き、学術界に貢献する所極めて多く、今や出版界に於ける一大枢要の位置を占むるに至れり[2]。」

この時期の出版部の活動において中核的な位置を占めたのが、一八九四年八月に出版部の部長に就任した高田早苗のリーダーシップの下で企画され、刊行されることになった「早稲田叢書」であった。高田は、部長就任の翌年九五年一〇月三〇日刊行の『政治汎論』で、この「叢書」をスタートさせる。同書は、アメリカの政治学者ウッドロー・ウィルソン(ウッドロオ、ウイルソン)の『国家』(一八八九年)の邦訳であり、訳者は高田自身であった。続いて九六年七月に刊行されたのが、アルフレッド・マーシャル(アルフレッド、マーシャル)の『経済学要綱』(一八九二年)の邦訳としての『経済原論』(井上辰九郎訳)であるが、さらに「叢書」の刊行開始から三年目の九七年には、B・C・スコットー(ビー、シー、スコットオ)『英国国会史』(高田早苗訳)、H・W・ウォルフ(ウオルフ)『国民銀行論』(柏原文太郎訳)、ヘンリー・シジウィック(シヂウ井ツク)『経済政策』(土子金四郎・田島錦治共訳)、ジョン・ネヴィル・ケインズ(ジー、エヌ、キエーンス)『経済学研究法』(天野為之訳)が、相ついで刊行される(カッコ内は、「早稲田叢書」での表記。以下同じ)。

しかも、これらの邦訳書は、当時のわが国の知識層の間で広範な関心を呼んだ。『政治汎論』の場合、刊行からほどない九五年一一月一六日付の『東京朝日新聞』が、「以て原理を学ぶべく以て制度に通ずべし学生の師にして政客の友なり而して翻訳亦流暢明快なりとす渾たる千百有余頁の大訳文、翻訳の労や想ひ見るべく其世を益し斯学に功あるや尠少ならずと云べし」と評したのと相前後して、『都新聞』(一一月二六日)、『読売新聞』(一一月二七日)、『報知新聞』(一一月二九日)などの諸新聞も書評文を掲載し、こぞって同書の刊行を歓迎した。さらに、『国家学会雑誌』の書評子(無署名)も、九五年一二月刊の号でわが国政治学への寄与に注意を喚起しながら、同訳書についてつぎのように「概評」している。

「会員文学士高田早苗氏ハ頃日米人「ウ井ルソン」ノ著国家論ヲ翻訳シ名ケテ政治汎論ト云フ翻訳ノ正確ナル行

文ノ流暢ナルコトハ今更ラ云フ迄モナシ我国政治学ノ発達尚ホ幼稚ニシテ政治学ニ関スル完全ナル著訳ハ最モ少シ只訳書トシテハ「ブルンチュリ」「ラートゲン」等ノ二三アルノミ又著述トシテ国党《ママ》汎論ナルモノアルヲ聞ク高田文学士ノ政治汎論ノ如キハ実ニ我国政治学ヲ講究スル者ノ為メニ其裨補スル所大ナルヤ必セリト云フベシ[3]」

このような好評に迎えられて、『政治汎論』は、刊行四か月後に再版、一年後に第三版を刊行した。再版に付した高田の訳者「序」におけるつぎの一節は、そこに垣間見られる当時の出版事情とあわせて、まことに興味深い。

「拙訳政治汎論は明治廿八年十月三十日の発行なるに同十一月の末に至りて初版悉く尽き博文館主より再版を促さるゝに至れり何ぞ按外なるや夫れ小学教科書の如き若くは院本小説の如き販路広きものは暫く措き専門的著述にして最も好望なるは第一法律書なり第二医書なり第三経済書なり而して政治書の如きは到底多数の読者を牽くの見込無しとは余が常に実験ある書賈に聞く所なりき左れば余が我東京専門学校出版部を管理し早稲田叢書の発行を計画するに当りてや毫も利益を期せざるのみならず只管損失を我校に及さんことを畏れたりき然れども学問の独立なる我校の主義を貫き且つは健全なる政治思想の普及を計らんが為には早稲田叢書の出版誠に已を得ざるなりこゝに於てか工夫幾番終に博文館主の敏腕に頼って目的を貫んと欲し先づ政治汎論を上梓したるに期月にして之を売尽すを得たるは余の切に悦ぶ所なり[4]」

また、『政治汎論』に八か月おくれて刊行された『経済原論』も、刊行後数か月で「最早初版再版共に尽きたるを以て更に訂正を加へ第三版を印行[5]」するに至った。「早稲田叢書」への好反響はその後も続き、「叢書」の刊行開始から八年を経た一九〇三年には、『経済原論』が第一二版、『政治汎論』が第九版、『経済学研究法』と『経済政策』が第五版、『国民銀行論』が第四版に達していた。一九〇二年度の東京専門学校の収入総額六万一三六四円中の一三%に当たる八〇〇四円は、出版部からの補助金である[6]が、東京専門学校に対するこのような財政的寄与に大きくあずかっていたのが、このような「早稲田叢書」の好調であったことは疑いなかろう。

このような反響を呼んだ「早稲田叢書」は、一九〇九年二月刊行のＨ・Ｅ・エジャートン（ヱヂ、ヰ、ヱヂアトン）『英国植民発達史』（永井柳太郎訳）をもって打ち止めになったとみられるが、一八九五年からの一四年間における「叢書」刊行書数は、四三点（翻訳書二四点、日本人の著書一九点）にのぼる。そして、そこに鮮やかにうつし出されているのは、二〇世紀初頭期のわが国における社会科学研究の「現在位置」にほかならない。

ところが、わが国における社会科学発達史において、これまでこの「早稲田叢書」について適切な関心が払われてきたとはいいがたい。たとえば、見田宗介・栗原彬・田中義久共編『社会学事典』（弘文堂、一九八八年）に付されている一七六ページにわたる「社会学文献表」ではフランクリン・Ｈ・ギディングズの『社会学原理』の邦訳としては、一九二九年刊の内山賢次訳『社会学原理』（春秋社）が挙げられていて、それに二九年先立つ「早稲田叢書」での遠藤隆吉訳『社会学』（一九〇〇年）は、視野の外にあり、浜嶋朗・竹内郁郎・石川晃弘共編『社会学小辞典（新版）』（有斐閣、一九九七年）中の六一ページにわたる「引用文献」一覧においても、事態は同様である。

ちなみに、内山訳の場合、翻訳に当たって訳者が先行の遠藤訳を手にしたことはなかったという。「訳者序」には、こう記されている。「『社会学原理』は曽って遠藤隆吉博士の手によって訳され、その文章は『骨董的価値』を有する珍書と称されてゐる。本書訳出に際して参照、示教を仰ぎたかったが、遂に入手できなかった。残念である。」

また、わが国の経済学とイギリス経済学との交渉についての議論において、マーシャルの『経済学要綱』について言及される場合、一般にあげられるのは、戸田正雄訳『経済学入門』（日本評論社、一九四一年）であり、それに四五年先立つ「早稲田叢書」の井上辰九郎訳に目が向けられることは、めったにない。それだけではない。戸田訳において、訳者自身も、この先行訳に一言も触れていないのである。

さらに、「明治維新前後より昭和二十年太平洋戦争終戦時までの政治学関係の著作」を選定収録している、蠟山政道『日本における近代政治学の発達』（実業之日本社、一九四九年）の巻末所載の「日本近代政治学著作年表略」には、「早稲田叢書」関係では、『政治汎論』のほかに有賀長雄『国法学』、安部磯雄『社会問題解釈法』、フランシス・リーバー(フランシス、リーバー)『政治道徳学』(沢柳政太郎訳)、コンラート・ボルンハック(コンラート、ボルンハック)『国家論』(菊地駒治訳)は収録されているが、A・ローレンス・ローウェル(エ、ローレンス、ローヱル)『政府及政党』(柴原亀二訳)、ジョン・W・バージェス(ジオン、ダブリユ、バルジエス)『政治学及比較憲法論』(高田早苗・吉田巳之助共訳)、フランク・J・グッドナウ(フランク、ヂェー、グッドノウ)『比較行政法』(浮田和民訳)などは、収録されていない。

このようにして、「早稲田叢書」の全体像についての理解は、今日のわが国の社会科学界においてきわめて乏しい。むしろ、「早稲田叢書」は今日ほとんど「忘れられた」状態にあるともいえよう。本章の目的は、このような文脈において、わが国の社会科学の発達史上で視野から消えてしまった観のある「早稲田叢書」を再照射し、わが国の社会科学発達史上でのこの「叢書」の位置の再確認を試みるところにある。

2　二〇世紀黎明期の欧米社会科学の導入

「早稲田叢書」についてまず注目すべきは、一九世紀末から二〇世紀初頭にかけての時期における欧米の最新の社会科学の動向への敏感な反応である。実際に、「叢書」が第一のねらいとしたのは、同時代の欧米における社会科学の分野でのもっともすぐれた、最新の著作の翻訳紹介であった。高田早苗の執筆とみられ、「叢書」の刊行書の巻頭あるいは巻尾に掲げられた「早稲田叢書出版の趣意」は、この点について端的にこう述べている。

「邦語教育は教場教育なり修学者一旦教場若くは講義録を離れて別に研究を為んとするに当つては彼の参考書なるもの大概蟹行文字にして邦語を以て編れたるもの殆んと有る無しこれ豈学問の進歩に関する一大欠典にあら

ずや思ふにこれを補ふの途他無し先輩の学者著述を勉むるにありと雖も其捷径は先進諸外国の名著を翻訳して之を紹介するにあらん是れ我専門学校が今度政治法律経済に関する翻訳書を出版するの一大理由なり……泰西の諸著述を翻訳するは固より新奇の事業にあらず然れども従来の翻訳書中其の或者は既に陳腐にして参考と為すに足らず或者は翻訳杜撰にして解読し難きものあり本校こゝに観る所あるが故に原書を撰択するに当り其著述の価値を精査せるは勿論又成る可く新著述を擇べり翻訳は正確ならんことを勉め且平易明瞭を旨とせり」

表5—1が示しているように、欧米の政治経済法律の最新著作の翻訳紹介という「叢書」のねらいは、「叢書」の全体を通じてまず適切に実現されていたとみるべきであろう。ちなみに、翻訳紹介された二四点の著作[7]を、著者の国別にみると、イギリス一一、アメリカ七、フランス三、ドイツ二、ロシア一である。

とにかく、「叢書」での訳者たちが原書への関心を刺激されたのは、しばしば原書刊行の直後のことであった。「叢書」の皮切りとして刊行された『政治汎論』の原書としての『国家——歴史的および実際的政治要綱』は、一八八九年に出版されたが、高田が同書の翻訳にとりかかったのは、翌九〇年にアメリカ留学から帰国して東京専門学校講師に就任した家永豊吉が持ち帰った一冊を借用してであった。この間の事情について、高田は、「政治汎論序」においてこう述べている。

「余曽てウイルソンの『コングレッショナル、ガバーメント』を読み思へらくこれ米国のバジホットなり識見の高邁文章の雄渾多く彼れに譲らずと先年友人家永豊吉氏学成りて米国より帰朝し其齎せし所『ゼ、ステート』を余に示せり余之を読んで嘆賞措かず益々ウイルソンが尋常一様の学者にあらざるを識り遂に家永氏の書に依りて翻訳に従事し四ケ年の星霜を経て漸く稿を脱せるなり[8]」

このような経過で、『政治汎論』が上梓されたのは、原書公刊の六年後のことであったが、「叢書」の第二番目の刊行書として公刊された『経済原論』の場合は、原書刊行（一八九二年）と訳書刊行（一八九六年）の間隔はさらに短く、わずか四

表5—1 「早稲田叢書」の中の「欧米名著」

邦訳書タイトル	原著者	訳者	邦訳刊行年
政治汎論	ウッドロー・ウィルソン	高田早苗	1895
経済原論	アルフレッド・マーシャル	井上辰九郎	1896
国民銀行論	ヘンリー・W. ウォルフ	柏原文太郎	1897
経済政策	ヘンリー・シジウィック	土子金四郎	1897
	C. F. バステーブル	田島錦治	
経済学研究法	ジョン・N. ケインズ	天野為之	1897
英国国会史	B. C. スコットー	高田早苗	1897
英国憲法論	A. V. ダイシー	高田早苗	1899
		梅若誠太郎	
財政学	C. F. バステーブル	井上辰九郎	1899
		高野岩三郎	
今世欧州外交史	A. ドビドゥール	酒井雄三郎	上巻　1899
			下巻　1900
国際法	F. v. マルテンス	中村進午	1900
英国今代史	ジャスティン・マッカーシー	高田早苗	1900
		吉田巳之助	
比較行政法	フランク・J. グッドナウ	浮田和民	1900
萬国国力比較	マイケル・G. マルホール	大石熊吉	1900
		前川九万人	
社会学	F. H. ギディングズ	遠藤隆吉	1900
社会統計学	R. メイオー—スミス	呉文聡	1900
露西亜帝国	A. ルルワ・ボリュー	林毅陸	1901
政治罪悪論	ルイ・プロール	松平康国	1901
政治学及比較憲法論	ジョン・W. バージェス	高田早苗	上巻　1901
		吉田巳之助	下巻　1902
政治道徳学	フランシス・リーバー	沢柳政太郎	1902
哲学史要	W. ウィンデルバント	桑木厳翼	1902
政府及政党	A. ローレンス・ローウェル	柴原亀二	1903
国家論	コンラート・ボルンハック	菊地駒治	1903
英国商業史	L. L. プライス	和田垣謙三	1904
		津田鈫一郎	
英国植民発達史	H. E. エジャートン	永井柳太郎	1909

年にすぎない。訳者の井上が、「翻訳の始末」について「余の本書の訳述に着手せるや実に明治廿五年九月に在り。昨明治廿八年九月に至り漸く脱稿し、以後更に再三訂正を加へ遂に茲に之を世に公にするに至れり[9]」と記しているところからみると、井上は、刊行直後に原書を入手して、目を通し、ただちに翻訳作業に取り掛かっていたということになろう。

そのほかに、ルイ・プロール（ルイ、プロール）『政治罪悪論』（松平康国訳）とフランクリン・H・ギディングズ（ギッヂングス）『社会学』の場合に、原書刊行と訳書刊行の間隔が、それぞれ三年、四年と短いが、原書の公刊（一八三八年）から六四年を経て「叢書」から邦訳がでたフランシス・リーバー『政治道徳学』を例外として、「叢書」での他の邦訳書の出版は、大半が原書出版から数年後のことである（**表5―2**参照）。

実際問題として、訳書が原著者と翻訳に関して直接に書簡を交わしているのも、まれではない。『政治汎論』の場合、第三版（一八九六年一一月）から、高田早苗の求めに応じてウィルソンから送られてきた「ウイルソン略伝」とウィルソンの近影に合わせて、ウィルソンの高田あての書簡が、高田の訳文とともに写真版で掲げられているが、そこにうかがわれるのは、訳者としての高田の周到さとともに、原著者と訳者の同時代人としての関係にほかならない。ウィルソンは、その書簡の一節でこう述べている。

「余は余の友人小松緑君より貴下が鄙影と小伝とを求めらるゝと聞き喜んで之を呈送す余は貴下が拙著を翻訳せられて（余は早晩其書を見るを得んことを望む）余に甚大なる会釈を賜はりしを深く感銘す余は今貴下に依て余の栄誉と名声とを拡ぐるを得たるを機とし冀くは貴下を以て余の朋友と思惟するを得ん而して貴下も亦余を以て朋友の一人に加へ賜ふべきを信ず[10]」

さらに、『経済原論』の第九版（一九〇〇年六月）にも、原著者のマーシャルから訳者の井上にあてられた二通の書簡が写真版で掲載されている。一通は、訳書の第三版を受けとったおりの一八九七年四月九日付のものであり、もう一通は、訳書の第四版を受けとったおりの一八九七年九月一七日付のものであるが、二通目の書簡には、受けとった訳書の一冊をケンブリッジ大学図書館に寄贈したとあり、同書がこの図書館での最初の日本図書であるとの館長の話が付記されているところからうかがえるのは、原著者と訳者が連絡をとりあうといったことは、当時ではおそらくきわめて例外的なことであったということであろう。

表5—2　原著刊行と訳書刊行の間隔

邦訳書タイトル	原著刊行年	原著刊行から邦訳刊行までの年数
政治汎論	1889	6
経済原論	1892	4
国民銀行論	1893	4
経済政策	1887	10
経済学研究法	1891	6
英国国会史	1892	5
英国憲法論	1889	10
財政学	1892	7
今世欧州外交史	1891	8
国際法	1883	7
英国今代史	1887	13
比較行政法	1893	7
萬国国力比較	1896	4
社会学	1896	4
社会統計学	1895	5
露西亜帝国	1893	8
政治罪悪論	1898	3
政治学及比較憲法論	1890	11
政治道徳学	1838	64
哲学史要	1892	10
政府及政党	1896	7
国家論	1896	7
英国商業史	1900	4
英国植民発展史	1902	7

ちなみに、これらのウィルソンとマーシャルの書簡は、いずれも手書きのものであり、今日、学術史上の好資料でもあろう。

また、永井柳太郎は、『英国植民発展史』の邦訳刊行（一九〇九年二月）当時、早稲田大学留学生としてオックスフォード大学に留学中であり、原著者のヒュー・エドワード・エジャートンは、永井がオックスフォード大学に留学する前年の一九〇五年に、オックスフォード大学の初代の植民史担当教授に就任していた。こうして、永井は、「明治四十一年七月」の日付で「牛津に於て」書いた「訳者の序」の末尾にこう記したのである。「最後に訳者は、本書の翻訳に就き、特別の認可を与へられたるゑぢあとん教授と牛津大学出版部の委員とに対し、深厚なる謝意を表す。」

3　欧米社会科学の的確な評価

ところで、「早稲田叢書」による欧米社会科学の導入の意義は、単に邦訳紹介された原書が一九世紀末から二〇世紀初頭にかけての時期における最新のものであったところにのみあるのではない。同時に注目にあたいするのは、訳出された原書の大半が、時代を代表する、あるいは後に時代を代表すると評価されるようになる著者たちのえりぬきの著作であったことである。

すでに指摘したように、「早稲田叢書出版の趣意」は、翻訳紹介のための原書の選択に当たって、「其著述の価値を精査」したと述べているが、実際に、この「精査」の結果としての「叢書」刊行書目ラインナップには、目を見張るほかない。

とにかく、コロンビア大学の最初の政治学教授（就任は一八五七年）であり、「叢書」で『政治道徳学』が邦訳出版される以前に、『市民的自由と自治』（一八五三年）の邦訳によって、すでに明治初期にわが国に紹介されていたフランシス・リーバーは別格として、政治学分野のウッドロー・ウィルソン、A・V・ダイシー、フランク・J・グッドナウ、ジョン・W・バージェス、経済学分野のアルフレッド・マーシャル、ヘンリー・W・ウォルフ、ジョン・N・ケインズ、ヘンリー・シジウィック、チャールズ・F・バステーブル、社会学分野のフランクリン・H・ギディングズ、リッチモンド・メイオー-スミスなどは、社会科学の発達史上、今日いずれも一九世紀末から二〇世紀初頭にかけての時期の欧米社会科学の代表的担い手として位置づけられている。

これらの学者のうち、一八三五年生まれのダイシー、一八四二年生まれのマーシャル、一八四四年生まれのバージェスら(**表5—3**参照)は、「叢書」でそれぞれの著作の邦訳が出版されたとき、すでにそれぞれの学問分野での当時の代表的学者としての地位を確立していた。

表5—3　「早稲田叢書」の主要原著者の生没年

原著者名	生没年
フランシス・リーバー	1800 − 1872
A. V. ダイシー	1835 − 1922
ヘンリー・シジウィック	1838 − 1900
ヘンリー・W. ウォルフ	1840 − 1931
アルフレッド・マーシャル	1842 − 1924
ジョン・W. バージェス	1844 − 1931
ウィルヘルム・ウィンデルバント	1848 − 1915
ジョン・N. ケインズ	1852 − 1949
リッチモンド・メイオー - スミス	1854 − 1901
H. E. エジャートン	1855 − 1927
フランクリン・H. ギディングズ	1855 − 1931
C. F. バステーブル	1855 − 1945
ウッドロー・ウィルソン	1856 − 1924
A. ローレンス・ローウェル	1856 − 1943
フランク・J. グッドナウ	1859 − 1939
L. L. プライス	1862 − 1950

ダイシーは、一八八二年から一九〇九年までオックスフォード大学のイギリス法教授であったが、叢書での『英国憲法論』の原書としての『憲法研究序説』が刊行されたのは、ダイシーが五〇歳であった一八八五年である。この著作は、「後にさまざまな論議を呼んだが、それにもかかわらず関心と敬意の中心を占める学説を打ち立て」「ビクトリア期の偉大な法学者」としてのダイシーの評価を確立した[11]。そして、同書の第三版(一八八九年)を底本とした「叢書」での邦訳書が一八九九年に刊行されたとき、ダイシーは、すでに六四歳に達していたのである。

マーシャルがケンブリッジ大学の経済学教授に就任したのは、一八八五年で、四三歳のときであった。マーシャルは、五年後の一八九〇年に『経済学原理』を出し、ひき続いて二年後の一八九二年に『経済学要綱』を刊行する。このようにして、マーシャルは、やがてイギリス経済学におけるケンブリッジ学派の創始者としての名声を享受するに至るが、「叢書」での『経済学要綱』の邦訳としての『経済原論』が一八九六年に出版されたとき、五四歳のマーシャルは、すでに「英国経済学者の泰斗たるの地位[12]」を占めていた。

バージェスの名がアメリカ政治学発達史上に大書されるのは、なによりもアメリカにおける最初の大学院レベルの政治学教育機関としてのコロンビア大学のスクール・オブ・ポリティカル・サイエンスの創設時の立役者としてである。このスクールが一八八〇年に創設されたとき、バージェスは、ようやく三六歳であったが、一〇年後の一八九〇年に主著『政治学と比較憲法』を出し、またこの年にコロンビア大学の政治学部長に選任され、コロンビア大学の内外での政治学の制度上、学問上のリーダーとしての地位を確立し、高田早苗と吉田巳之助の共訳で主著の邦訳『政治学及比較憲法論』がでた一九〇二年には、五八歳のバージェスは、疑いなくアメリカ政治学界の「大御所」であった。ちなみに、バージェスは、一九一二年のコロンビア大学引退まで、二二年間にわたって引き続いて政治学部長の任にあったのである[13]。

しかし、一八五〇年代半ば以降の生まれであったその他の原著者たちの多くは、その著作が「叢書」で翻訳刊行されたとき、まだ少壮の研究者であり、学界での評価が定まっていたわけではない。

後に「アメリカで書かれた比較政治論に関する最初の著作の一つ」と評価されることになる『国家』の邦訳としての『政治汎論』が刊行されたとき、原著者のウィルソンは三九歳であり、ウェズリアン大学から母校プリンストン大学へ教授として迎えられてから、ようやく五年を経過したときであった。ウィルソンが新しい政治学の先導者としての地位を確立するのは二〇世紀に入ってからで、一九〇二年にプリンストン大学総長に選任されたウィルソンが、アメリカ政治学会第六代会長に就任したのは、『政治汎論』刊行から一四年を経た一九〇九年のことである。

この中で、高田早苗が『政治汎論』の翻訳に着手したのは、2節で引用した「政治汎論序」の個所から一八九一年前後のころと推測されるが、三〇歳そこそこの高田は、さらにこの「政治汎論序」においてつぎのように述べて、「叢書」のために「政治汎論を選びたるの理由」を明らかにした。高田の原書「精査」力の確かさは、まさに刮目に値しよう。

「ウイルソン曽て『コングレッショナル、ガバーメント』を著はし合衆国政躰の得失を痛論して名声頓に揚る久しく米国第一流の大学なるジオンスホプキンスに於て政治学を教授し研鑽練磨の結果この政治汎論を著せりウイルソン学英仏独を兼ね所謂歴史学派に属すと雖も必ずしも拘泥することを為さず着眼鋭敏論評犀利而かも其所見公平を失はず優に米国新学派の泰斗なり[14]」

フランク・J・グッドナウの『比較行政法』は、著者の三四歳のときの著作であり、浮田和民が「叢書」からその邦訳を出版した一九〇〇年六月においても、グッドナウは、ようやく四一歳に達したばかりであった。それから二年を経た一九〇二年一一月には、グッドナウの『都市問題』(一八九七年)が、安部磯雄の抄訳で「早稲田小篇」シリーズの一冊『市制論』として、早稲田大学出版部から出版される。あるいは、グッドナウへの積極的評価が、当時、高田、浮田、安部らの間で共有されていたのかもしれない。そして、この評価の適切さを裏付けたのは、『市制論』刊行の一年後の一九〇三年一二月のアメリカ政治学会の設立に当たって、四四歳のグッドナウが初代会長に推挙されたことであった。

浮田を編輯長とする文明協会叢書の一冊として、グッドナウの『立憲政治原理』(一九一六年)の邦訳が、『憲政の運用』(佐久間秀雄訳)として一九一七年に出版されたのも、早稲田政治学関係者の間でのこのようなグッドナウ評価を背景にしてのことであったにちがいない。ちなみに、グッドナウは、一九一四年にジョンズ・ホプキンズ大学総長に就任していた。また、『立憲政治原理』の原書は、一九一九年から二二年にかけて、早稲田大学大学部政治経済学科、政治経済学部政治学科等で「原書研究」「特殊研究」のテキストとしても用いられている。担当者は高橋清吾であった[15]。

ところで、「叢書」の一冊として邦訳された『比較行政法』は、タイトルから通常理解されるところとはやや異なって、その内容は、今日的視点からすると比較行政制度論であり、アメリカ、イギリス、フランス、ドイツの中央と地方の行政制度の比較検討を軸とした新しい政治学への志向性を強くもっていた点で、アメリカ政治学史上に確かな地歩を占めている。要するに、この著作は、ウィルソンの『国家』とともに、アメリカ政治学における比較政治研究の先駆をなすものであり、ここでのグッドナウのアプローチは、「その後数十年にわたって、比較政治研究者のためにモデルとしての役割を果たした[16]」と評されているのである。

『比較行政法』の邦訳刊行から三か月おくれて一九〇〇年九月に「叢書」から邦訳『社会学』がでたフランクリン・H・ギディングズの場合も、事情はとくに異ならない。原書『社会学原理』が刊行されたのは、ギディングズがコロンビア大学の初代の社会学教授に就任した二年後の一八九六年のことで、このときギディングズはまさに少壮気鋭の四一歳であった。後にアメリカ社会学の草創期のリーダーとして、レスター・F・ウォード、ウィリアム・グレイアム・サムナー、エドワード・A・ロス、チャールズ・ホートン・クーリー、アルビオン・スモールらとともに「アメリカ社会学の創始者」と称せられるようになったギディングズが、アメリカ社会学会第三代会長に就任したのは、「叢書」での『社会学』の刊行から一〇年を経た一九一〇年度、一一年度のことである。

一九〇三年に「叢書」から『ヨーロッパ大陸における政府と政党』の邦訳『政府及政党』がでた原著者のA・ローレンス・ローウェルは、ウィルソンと同年同月（一八五六年一二月）の生まれであるが、大学教員としての経歴においては、ローウェルは、ウィルソンに十数年おくれている。ローウェルが母校ハーバード大学の非常勤講師になったのは、一八九七年のことで、専任の教授になったのは、三年後の一九〇〇年であった。このようにして、今日、フランス、イタリア、ドイツ、オーストリア、ハンガリー、スイスの政治の実際の動きに視座を設定した比較政治研究における開拓的著作として位置づけられる原著の邦訳が刊行されたとき、ローウェルは、四七歳であったが、ハーバード大学教授に就任してからようやく三年を経過したばかりであったのである。

しかし、ローウェルは、その後大学の内外において急速にリーダーとしての衆望を集めるに至り、ウィルソンに先んじて、一九〇八年に第五代アメリカ政治学会会長に就任し、さらに翌一九〇九年には、ハーバード大学総長に選任された。ローウェルは、その後一九三三年まで二四年間にわたってハーバード大学総長の座を占めることになるのである。

ところで、「叢書」での欧米社会科学の導入に関連して、その翻訳について二つの点に注目する必要があろう。一つは、翻訳への取り組み方である。「早稲田叢書出版の趣意」は、とくに翻訳への対し方について、2節で引用したところに見いだせるように、「正確」と「平易明瞭」を旨とする姿勢を明らかにし、さらに翻訳の責任の所在について、「其当否に就ては其署名の翻訳者責を負ふのみならず本校も亦其責に任ぜんとす」と宣言した。そして、『読売新聞』は、それぞれ「翻訳亦流暢明快」（一八九五年一一月一六日）、「訳文正確意義明暢」（一八九五年一一月二七日）と評したが、大半がそれぞれの分野の専門の気鋭の研究者によって担当された「叢書」での訳書の翻訳の実際は、当時の一般的水準に照らしてかなりの高水準にあったとみてよかろう。

「叢書」での翻訳について注目にあたいするもう一つの点は、『経済原論』『社会学』等において、訳者によって専門語の翻訳について先導者としての役割が意識され、訳語の選定についての積極的な試みが提示されていることである。『経済原論』の場合、訳者の井上辰九郎は、「例言」において「原著新術語多く従来の訳書に散見せざるもの尠なからす。従つて此等の新術語を定むるに就き余は多少苦心せり。左に此等の新術語及ひ其他経済学に慣用せる重なる術語を掲け英和対照表を示さん。蓋し読者の為の便利ならんと信すればなり」と述べ、六二語についての「英和対照表」を示した。その一部を掲げれば、**表5―4**のとおりである。

この『経済原論』が出版された直後に『国家学会雑誌』で論評を試みた高野岩三郎は、「現時学問ノ主タル本源タル欧米

表5―4 『経済原論』における学術用語訳例

英語学術用語	訳語
capita	資本
conventional necessaries	習俗上の必要品
elasticity of demand	需要の弾力
factors of production	生産の要素
goods	貨物
gross and net income	総収入及純収入
income	収入(又は所得)
interest	利息
law of diminishing return	報酬漸減の法則
marginal increment	限界的増加
marginal utility	限界的実利
markets	市場
payment by piece-work	仕事高の支払
real and money cost of production	生産の実費及貨幣費用
real wages and nominal wages	実際上の労銀及名義上の労銀
rent	地代
risk	危険
trade unions	職工組合
unionists	組合主義者
wealth	富

諸大家ノ経済ノ名著ヲ翻訳シテ之ヲ我社会ニ紹介スルノ経済学識普及ノ上ニモ又経済学進歩ノ上ニモ最上策タルヲ信ズ」とする立場から、井上訳を歓迎し、さらに井上の経済学用語の訳語の選定の試みに注目し、その意義を評価してこう論じている。

「学士ハ亦経済上ノ術語ニ付キ苦心セラレ幾多ノ新熟語ヲ定メラレタリ、中ニハ稍服スルヲ得ザルモノアレドモ概シテ穏当ナルヲ感ズ、思フニ術語ノ一定ハ極メテ必要ノコトニシテ学士嘗テ余ニ其経済学者会同ノ一目的トスルニ足ルヲ語ラル余亦見テ同フスル者ナリ」[17]

さらに、ギディングズの『社会学原理』の邦訳『社会学』の場合、訳者の遠藤隆吉は、巻頭に一〇一語の学術用語について「訳字例」を掲げ、読者の便に供した。**表5―5**は、その中の二〇語についての遠藤試訳例である。

表5—5 『社会学』における学術用語訳例

英語学術用語	訳語
association	聯合、社会、団体
community	共同生活、社会
co-operation	協働
democratic	民政的
dependence	依従
development	発達
differenciation	分化
ethnic	人種的
function	機用
generation	世代
patriarchal	族長的、父長的
patronymic	父系的
personality	人格
phase	態相
primary	一次的
secondary	二次的
socialize	社会化
society	社会
structure	構造
tertiary	三次的

4 「早稲田叢書」の中の早稲田の社会科学

すでに明らかなように、一九世紀末から二〇世紀初頭にかけて刊行された「早稲田叢書」は、当時の欧米の最新の社会科学の動向をわが国の読者のためにうつし出す鏡としての役割を、積極的に、また適切に演じた。その意味で、「先進諸外国の名著を翻訳して之を紹介」し、修学者に対して学習上の好個の参考書を提供するという「叢書」の第一のねらいは、きわめて高い程度において達せられたといえるであろう。

しかし、このような欧米の学問の「輸入」にのみ「叢書」のねらいがあったわけではない。「叢書」の企画者たちが同時に期待したのは、「先輩の学者」が「著述を勉むる」ことであった。欧米名著の翻訳は、むしろそのような著述があらわれるまでの応急の対応策でもあったのである。そして、このような期待に応じる形で、「叢書」の第四番目の刊行書として一八九七年一〇月に刊行された中村進午『新條約論』を第一号として、一九〇七年五月刊の井上辰九郎『外国貿易論』に至るまで、わが国の「先輩の学者」による一九冊の著作が、「叢書」から送り出された。**表5—6**が、その一覧である。

これらの著者たちの大半は、専任教員あるいは非常勤講師として東京専門学校—早稲田大学の関係者であり、東京

表５—６　「早稲田叢書」の中の日本人著者による著作

著者名	書名	刊行年
中村進午	新條約論	1897
有賀長雄	近時外交史	1898
姉崎正治	宗教学概論	1900
桑木厳翼	哲学概論	1900
野沢武之助・山口弘一	国際私法論	1900
安部磯雄	社会問題解釈法	1901
有賀長雄	国宝学(上)	1901
	国宝学(下)	1902
煙山専太郎	近世無政府主義	1902
島村瀧太郎	新美辞学	1902
綱島栄一郎	西洋倫理学史	1902
巽　来治郎	日清戦役外交史	1902
田中穂積	高等租税言論	1903
坪井九馬三	史学研究法	1903
有賀長雄	戦時国際公法(上)	1904
	戦時国際公法(下)	1904
副島義一	日本帝国憲法論	1905
廣池千九郎	東洋法制史序論	1905
田中穂積	高等租税各論	1906
土屋詮教	日本宗教史	1907
井上辰九郎	外国貿易論	1907

専門学校での講義録をもとにして生み出された著作も少なくない。この点に触れて、桑木厳翼は、『哲学概論』の「緒言」において、同書が東京専門学校文学科の「明治三二年度講義録に基づく[18]」ことを明らかにしているが、綱島栄一郎もまた、『西洋倫理学史』の「緒言」にこう記している。「本書は、曽て再三筆を加へて、東京専門学校文学科講義録に掲げたるものなりしを、此度更に若干の訂正を加へて、公にしたるものなり[19]。」

ここで注目にあたいするのは、「叢書」が、これらの早稲田関係者中の新進の研究者のための研究成果の発表の場となり、学界での活動へ向けての踏み台としての役割を演じたことであろう。実際に、「叢書」での一九冊の著作の一七人の著者のうち、少なくとも七人（中村進午、姉崎正治、桑木厳翼、煙山専太郎、島村瀧太郎、綱島栄一郎、田中穂積）は、それぞれの著作の刊行当時三〇歳前後であった（**表5—7**参照）。

そして、これらの新進研究者のうち、東京大学から東京専門学校に講師として出講していた姉崎と桑木、また東京専門学校を一八九五年に卒業し、北村透谷、高山樗牛らの系譜に連なる思想家として早くから頭角を現し、二九歳で「叢書」から『西洋倫理学史』を出したが、その五年後に没した綱島栄一郎（梁川）を別として、他の中村、煙山、島村、田中の四人は、いずれもその後草創期の早稲田大学の学術上・大学運営上のリーダーとしての役割を演じることになるのである。

まず、一九一〇年から二〇年まで早稲田大学大学部法学科科長をつとめることになる中村進午の『新条約論』は、二七歳での処女作であり、中村が、一八九七年初頭からの留学先であったドイツでの研究成果をもふまえて作成し、ドイツから東京専門学校編輯部に送ってきた原稿に基づいて出版された[20]もので、わが国における国際法研究の草分け的地位を占める業績として知られる。中村は、さらにこの留学中にフリードリヒ・フォン・マルテンスの『国際法』の翻訳にも取り組んだ。「ヨーロッパの体系的な国際法学の導入」に先導的な役割を演じたと評価されるこの訳書が「叢書」から上、下二巻で出版されたのは、中村が留学から帰国する直前の一九〇〇年一月（上巻）、七月（下巻）である。

煙山専太郎が、「一種社会の疾病として苟も志ある者の之が視察を忽にすべからざる所たるを失はず本編純乎たる歴史的研究によ

表5—7 「早稲田叢書」の日本人著者の生没年

著者名	生没年
坪井九馬三	1858 − 1936
有賀長雄	1860 − 1921
安部磯雄	1865 − 1949
広池千九郎	1866 − 1938
副島義一	1867 − 1947
中村進午	1870 − 1939
島村瀧太郎	1871 − 1918
綱島栄一郎	1873 − 1907
姉崎正治	1873 − 1949
桑木巖翼	1874 − 1946
田中穂積	1876 − 1944
煙山専太郎	1877 − 1954

り此妄想的熱狂者が如何にして事実として現社会に発現し来りたりや其渕源及発達を明にせんことを試みた」[21]『近世無政府主義』の執筆に取り掛かったのは、煙山が東京帝国大学文科大学の学生であった一九〇〇年末のこと[22]で、当時煙山は、二三歳であった。前編「露国虚無主義」、後編「欧米列国に於ける無政府主義」から成り、今日では、無政府主義の先駆的な学術研究としての評価が定まっている本書の価値をいち早く読み取った有賀長雄の推輓によって、本書の出版（一九〇二年四月二八日）の三か月後に東京帝大を卒業した煙山は、二五歳で東京専門学校が早稲田大学として新発足した一九〇二年九月に早稲田大学講師に就任し、やがて早稲田の歴史学の牽引車的役割を担うことになる。

また、美学、欧州文芸史、近代劇研究等の科目を担当し、『早稲田文学』主幹として自然主義文学運動を指導し、二〇世紀初頭期の早稲田の文科の旗手としての役割を演じた島村瀧太郎（抱月）が、緒論、修辞論、美論の三編から成り、五〇〇ページを超える『早稲田美辞学』の集大成を図ろうとした画期的な理論の書[23]」としての『新美辞学』を「叢書」から一九〇二年五月に出版したとき、島村は、三一歳であった。そして、島村は、この本が出版される二か月前の三月八日に東京専門学校の派遣留学生としての英独留学への途についていた。同書に寄せた坪内逍遙のつぎのような「序」の中にうかがわれるのは、門下の抱月への逍遙の高い評価と期待であろう。

「沈思精研の余に成れる抱月君が新美辞学一篇は我が国に於ては空前の好修辞論たり、彼方の類著に比するも周到なる修辞法に兼ぬるに創新なる美辞哲学を以てしたる、證例の東西雅俗にわたりて富贍なる、その例空し、斯学に志すの士は此の書にすがりて益する所いと多かるべし。本篇印刷の半にして著者は外遊の途に上りぬ、代りて校正の余れるを卒ふるとて端書す。」

一九〇三年四月に『高等租税原論』を「叢書」から出した田中穂積も、一九〇一年六月から米英に留学中で、同書の「序」は、一九〇三年四月に「英国倫敦南郊水晶宮畔の書窓に於て」書かれた。このとき二七歳であった田中は、その三年後に同じく「叢書」から姉妹編としての『高等租税各論』を出し、財政学者として学界での地歩を固めることになる。

そして、さらにその五年後の一九一一年に、田中は、三五歳で早稲田大学大学部商科長に推され、商学部長を経て一九三一年に高田早苗のあとをうけて、第四代総長に就任した。

このようにして、「叢書」は、東京専門学校が創立二〇周年を機に早稲田大学として新発足した一九〇二年をはさむ二〇世紀初頭期に、二〇世紀早稲田の学問、とりわけ社会科学の中心的担い手たちのための「苗床」としての役割を演じた。そして、この関連で言及されるべきは、二〇世紀の幕開けの一九〇一年に「叢書」から刊行された安部磯雄『社会問題解釈法』であろう。

同書は、当時の「社会問題に関する鳥眼観を与ふる[24]」ことを目的としたもので、「貧困の起因」「慈善事業」「教育事業」「自助的事業」「国家的事業」等に視座を設定して、二〇世紀の政治が取り組むべき政策課題の配置とその問題状況を照射し、さらに進んで、問題の「根本的改革」の原理を社会主義に求めた。明らかに、同書には二〇世紀の到来を告知する書としての性格が色濃い。当時の時代的雰囲気を鮮やかにうつし出しながら、このとき三六歳であった安部は、同書をこう結んでいる。

「誰かいふ、社会主義は一の『ユートピヤ』に過ぎずと。眼を挙げて見よ。欧米に於ける市政の大勢は已に社会主義の勝利を告白し、幾多の都市改良事業は滅すべからざる社会主義の効績を銘する好箇の彰徳碑なることを[25]。」

なお、「叢書」は、日本人著者の著作に関連する二つの事件で、二〇世紀初頭に社会的な注目を集めた。

一つは、一九〇二年八月四日に刊行された巽来治郎の『日清戦役外交史』の「出版法違犯」事件である。同書は、著者の巽が、「曩きに参謀本部に在りて該部の事業たる日清戦史中専ら戦争の原因及び結果の編纂を担当した[26]」という経歴をふまえた綿密な研究の成果で、本文一二二七ページにのぼる大冊であるが、「三国干渉及其原因」と題する第三編第一三章第二節において、「割地の請求に対する露国政府の意向を日本政府に報告しある明治二十八年三月廿日及四月十一日付在露西公使よりの電報」「適度なる和約の締結を勧告し且つ割地の請求に対し独逸国政府の意見を記載したる同政府の口上書」等「外務省の許可を得ず外交の機密に属し未だ公にせざる」文書を書中に掲載したことが出版法に触れるとして、同書は、発行一週間後の八月一〇日に発売禁止となり、巽は、出版部の責任者としての高田早苗とともに起訴された[27]。こうして早稲田大学出版部は、同書について「発行旬日ならずして発売を禁止せられし故註文に応じがたし[28]」といった事態に直面することになる。

この事件について、翌一九〇三年一二月四日に、東京地方裁判所で、巽は罰金一〇〇円、高田は無罪の判決を受けた[29]。その後、早稲田大学出版部の「出版図書目録」から同書が消え、「早稲田叢書」の全容を示す一九一一年の「出版図書目録[30]」に掲載されているのも、同書を除く四二冊である。

一九一〇年のいわゆる「大逆事件」に関連して、「叢書」の刊行書が再び世間の耳目をひいた。この事件での被告の一人宮下太吉が、法廷で反天皇制への行動を触発された要因の一つとして、煙山の『近世無政府主義』を読んだことをあげたからである。しかし、煙山の執筆の意図は、無政府主義に対するまっこうからの批判にあったのであり、同書が「明治のナロードニキを出現させる煽動の書」となったのは、「まことに皮肉な」事の次第であった[31]。煙山は、「序言」の冒頭でこう記していたのである。「近時無政府党の暴行実に惨烈を極め聞くだに膽を寒からしむる者あり然れども世人多く其名を謂ふを知て其実を知らず本編聊か此欠乏に応ぜんことを期する者なり[32]」

5　近代化への啓蒙と時代との対話

ところで、「早稲田叢書」の目的は、単に学生に学習上の便宜のために参考書を提供し、さらに政治・経済・法律を中心とする領域でのわが国の学問の発展に資するところにあったわけではない。「叢書」が同時に視野に入れていたのは、学外の一般読者である。『早稲田大学開校・東京専門学校創立廿年紀念録』は、早稲田大学発足時の「現況」についての報告において、「早稲田大学には正科の外に尚ほ教育事業の重もなるもの三あり、曰く科外講演、曰く巡回講話、曰く各科講義録の公刊是れなり[33]」と述べ、さらに講義録のねらいについて触れながら、こう記している。

「抑々講義録の発行は、日常登校して親しく業を受くる能はざる者に独修の便を与へ、之が為めに学術の普及に資する所極めて大なりと雖も、講義録は自から紙数に限りあり、学科亦た局する所あるを以て、普ねく内外諸大家の名編大作を網羅せんことは到底望み得べくもあらず。而して名編大作を繙くことの切要なるは、啻に校内生たると校外生たるとを問はざるのみならず、又た学者たると実業者たるとを問はざるのみならず、何人の為めにも等しく必要の事たり。幸に外国語に通ぜる者は直ちに原著に就て其の新説を窺ふことを得べきも、其の他の者にありては、訳書の発行を待つの外なかるべし。然るに方今発行の翻訳書は僅かに初学者に資すべきものに止まり、遍ねく名篇大作に及ばず。偶々名篇大作の訳なきにあらざるも、概して杜撰にして信憑するに足らず。……単に邦語のみに依りて専門学を修めしめたる者は、校門を出づると共に新知識を得るの道殆んと杜絶するの有様なるを以て、独り是等の者のみに対する見地よりするも、泰西輓近の名著を翻訳発行することは実に刻下の急務なりと謂ふべし[34]。」

このような「刻下の急務」に応じたのが、ほかならぬ「叢書」であった。「早稲田叢書出版の趣意」は、このねらいをつぎのように明確に打ち出して、「叢書」の試みへの大方の支持を訴えている。

「今日日新進歩の時勢に於て人々政治法律経済の如き社会に密接の関係ある学問上の智識を蘊蓄するの必要あるは論を俟たず我専門学校こゝに思ふ所あるが故に彼の欧米に行はるゝ『ユニヴルシチー、エキステンション』の制に倣ひ或は講義録を発し或は講筵を地方に開きて斯学の普及を謀れり左ればこの翻訳書出版の挙も世間学生諸氏の便益を計るが為のみにあらず又広く大方士君子に処世の指南車を供給せんが為なり世間活眼篤学の士幸に微意の在る所を酌みてこの挙に賛成せられんことを切望せざる可らず」

要するに、「叢書」は、一九世紀末から二〇世紀初頭にかけての時期のわが国の近代化へ向けての啓蒙的役割を積極的に担う試みでもあった。そして、「叢書」から時代的課題にかかわる翻訳書の刊行が相ついだのも、「叢書」のこのような試みとの関連においてであったにちがいない。一九〇一年、一九〇二年にきびすを接する形で出版された『政治罪悪論』『政治道徳学』は、そのような翻訳書の端的な例としてあげられよう。

実際に、『政治道徳学』の訳者「序」において、沢柳政太郎は、「近時倫理道徳の論盛にして、二三年来は公徳の説亦頗る世の識者の注意を惹くに至れり。まことに喜ふへきことなり。然るに政治上の道徳に関しては其事実其問題は日々吾人の目前に現はれ来るも、従て新聞雑誌には時々論議せらるゝも、未た系統を立てゝ詳論するものあるを聞かす。而して翻て我政治社会の状態を観察すれは洵に云ふに忍ひさるもの多し。これが救済の法二三ならさるへしと雖も政治道徳の観念を明にするか如きは一見迂なるか如くにして反て確実なる方法たるへし。若し此訳書か政治社会の清新に向て一分の貢献する所あらは訳者の満足する所なり[35]」と述べている。ちなみに、沢柳は、この「序」において、この訳書が「叢書」から刊行された経緯に触れて、「今より二年前高田法学博士と談りて本書の訳稿のことに及ふや、博士は切に之を刊行せんことを慫慂せられたり[36]」と付言している。

なお、『政治罪悪論』は、原タイトルは『政治犯罪論』で、政治暗殺、無政府主義、政治的憎悪、政治的偽善、政治的略奪、政治家の腐敗、選挙上の腐敗行為等を論題としているが、原著者のルイ・プロールの意図は、フランソア・ラブレーのつぎのことばを引いて原著を結んでいるところに明らかであろう。「良心なき科学は霊魂を亡し、道徳なき政治は社会を亡ぼす[37]。」

また、『政治道徳学』刊行の翌一九〇三年に刊行された『政府及政党』は、積極的な政党肯定論の立場に立ち、政党現象を事実として考究する必要性を唱え、フランス、イタリア、ドイツ、オーストリア―ハンガリー、スイスの政党政

表5―8 「新早稲田叢書」一覧

刊行書タイトル	原著者	訳者	刊行年
訂正増補　政治汎論	W. ウィルソン	高田早苗	上巻 1916
			下巻 1916
軍国主義政治学	H.v. トライチュケ	浮田和民	上巻 1918
			下巻 1920
欧洲最近外交史	A. ドビドゥール	煙山専太郎	1919
欧洲政治思想史	高橋清吾		1921
法律及経済の文化史的観察	F. ベロルツハイマー	中村萬吉	1922

治の実際を比較検討しているが、四年前にすでに民友社から刊行されていた渡辺為蔵訳『欧洲大陸に於ける政府と政党』にもかかわらず、「叢書」が柴原亀二訳を刊行したのは、当時のわが国で盛行していた政党批判論、政党否定論の迷妄を衝く時代的必要性に導かれてのことであったであろう[38]。

しかし、「叢書」は、すでに触れたように、一九〇九年刊の永井柳太郎訳『英国植民発展史』によって終止符を打った。「叢書」の終焉は、おそらく、一九〇四―〇五年の日露戦争をはさむ時期に早稲田大学出版部が経営不調の事態に直面し、一九〇六年に出版部を大学から分離独立させて、高田早苗の個人事業として継続がはかられることになったことに加えて、この時期における翻訳業の一般的衰微、さらには一九〇七年四月の高田自身の早稲田大学初代学長就任などと関係していたにちがいない[39]。ちなみに、欧米名著の翻訳紹介という役割は、一九〇八年四月に大隈重信を会長とし、浮田和民を編輯部の長として発足した大日本文明協会によって事実上引き継がれたともいえるであろう[40]。

いずれにしても、一九世紀末から二〇世紀初頭にかけての十数年間に、一方においては、二〇世紀のわが国における社会科学の発展への、他方においては、二〇世紀におけるわが国のデモクラシーの発展への、先導車としての役割を演じたところに、時代に刻した「叢書」の特筆大書にあたいする意義があるというべきであろう。

なお、「叢書」の第二期の企画とみられるのが、「新早稲田叢書」であるが、この

「新叢書」は、ウッドロー・ウィルソンの『国家』の改訂版（一八九八年）を底本とした『訂正増補政治汎論』（高田早苗訳、一九一六年）をもって始まり、フリッツ・ベロルツハイマー『法律及経済の文化史的観察』（中村萬吉訳、一九二一年）で終わりを告げた。結局、この「新叢書」から刊行されたのは、**表5—8**に示した五著作[41]のみで、「出版の趣意」も明示しないままでスタートした「新叢書」には、「叢書」へのいわば「補遺」的性格が濃い。

実際問題として、『訂正増補政治汎論』は、「叢書」の第一号であった『政治汎論』の増補改訂版であり、またア・ドビドゥール『欧洲最近外交史』（煙山専太郎訳）は、「叢書」でのア・ドビヅール『今世欧洲外交史』（酒井雄三郎訳）の続編の邦訳である。

注

1　山本利喜雄編『早稲田大学開校・東京専門学校創立廿年紀念録』早稲田学会、一九〇三年、二三六—二三七ページ。

2　同右、二三五ページ。

3　「政治汎論概評」『国家学会雑誌』第九巻第一〇六号、一八九五年一二月、一〇六六ページ。

4　高田早苗「再版政治汎論序」ウッドロオ、ウイルソン『政治汎論』（高田早苗訳）三版、東京専門学校出版部、一八九六年、一—二ページ。

5　同右書巻尾所載の『第三版経済原論』広告文。

6　山本編『早稲田大学開校』巻尾所載の「明治三十五年度経費収支報告」参照。

7　これらの著作の原語での原著者名、原題等は、つぎのとおりである。

Woodrow Wilson, *The State: Elements of Historical and Practical Politics*, 1889.

Alfred Marshall, *Elements of Economics of Industry*, 1892.

Henry W. Wolff, *People's Banks: A Record of Social and Economic Success*, 1893.

Henry Sidgwick, "The Art of Political Economy" in H. Sidgwick, *The Principles of Political Economy*, 2nd ed., 1887.; C. F. Bastable, *The*

Theory of International Trade: With Some of Its Applications to Economic Policy, 1887.

John Neville Keynes, *The Scope and Method of Political Economy*, 1891.

B. C. Skottowe, *A Short History of Parliament*, 1892.

A. V. Dicey, *Introduction to the Study of the Law of the Constitution*, 3rd ed., 1889.

C. F. Bastable, *Public Finance*, 1892.

A. Debidour, *Histoire Diplomatique de l'Europe*, 1891.

Friedrich von Martens, *Völkerrecht: Das Internationale Recht der Civilisirten Nationen*, Erster Band, 1883, Zweiter Band, 1886.

Justin McCarthy, *A History of Our Own Times*, Vol.I, 1887.

Frank J. Goodnow, *Comparative Administrative Law*, 1893.

Michael G. Mulhall, *Industries and Wealth of Nations*, 1896.

Franklin H. Giddings, *Principles of Sociology*, 1896.

Richmond Mayo-Smith, *Statistics and Sociology*, 1895.

Anatole Leroy-Beaulieu, *The Empire of the Tsars and the Russians*, Vol.1, 1893, Vol.2, 1894, Vol.3, 1896.

Louis Proal, *Political Crime*, 1898.

John W. Burgess, *Political Science and Comparative Constitutional Law*, 2 Vols., 1890.

Francis Lieber, *A Manual of Political Ethics*, 2 Vols., 1838.

Wilhelm Windelband, *Geschichte der Philosophie*, 1892.

A. Lawrence Lowell, *Governments and Parties in Continental Europe*, 2 Vols., 1896.

Conrad Bornhak, *Allgemeine Staatslehre*, 1896.

L. L. Price, *A Short History of English Commerce and Industry*, 1900.

Hugh Edward Egerton, *The Origin and Growth of the English Colonies and Their System of Government*, 1902.

8 高田「政治汎論序」前掲4、二―三ページ。

9　井上辰九郎「経済原論例言」アルフレッド、マーシャル『経済原論』（井上辰九郎訳）東京専門学校出版部、一八九六年、六ページ。
10　「原著者より訳者に寄たる書翰」前掲４の三ページ。なお、小松緑（一八六五―一九四二）は、慶応義塾出身で、当時プリンストン大学留学中であった。後に外務省に入り、アメリカ公使館書記官、朝鮮総督府外事局長などを経て、一九一六年に退官。以後外交評論家として活躍し、一九三五年一一月二〇日には、早稲田大学で「伊藤博文公――日本文化の恩人として」という演題で科外講義をおこなっている。高田早苗「学者、著述家としてのウイルソン」『早稲田講演』一九一二年一二月号、一〇八ページ、および早稲田大学大学史編集所編『早稲田大学百年史』第三巻、早稲田大学出版部、一九八七年、一一〇八ページ参照。
11　Leonard Tivey, *Interpretations of British Politics: The Image and the System*, 1988, p.19.
12　井上「経済原論例言」三ページ。
13　R. Gordon Hoxie et al., *A History of the Faculty of Political Science, Columbia University*, 1955, pp.54,257.
14　高田「政治汎論序」一―二ページ。
15　内田満『日本政治学の一源流』早稲田大学出版部、二〇〇〇年、六五―六六ページ。
16　Steven M. Neuse, "Goodnow, Frank Johnson", in Glenn H. Utter and Charles Lockhart, eds., *American Political Scientists: A Dictionary*, 1993, p.102.
17　高野岩三郎「井上学士訳経済原論」『国家学会雑誌』第一〇巻第一一五号、一八九六年九月、一一一〇―一一一一、一一一四ページ。
18　桑木厳翼『哲学概論』東京専門学校出版部、一九〇〇年、緒言一―二ページ。
19　綱島栄一郎『西洋倫理学史』東京専門学校出版部、一九〇二年、緒言一ページ。
20　東京専門学校編輯部「新条約論序」中村進午『新条約論』東京専門学校出版部、一八九七年、四ページ。
21　煙山専太郎『近世無政府主義』東京専門学校出版部、一九〇二年、序言一―二ページ。
22　右書、序言三ページ。
23　原子朗『修辞学の史的研究』早稲田大学出版部、一九九四年、六二ページ。
24　安部磯雄『社会問題解釈法』東京専門学校出版部、一九〇一年、自序二ページ。
25　同右、四五三ページ。

26 巽来治郎『日清戦役外交史』東京専門学校出版部、一九〇二年、凡例一ページ。
27 『東京朝日新聞』一九〇二年八月一三日。
28 山本編『早稲田大学開校』前掲書巻尾所載の「早稲田大学出版部出版図書目録」参照。
29 『早稲田学報』第九五号、一九〇三年一二月、七五五—七五七ページ。また、『東京朝日新聞』一九〇三年一二月五日号参照。
30 『早稲田大学講義録之栞』政治経済科講義第二三号之二、一九一一年所載。
31 絲屋寿雄「『近世無政府主義』解題」煙山専太郎『近世無政府主義』(明治文献資料叢書Ⅲ)明治文献、一九六五年、一四ページ。
32 煙山『近世無政府主義』序言一ページ。
33 山本編『早稲田大学開校』一六五ページ。
34 同右、二三八—二三九ページ。
35 沢柳政太郎「序」フランシス、リーバー『政治道徳学』(沢柳政太郎訳)上巻、東京専門学校出版部、一九〇二年、一ページ。
36 同右、三ページ。
37 ルイ、プロール『政治罪悪論』(松平康国訳)東京専門学校出版部、一九〇一年、三四二ページ。
38 内田満『現代アメリカ政治学—形成期の群像』三嶺書房、一九九七年、六七—六八ページ。
39 内田『日本政治学の一源流』四三—四四ページ。
40 同右、五〇—五二ページ参照。
41 これらのうちの四訳書の原語での原著者名、原題等は、つぎのとおりである。
Woodrow Wilson, *The State: Elements of Historical and Practical Politics*, Revised ed., 1898.
Heinrich von Treitschke, *Politics*, trans. by Blanche Dugdale and Torben de Bille, 2 Vols., 1916.
A. Debidour, *Histoire Diplomatique de l'Europe*, 1919.
Fritz Berolzheimer, *Die Kulturstufen der Rechts-und Wirtschaftsphilosophie*, 1905.
なお、一九一七年度前半期刊行の『早稲田学報』掲載の早稲田大学出版部広告には、「新早稲田叢書」の近刊予定として浮田訳『軍国主義政治学』と並んで、大山郁夫訳のエリネック『国法学』が再三予告されており、また『早稲田学報』一九一七年二月号所載の「本大学出版部の概況」記事中には、「大正六年発行の予定図書」の一冊としてこの本が挙げられているが、結局、この大山訳は出版されないままで終わったものとみられる。おそらく、大山が一九一七年九月に早稲田大学教授を辞職したことと関連するであろう。

第6章　「文明協会叢書」の世界

1　「文明協会叢書」の失われた足跡

一九〇八年に大隈重信を会長として設立された大日本文明協会は、欧米名著の翻訳出版を事業の中心の一つとし、活動の盛期であった一九〇八年から三一年までのほぼ四半世紀の間に、総ページ一三万一八〇〇ページに達する三一五巻を刊行した[1]。この三一五巻の「文明協会叢書」は、まさしく二〇世紀初頭期における欧米の学問の大展示場であり、そこに繰り広げられているのは、知の一大スペクタクルである。実際に、次節以降で明らかにされるように、これらの翻訳書の原著の多くは、当時の最新の話題作であり、またそれぞれの分野での開拓的な著作であったのである。

この名著翻訳の第一期事業が終了し、第二期事業にとりかかるに当たって、一九一五年九月に大隈会長名で発表された声明文が、「顧みれば明治四十一年本会の創設以来歳を閲する七又半、既成の翻訳又編纂書一百二十二巻の多きに達せり。斯くの如き一大叢書の刊行は我邦未曾有の事績にして帝国文運の発達に貢献したる所鮮なからず、其功業は永く我学界に記録せらるべきを疑はず」[2]と述べて、協会が果たしてきた役割について自負するところが大であったのは、異とするに足りない。そして、それから一〇年ほどを経て、創設以来文明協会編輯長の地位にあり、「叢書」での翻訳出版をとりしきってきた浮田和民が、一九一四年から編輯理事として浮田の補佐役を務めてきた宮島新三郎を一九二五年五月から英国留学へ送り出すに当たって寄せた「餞別の辞」において、協会の活動の回顧とともに将来へ向けての抱負をつぎのように語っているところに投影されているのも、なお衰えることのない協会リーダーたちの協会活動への「自負」であろう。

「吾が文明協会も創設以来既に十七星霜を経てゐる。この僅かなる時日に於て吾等の社会或は吾等の思想には急激なる而して多くの更に尚大なる変遷があった。従って本会建設当時に於て進取的にして達識なる故大隈重信侯を会長として吾等の事業が思想界に又は学界に裨益し来ったこの僅少でなかったことは自他共に相許すところのものであったが、然し時移り星変るとともに流れ行く世の思潮を常に導きこれに刺激を与へて行かんとするためには、また吾々の志す趣旨も常に之れに応ずるやら、先駆者となり水先案内とならざるを得なかった。かくの如くにして来った吾等十有七年の間に描き来った足跡を振返るならば、吾等はそこに感慨なきを得ぬのである。……この機に当って吾等の編輯理事としての宮島君が外遊の途にのぼり、欧洲諸文明国の新思潮に接し、而して更に君の蘊蓄を深めかくして帰朝の後以て吾等の思想界或は一般社会上に貢献するところあらしめんとする吾等の事業にまた一新機軸を尽し得るの時の遠き将来にあらざるを思へば、吾等既往の足跡を描き来った者の喜びに堪へぬところである。」[3]

しかし、第二次世界大戦終結をはさむ一九四〇年代半ばの時期に活動停止状態になった文明協会は、それからすでに半世紀余りを経過した今日、「其功業」が、「我学界に記録」されるどころか、その「足跡」もすでに失われてしまった観が強い。実際に、「早稲田叢書」の場合と同様に、「文明協会叢書」も、いまやほとんど「忘れられた」状態の中にあるといっても過言ではなかろう。

「明治維新前後より昭和二十年太平洋戦争終戦時までの政治学関係の著作」の年表として、もっとも網羅的で、また信頼度の高い蠟山政道『日本における近代政治学の発達』に付された「日本近代政治学著作年表略」においても、「文明協会叢書」に向けられている関心は、いちじるしく限定的、断片的であり、この「年表略」に収録されているのは、R・ミヘルス『政党社会学』(森孝三訳)、F・J・C・ハーンショー『岐路に立つデモクラシー』(田制佐重訳)、R・スタイナー＝F・H・ギディングズ『三重組織の国家と責任国家論』(坂本義雄＝塩見清訳)、E・バーカー『輓近英国政治思想論』(小島幸治訳)の四冊にすぎない。

また、この「年表略」には、一九一七年の刊行書として江木衷『理想の憲政』が収録されているが、同年に「叢書」から出たF・J・グッドナウ『憲政の運用』(佐久間秀雄訳)は見当たらないし、一九二三年の刊行書として、G・D・H・コール『ギルド社会主義の理論と政策』(白川威酒訳)が収録されている中で、翌年と翌々年に「叢書」から相ついで刊行されたコールの『社会理想学』(竹内泰訳)、『産業自治論』(浮田和民訳)は、とりあげられていない。さらに、一九二四年の刊行書として、「年表略」には江木翼『比例代表の話』が収録されているが、その翌年に「叢書」から出たJ・F・ウィリアムズ『政治的代表の改革』(一九一八年)、C・シーモアとD・P・フラーリー共著『世界は如何に選挙するか』(一九一八年)をまとめた『比例代表制度論』(井関忠正訳)は落ちている。

それだけではない。一九二〇年代初頭のころから「叢書」によって連続的に刊行された現代政治学の黎明を告げる著作の訳書も、この「年表略」では大半が欠落している。これらの見失われた訳書の中に含まれるのが、G・ウォーラス『大社会』(一九一四年)の邦訳である『社会の心理的解剖』(大鳥居弃三訳)と『われわれの社会的遺産』(一九二一年)の邦訳である『社会伝統論』(岡島亀次郎訳)や、W・リップマン『世論』(一九二二年)の邦訳である『輿論』(中島行一・山崎勉治共訳)、J・K・ポロック『政党選挙資金論』(一九二六年)の邦訳である『政党資金論』(安武貞雄訳)などである。[4]

表6―1　百科事典の中での「文明協会」の欠落

事典	出版社 出版年	「大日本文明協会」 の該当個所の項目	「文明協会」の 該当個所の項目
社会科学大事典	鹿島研究所出版会 1970年	大日本農会 大脳生理学	文明開化 文明批判
グランド現代百科事典	学習研究社 1972～73年	大日本武徳会 大日本紡績	文明開化 文明論之概略
学芸百科事典	旺文社 1977年	大日本婦人会 大日本紡績連合会	文明開化 文明論之概略
世界大百科事典	平凡社 1988年	大日本武徳会 大日本連合青年団	文明開化 文明論之概略
日本大百科全書	小学館 1995年	大日本武徳会 大日本連合青年団	文明開化 文明論之概略

しかし、足跡が失われたのは、「叢書」だけではない。なによりも、大日本文明協会(一九二五年七月に財団法人として改組され、「文明協会」と改称)自体が、今日ではほとんど忘れ去られてしまっているのである。ちなみに、わが国における最近の代表的な百科事典についてみても、「大日本文明協会」あるいは「文明協会」は、項目として立てられていない。これらの百科事典において、「大日本文明協会」が立項された場合に位置すべき個所に立項されているのは、「大日本武徳会」「大日本婦人会」「大日本連合青年団」などであり、また「文明協会」が位置すべき個所に立項されているのは、大半が「文明開化」「文明論之概略」である(**表6―1**参照)。

このような事態に照らして、本章の目的は、「文明協会叢書」の足跡を再確認し、さらに日本の学術、とりわけ政治学の発達に対する「叢書」の寄与を明らかにするところにある。

2　大日本文明協会と「文明協会叢書」

大日本文明協会は、一九〇八年四月三日に設立されたが、それは、大隈重信が進めてきた「文明運動」の延長線上に位置し、この運動の実際上の推進力となるところにその目的があった。創立に当たって、同協会は、その目的を明示してつぎのように宣言したのである。ちなみに、同協会は、大隈を会長とし、評議員に高田早苗、坪内雄蔵、浮田和民の三人の早稲田大学教授のほかに、井上哲次郎、石川千代松、和田垣謙三、上田萬年、松井直吉、真野文二、元良勇次郎の七人の東京帝国大学教授、東京高等師範学校校長・嘉納治五郎、『日本及日本人』主幹・三宅雄二郎を擁していたが、協会の活動をとりしきる編輯長に浮田和民、浮田を補佐する編輯主任に早稲田大学教授・杉山重義が就任し、さらに四年後の一九一二年には、「事業経営上の指導監督」として当時早稲田大学理事・図書館長であった市島謙吉が参画するといったところから明らかなように、協会の活動の中核的部分を担ったのは、早稲田人脈であった[5]。

「乞ふ先づ問はん如何にして大日本文明協会は生れたるか、将に如何なる使命を以て社会に臨まんと欲する乎、所謂『戦後経営』てふ美名の下に雑然たる百般の物質的画策の時に超越して真箇我が大日本帝国六千万民衆の精神的開発を旨とし、此千載一遇の興国的気運に乗じて国民知識の向上進歩に資し、以て東西文明の調和融合を計らんとするものなり[6]。」

このような運動の展開に当たってのキーワードは、「採長補短」であった。大隈は、この点に触れて、「人の長を長なりと認め採って以て己が短を補ふ。惟ふに人間の発達はそこから生まれる」と説き、さらにこう付言している。「国体を讃へるのはよいが、極端の愛国心は時に過に陥ることを忘れてはならない。人間はともすれば自己は何時も善、他人は何時も悪と考へ易いものである。如何なる国家にも正不正は混交して居るのだ。常に比較、以て人の長を採り己れの短を補ふ、国家興隆の所以は手前にあり、それに反すれば直ちに国家衰亡と云ふ運命を逃れないのである[7]。」

文明協会の設立に当たって、編輯長に就任し、事実上協会の活動の中心的担い手としての役割を演じることになった浮田は、それから一〇か月を経た一九〇九年一月には、当時の代表的総合雑誌『太陽』の主幹にも就任し、まさに八面六臂の活動を展開することになるが、浮田が主幹として同年の『太陽』一二月号の巻頭に掲げた論説「東西文明の融合」は、大隈の意を体して文明協会の目的を改めて解説した文章ともいえるであろう。浮田は、ここでこう論じている。

「吾人は東洋の利益を保全し又た世界の文化を増進せんが為め東西文明の間に共通の点ありて必ず調和し得べきことを証明し、又た今後世界人類の一大発展は特に東西文明の融合に在ることを主張せざる可からず。……概して東洋文明の欠典は人格の価値を軽視し其の自由権利に対する深厚の確信なきに在り。されば人格の理想を実在となし、真神となして崇拝する基督教は哲学的に云へば仏教に劣る所ありと雖も倫理的に云へば仏教に優れり、儒教に優れる所大なりとす。故に西洋人が東洋の思想を研究し或は日本の武士道を称讃すればとて東洋人が西洋の宗教及び道徳思想を学ぶの道を怠るが如きは最も迂愚なる浅見短識なりと言はざる可からず。……何れにしても東西文明の融和は世界の文化を一層の高地に進め、人類の幸福に多大の増長を致さんことを知る可きなり[8]」

そして、このような「採長補短」をねらいとしての「東西文明の融和」の中軸的方法として位置づけられたのが、「世界名著の翻訳出版事業」であった。編輯長としてこの活動の中心的役割を担った浮田は、この出版の皮切りとして一九〇八年一〇月に刊行された『欧米人之日本観』上編の巻頭に掲げた「序」において、「大日本文明協会の目的」について、きわめて端的に「最近欧米の最も健全なる思想を代表せる名著を訳述し、以てわが邦人をして世界文化の潮流に接触せしめんと欲するに在り[9]」と述べている。

このようにして、展開された文明協会の旺盛な翻訳出版活動は、まさに刮目すべきものであった。実際に、一九〇八年から三一年までの二三年間の刊行書中に含まれるのは、第一次刊行書(一九〇八―一二年)五一巻、約三万一〇〇〇ページ、第二次刊行書(一九一二―一四年)四八巻、約二万四〇〇〇ページ、第三次刊行書(一九一四―一五年)二四巻、約一万二〇〇〇ページ、第四次刊行書(一九一六―二〇年)六〇巻、約二万五〇〇〇ページ、一九二一年度刊行書、一二巻、約五〇〇〇ページ、精訳叢書(一九二二―二七年)六〇巻、二万五〇〇〇ページ、文明レクチュアー(一九二七―二八年)一二巻、一八〇〇ページ、文明協会ライブラリー(一九二八―三一年)四八巻、約八〇〇〇ページで、総刊行巻数は三二五巻、総ページは一三万一八〇〇ページに達する[10]。

本章では、便宜上これらの刊行書を一括して「文明協会叢書」と呼ぶが、文明協会自身は、この呼称を用いていない。しかし、既に引用した第二期事業の開始に当たって協会が発表した声明文において、自らの活動を「斯くの如き一大叢書の刊行」と位置づけており、「文明協会叢書」の呼称は、単に便宜であるだけでなく、むしろ実態に沿うものでもあろう。

なお、一九三二年以降「叢書」の刊行が途絶えたが、あるいはその理由の一つは、発足当初から文明協会編輯長として「叢書」の牽引車であった浮田が、一九二七年五月に海外留学から帰国した宮島新三郎と編輯長を交代したが、宮島が一九三二年に病に倒れ、三四年二月に死去するという不幸に見舞われたことと関連しているかもしれない。また、編輯主任として当初から浮田の補佐役をつとめ、後に協会理事の任にあった杉山重義は、一九一九年に早稲田実業学校校長、二二年には新設の第二早稲田高等学院長に就任し、さらに二七年一月に病没していたのである[11]。

ところで、「文明協会叢書」は、最新の欧米名著の翻訳紹介を軸とするという点で、「早稲田叢書」と軌を一にしていた。また、編輯の統轄者は、高田早苗から浮田和民に代わったが、事業経営を差配したのは、両叢書を通じて、市島謙吉であった。

しかし、同時に、両叢書の間にはとくに二つの点で大きな違いがあった。違いの一つは、翻訳紹介する学問領域に関連している。「早稲田叢書」においては、当時の東京専門学校において設置されていた学科目との係わりで、主として政治・経済・法律の領域の著書を翻訳のために選択した。これに対して、「文明協会叢書」は、政治、経済から社会、歴史、心理、女性などへ関心領域を大拡張した。わが国の読者に「世界文化の潮流に接触せしめん」とする「叢書」のねらいからして、この拡張は、まず当然のことであったろう。一九一五年九月制定の「大日本文明協会会員募集規定」の第三款は、この点について明快につぎのように記している。

「本会定期刊行物ノ内容ハ我国民日常生活ノ精神的糧食トシテ必須適切ナル世界日進月歩ノ学術的著述ノ翻訳解説又ハ適宜ノ編纂ニ成リ兼ネテ学術上ノ新発明時々生起スル自然現象及ビ重要ナル社会的事件ノ叙述紹介竝ニ文明ノ進歩ニ伴フ百般ノ事実ヲ綜合報道ニ努ムベシ[12]」(傍点内田)

また、浮田は、一九二〇年三月から翌年三月までにわたった外遊から帰国した直後の帰朝報告会で、協会の今後のあり方に関連して「文明協会研究要項私案」を提示したが、ここで挙げられた項目は、政治、経済、社会、教育、国防および外交、人種および宗教、国際聯盟および永久平和であり、このような浮田の問題関心の配置図が、「叢書」からの刊行書の選択に色濃く投影されていたとみてよかろう。ちなみに「社会」に関しての問題の分布状況について、浮田は、こう説明している。

「政治も経済も今は一種の社会問題に外ならず。即ち社会的観察に依らずして政治経済を説くことは已に不可能に属す。而して其中心問題を為すもの是れ即ち労働問題なりとす。今後資本家と労働者との関係如何によりては一国の政治組織も経済制度も改造を必要とする必然危機に接触する事あるべし。欧米諸国は既に其危機に瀕し此数年間に於て如何なる革命を見るやも測り難き形勢に在り、而して或は労働問題の一部をなし、或は更に広き意義の社会問題を為すもの是れ即ち婦人問題なり。今に於て之が研究を為すは必須の事と云はざるべからず。[13]」

「文明協会叢書」と「早稲田叢書」との違いについて指摘すべきもう一つの点は、翻訳書の位置づけについてである。「早稲田叢書」においては、欧米名著の翻訳は、基本的に次善の策であった。この「叢書」の企画に当たって、高田早苗らが緊急の必要事としたのは、「先輩の学者著述を勉むる」ことであり、先進諸外国の名著の翻訳は、この欠を補う当面の「捷径」として位置づけられたのである。これに対して、「文明協会叢書」においては、翻訳は、文明運動の一環であり、恒常的な存在意義をもつべきものとされた。浮田は、この点に関してこう説いている。

「凡そ翻訳といへば先づ国内の文化が外国に及ばぬ間の暫存的事業と仮定することも一理ないではないが、余は世界文明の開発を促がす上に於て翻訳の事業は永久的価値もあるものとして取り扱ひたいのである。何故なれば世界人類の歴史が存する限り一国だけの文明で十分である一国だけの文明が既に完全に達したから、敢て他の刺激若くは啓発を要しないといふ様な時期に達することは殆んど未来永劫あるまじき事と思ふからである。」[14]

浮田のこの議論が展開されているのは、一九二三年の協会の創立一五周年に当たっての回顧の文章の中においてであるが、その八年前の一九一五年一〇月に東京・神田青年会館で開かれた文明協会の第一回学術講演会で、「翻訳書を卑む勿れ」と題して講演したのが、発足当初から評議員・顧問として協会と密接な関係にあった三宅雄二郎(雪嶺)であった。雪嶺は、この講演で「唯翻訳書といふ名の為めに之を軽蔑して居る人が多い。然し実際役に立つ人は翻訳書に依って之を活用してゐるのである。それに折角働ける能力を文字を覚える為めに何年も費して居ると云ふのは不経済極まった話である」と説き、さらに進んで「此文明協会が今外国の書物を翻訳すると云ふのは当分のことであって、行く行くは日本のものをも外国語に翻訳して外国人に其恩沢に浴せしむるやうになりたい[15]」と論じ、双方向での翻訳の意義を力説したのである。ちなみに、雪嶺は、東京大学文学部で高田早苗、有賀長雄、山田一郎、天野為之らの一年あとの卒業であり、坪内雄蔵(逍遙)と同期であった。

3 二〇世紀初頭期欧米の知のスペクタクル

すでに指摘したように、「文明協会叢書」は、「早稲田叢書」と同様に「最近欧米」の名著の翻訳紹介を主要な目的とした。その結果、「早稲田叢書」が一九世紀の八〇年代から九〇年代にかけての欧米の社会科学のフロンティアの情報伝達者としての役割を演じたのに対して、「文明協会叢書」は、二〇世紀初頭期の欧米の学術の新動向の断面図を鮮やかに照射している。「文明協会叢書」三一五巻、一三万八〇〇〇ページが繰り広げているのは、まさに二〇世紀初頭期欧米の「知のスペクタクル」にほかならない。

このような「文明協会叢書」の出版活動において特筆されるべきは、編輯長・浮田が果たした役割である。浮田は、みずから「非常に読書趣味を持って居る人間[16]」であることを自任していたが、この浮田のリーダーシップと卓抜な方向感覚に導かれて、最新の欧米の話題作、学術上の開拓的著作が、やつぎばやに「叢書」で翻訳出版された。とにかく、一九二〇年三月から翌年三月にかけての欧米視察旅行で浮田が訪ねた欧米の学者の顔触れがうつし出しているのは、学問の最新動向への浮田の旺盛な関心であろう。

この視察旅行で三月二二日に天洋丸で横浜港からアメリカへ向かい[17]、四月半ばにロサンゼルスに着いた浮田は、四月一九日に同地の羅日会、熊本県人会、早大校友会主催の歓迎会に臨み、同夜に仏教会ホールで講演をおこない、さらに翌日夕には、日本人商業会議所主催の歓迎晩餐会に出席しているが[18]、その間に浮田は、南カリフォルニア大学でエモリー・S・ボガーダスと面談している。一九一三年に『社会学入門』、一七年に『社会心理学要説』を出し、気鋭の社会学・社会心理学者として注目されていたボガーダスを浮田が訪ねたのは、ボガーダスが、その前年に『アメリカニゼーション要説』を公にしていたからかもしれない。面談のおりに、ボガーダスは、同書を浮田に呈し、「浮田和民教授へ　歓迎の念とともに　E・S・ボガーダス　一九二〇年四月二〇日　南カリフォルニア大学」と記した。

このとき浮田は六〇歳で、一八八二年生まれのボガーダスは三八歳であったが、ロンドンで面談したG・D・H・コールは、一八八九年生まれで、ようやく三一歳であった。浮田は、ロサンゼルスからサンフランシスコ、シカゴを経て、五月一〇日にニューヨークに入り、さらに六月半ばにロンドンに旅装を解いていたのである[19]。浮田は、コールを訪ねたおりのことに触れてこう書いている。

「偶ま欧米を漫遊することになったので、若しロンドンに着いたならば、早速氏に一面識を得んことを期待したが、予期の如く、大正九年十月二十三日早稲田大学校友星島茂君の紹介に依り、コール氏に面会することを得た。対面して先づ驚いたのは、彼れが身長こそ大なれ、殆んど一青年とも云ふ可き若齢のロンドン大学教授であったことである。元来彼は労働問題の権威者であり、之に関する其の知識の具体的にして徹底せること到底門外漢の比に非ずと思ったので、予はコール氏を以て自身に労働の経験もあり、其の実験から発明する所多かったであらうと想像したのであるが、これも実際誤解であった。要するに、英国の少壮学者中には、彼れが如き、頭脳明晰、思想緻密の天才的人物あることを発見し、今更ながら英国社会の進歩せる事と青年教育の効力あることに感心した[20]。」

そして、浮田は、この面談のおりに、その半年ほど前に刊行されていたコールの最近著『社会理論』の翻訳権の許諾を「文明協会叢書」のためにコールからえたのである[21]。

さらに、浮田は、ロンドンで、ハーバード大学講師を辞してロンドン・スクール講師に就任した直後の二七歳のハロルド・J・ラスキに会い[22]、またシドニー・ウェッブともしばしば面談の機会をもったとみられる。ウェッブとの面談については、浮田自身が、政治学講義の中で言及している[23]が、早大商科卒（一九一三年）で当時三井物産ロンドン支店に勤務し、浮田のイギリス各地の視察に同道した藤沢久は、浮田を回想する文章の中でこの点についてこう証言している。「倫敦に到着された先生は倫敦郊外の当時日本人の沢山住んでゐた方面のハムステッドヒース近くの下宿に入られた。倫敦では、先生は英国の政治家や政治学者とあわれ、殊にファビアン協会のシドニー・ウェッブ夫妻とは特に親しく往復して居られた[24]。」

このような浮田の統轄の下で、「文明協会叢書」は、二〇世紀初頭期のわが国における時代の課題に目を凝らしつつ、知のフロンティアを切り拓く牽引車的役割を演じた。そして、このような「叢書」のありようをもっとも典型的に示す刊行書としてあげられるのが、A・トインビー『英国産業革新論』（吉田巳之助訳、一九〇八年）、ウェッブ夫妻共著『国民共済策』（平瀬龍吉訳、一九一四年）、A・シーグフリード『北米合衆国』（藤井新一・藤井千代子共訳、一九三一年）[25]、大日本文明協会編『科学的管理法』（一九一九年）、大日本文明協会編『比例代表制度論』（一九二五年）などであろう。

まず、『英国産業革新論』の原著は、トインビーの没後一年を経た一八八四年に刊行された『一八世紀イギリス産業革命講義』であり、「産業革命」という用語に学術上の市民権を確立した、産業革命論の道標的位置を占めるこの著作の意義については、改めて贅言を要しまい。「叢書」は、この名著を初年度の刊行書の一冊として送り出し、わが国の読者へのトインビー紹介の先導役を演じたのである。

ウェッブ夫妻の『国民共済策』の原題は、『防貧論』で、救貧からさらに進んで貧困問題の根本的解決策を「防貧」に求めるところに主要論点があり、まさに時代の課題に対する挑戦的な問題提起の書であった。要するに、ウェッブ夫妻によれば、「防貧問題の解決を為すに方りて肝要なるは、此等千種萬態なる原因が如何なる工合にて個人若しくは窮困者全体の上に影響を及ぼするものなるやを精査するに存せずして、直接、如何にせば、病苦を軽減し、失業を防止し得べきやの途を講究するに在[26]」ったのである。

ウェッブ夫妻は、この原著が出版された一九一一年に来日し、シドニー・ウェッブは、一〇月五日に早稲田大学で「国民生活の最低限度（Minimum of National Life）」と題する科外講演をおこなった。『早稲田学報』の伝えるところによると、ウェッブは、この講演で「何れの国を問はず其の国民をして生活の最低限度を維持せしめざる可らず、若し此の最低限度を維持せしむること能はざりときは所謂貧民即ち身体上に於いても亦精神上に於いても堕落したる国民を生じて国家の害毒言ふべからざるに至る[27]」と論じたという。おそらくこの講演は、『防貧論』での論旨に沿うものであったにちがいない。『防貧論』の序文は、一九一一年六月の日付で書かれており、ウェッブの早稲田での講演がおこなわれたのは、その四か月後であったのである。

なお、このウェッブ夫妻の来日のおりに、夫妻と数回にわたって面談の機会をもち、またウェッブの早稲田での講演にも列した安部磯雄は、『防貧論』の翻訳権を夫妻から与えられたが、文明協会の求めに応じて、安部は、この翻訳権を協会に譲与した[28]。このようにして、「叢書」から刊行された邦訳『国民共済策』は、トインビーの場合と同様に、わが国の読者に対するウェッブ夫妻の最初の紹介者の役割を演じたのである。

A・シーグフリード『北米合衆国』の原著は、『アメリカ成年期に達す』(一九二七年)である。もっとも、このタイトルは、英語訳のもので、フランス語の原著のタイトルは、『今日のアメリカ』であり、邦訳のタイトルは、この点をも考慮したものであるかもしれない。いずれにしても、この原著は、人種、経済、政治の三つの視点から一九二〇年代アメリカの断面図を照射したもので、一九世紀初頭と一九世紀末のアメリカの「現在」をそれぞれ活写した名著として知られるA・トクヴィル『アメリカの民主政治』(一八三五、四〇年)、J・ブライス『アメリカ共和国』(一八八八年)に比せられる好著として迎えられたが、英語訳を底本とした「叢書」での邦訳は、英語訳出版の四年後にいち早く刊行されたのである。

なお、邦訳に寄せた「序文」で、浮田和民は、「著者は仏国人に相違ないが、其のアメリカ観察は全く人間としての観察であり、その批判は、人間としてのアメリカ人を批判したところに、著者の卓見と美点とが顯はれて居る[29]」と論評しているが、七一歳の浮田の「読書趣味」の持続とともに卓抜な方位感覚には、目を見張らざるをえない。また、「叢書」での邦訳刊行からちょうど一〇年を経た一九四一年に原著のフランス語版と英訳版の邦訳が相ついで刊行された。『現代のアメリカ』(木下半治訳、青木書店)と『アメリカ成年期に達す』(神近市子訳、那珂書店)である[30]。

時代の課題にいっそう直接的に関連するのが、『科学的管理法』と『比例代表制度論』である。

「科学的管理法」は、一九一一年刊のフレデリック・W・テイラー『科学的管理法原理』によって、新しい経営の手法として時代の脚光を浴びた。そして、「科学的管理法の生みの親[31]」としてのテイラーやその仲間としてのヘンリー・L・ガントやフランク・B・ギルブレスらの議論を軸に、能率と節約の原理の上に立ち、「総べての無駄を省いて傭主と被備者とに最大の利益を与へること[32]」を目的とする科学的管理法についての、わが国での最初の総合的情報提供者の役を演じたのが、「叢書」の『科学的管理法』であった。大日本文明協会名での「例言」は、この編者の意図と内容についてこう述べている。

「本書は、此の『科学的管理法』に就ての普通知識を、広く一般人士に頒たんが為め編輯したものである。従って第一篇には先づ其歴史として、管理法の意義、賃金問題管理法原則の由来、斯道大家の略伝及び管理法採用の会社工場等を挙げ、読者に管理法の大体を鳥瞰図的に知悉せしめ、次に第二篇に進み、初めて管理法其ものゝ内容に就き、一々問答体を以て解説したのであるが、是は主としてギルブレス氏に拠ったものである。尚ほ第三篇には、管理法に関聯せる事項として、テーラー博士の請負法と、ガント氏の工場経営法の梗概を併録した[33]。」

さらに、『比例代表制度論』は、「英国の選挙制度、主として比例代表制度の現状と由来とを説明し、同時に将来の理想的代議制の創出を提唱」するイギリスの政治学者J・フィッシャー・ウィリアムズの『政治的代表の改革』(一九一八年)と「主なる欧洲各国に於ける選挙の実状を縷説し、その沿革をも史的実事に即して細論」しているアメリカの政治学者チャールズ・シーモアとドナルド・P・フラーリーの共著『世界は如何に選挙するか』(一九一八年)の抄訳から成り立つ[34]が、刊行は、普通選挙法案が衆議院に上程される一週間前であった。この刊行書は、欧州諸国の選挙の制度と実際の理解に資するとともに、代表制について問題を提起するという意図をもっていたにちがいない。

他方で、学問の新しい動きを伝える「叢書」刊行書の端的な例としては、一九一三年五月、一二月に相ついで出版されたエドワード・A・ロス『社会統制論』(高橋正熊訳)とレスター・F・ウォード『応用社会学』(伊藤輔利・葛西又次郎共訳)が挙げられよう[35]。「社会秩序の基礎について社会心理学に基づいた一般社会学理論の発展を試みた」「永続的な重要性をもつ[36]」業績と評されるロスの原著が出版されたのは、一八六六年生まれのロスが三五歳であった一九〇一年のことである。そして、邦訳が出版されたちょうどその年に、四七歳のロスは、アメリカ社会学会の第五代会長に就任した。

また、「社会による社会の意識的改良についての論考」という副題をもち、「改良は、知識の増加に依りて保障せらるゝこと能はず、唯知識の社会化に依りてのみ保障せらるべき[37]」とする見地に立つウォードの原著の出版は一九〇六年で、ウォードがアメリカ社会学会初代会長に在任中のことである。

「早稲田叢書」での『社会学』の邦訳によって、一九〇〇年にいち早くわが国に紹介されていたフランクリン・H・ギディングズ（アメリカ社会学会第三代会長）とともに、ウォード、ロスは、いずれも「アメリカ社会学創設の父[38]」とみなされている。要するに、「文明協会叢書」が導入したのは、「早稲田叢書」のあとをうけて、草創期アメリカ社会学の牽引車的担い手たちの最新の社会学であったのである。ちなみに、文明協会は、『応用社会学』の邦訳の許諾を求める文書を一九一三年三月三一日付けでウォードに送ったが、この文書がウォードの手もとに届くのと相前後する四月一八日に、ウォードは没した。この訃報とともに遺族による邦訳の許諾を連絡してきたのが、ウォードの甥に当たるロスであり、ウォード没後八か月で出版された邦訳は、ウォードの霊前に捧げられた[39]。

ところで、ロスはまた、「社会心理学」というタイトルをもった最初の著作『社会心理学』（一九〇八年）の著者としても知られているが、「文明協会叢書」のもう一つの特徴として注目にあたいするのは、心理学への積極的な関心であろう。ロスの『社会統制論』にしても、社会心理学の領域における研究であったし、また、浮田が、一九二〇年の欧米視察旅行の際、ロサンゼルスでE・S・ボガーダスを訪ねたのも、このような関心に導かれてのことであったにちがいない。とにかく、「叢書」には、ル・ボンの四著作の邦訳『民族発展の心理』（前田長太訳、一九一〇年）、『群衆心理』（大山郁夫訳、一九一〇年）、『革命の心理』（前田長太訳、一九一四年）、『欧洲大戦の心理的教訓』（川合貞一訳、一九一七年）とともに、ハブロック・エリス『夢の心理』（大鳥居弃三・田制佐重共訳、一九一四年）、ウィリアム・マクドゥーガル『聚団心理』（宮沢末男訳、一九二五年）など、邦訳タイトル中に「心理」を含む刊行書が一五冊含まれているのである。

「文明協会叢書」について特筆にあたいするさらにもう一つの点は、女性問題関連の邦訳書が目立つことであろう。

浮田が、一九二一年三月に欧米視察旅行から帰国した直後の帰朝報告会で提出した「文明協会研究要項私案」において「婦人問題」の研究を「必須の事」として挙げたことについては、すでに2節で触れたが、それよりおよそ一〇年前に出した『社会と人生』（一九一二年）において、浮田は、女性問題のポイントについてこう論じている。

「倫理学上男子にも人格ある如く女子にも人格がある、今日の家族は果して妻の人格を十分に認めて居るかと云ふ事が問題となる。倫理上から観察して人間と人間との関係は人格の自由、人格の尊厳を認めて交際せねば人間の関係ではない、……近頃云ふ所の婦人解放論、是は危険思想と視做されて居りますが併し従来の習慣は婦人を侮辱し婦人を奴隷にしたと云ふ所から斯う云ふ解放論が家族倫理問題の第一着に起るのである。[40]」

おそらくこのような浮田の問題関心を反映してのことであろう。「叢書」には、スウェーデンの指導的女性解放論者エレン・ケイの『婦人運動[41]』（原田実訳、一九一八年）をはじめとして、女性問題を直接の主題とした七冊の刊行書が含まれているのである。

4　「文明協会叢書」の中の現代政治学

このようにして、「文明協会叢書」は、まさに「百般」の問題についての欧米の最新知の導入において挑戦的な役割を演じたが、この文脈で、二〇世紀初頭期に欧米、とりわけアメリカとイギリスで発展してきた新しい政治学に向けた「叢書」の関心も、なみなみではなかった。実際に、「叢書」は、現代政治学のわが国への導入に当たって、いわば果敢な辺境開拓者の役割を演じ、二〇世紀初頭期に欧米で発展してきた新しい政治学の開拓的著作を相ついで翻訳紹介したのである。これらの著作の中でとりわけ注目にあたいするのは、**表6―2**に示した一〇冊[42]

表6―2 「文明協会叢書」の中の現代政治学

邦訳書タイトル	原著者	訳者	邦訳刊行年
政党社会学	ローベルト・ミヘルス	森 孝三	1913
憲政の運用	フランク・J. グッドナウ	佐久間秀雄	1917
世界の変遷と労働	ロバート・M. マッキーバー	田制佐重	1921
社会の心理的解剖	グレイアム・ウォーラス	大鳥居弃三	1921
輿論	ウォルター・リップマン	中島行一 山崎勉治	1923
社会理想学	G. D. H. コール	竹内 泰	1924
輓近英国政治思想論	アーネスト・バーカー	小島幸治	1924
産業自治論	G. D. H. コール	浮田和民	1925
社会伝統論	グレイアム・ウォーラス	岡島亀次郎	1925
政党資金論	ジェームズ・K. ポロック	安武貞雄	1930

であろう。

まず、ローベルト・ミヘルスの政党組織の実証的分析をふまえた「少数者支配の鉄則」の提起で知られる『政党社会学』は、今日では社会科学の古典の一冊としての評価が確立しているが、『現代デモクラシーにおける政党の社会学へ向けて――集団生活の少数者支配の傾向に関する研究』という原題の原著が出版されたのは、一九一一年である。「文明協会叢書」の邦訳（森孝三訳）はその二年後の一九一三年一〇月にいち早く刊行された。この邦訳が、イタリア語訳、フランス語訳につぐもっとも早い外国語訳の一つであったという事実は、『政党社会学』という簡素・卓抜な邦訳タイトルとあわせて刮目にあたいしよう。英語訳がでたのは、「叢書」訳に二年おくれた一九一五年のことで、ミヘルスは英訳書に寄せた序文で、「叢書」訳に触れてこう述べている。

「この英語訳は、イタリア語版を底本にしている。このイタリア語版の準備段階で、私は、先のドイツ語版についての論評を参考にすることができた。また、この英語版のための重ねての修正の機会が、最近出版されたフランス語訳と日本語訳に対する批評によっても与えられた。[43]」

フランク・J・グッドナウ『憲政の運用』（佐久間秀雄訳）は、一九一七年に刊行された。原著の『立憲政治原理』の刊行は、前年の一九一六年であるから、『政党社会学』の場合と同様に、すばやい訳出出版には目を見張らされる。この著作は、邦訳のタイトルが示しているように、アメリカ、イギリス、カナダ、オーストラリア等の国々における立憲政治の制度と実際を叙述し、「立憲政治の主要点」を明らかにすることを目的としたが、そこに投影されているのは、二〇世紀初頭期のアメリカで発展した「生きた現実」に視座を設定する新しい政治学のリーダーの一人であったグッドナウの「政治学観」にほかならない。グッドナウは、こう論じている。

「成文憲法は、一つの文書の中に宣言された政治運営の提案された計画にすぎない。それは、かならずしも国の政治の実際の姿を示さない。それは、ゲームのルールに似ている。もし、実際におこなわれるゲームが、ルールに沿っておこなわれなければ、宣言されたルールによっては、おこなわれているゲームがどんなものか正確にはわからない。同様に、成文憲法の下で生活し活動している人々が、ルールに従って政治ゲームを演じているのであれば、成文憲法は、実際の政治システムがどんなものかについてまずまずの理解を与えよう。しかし、もし人々が政治ゲームをこのように演じない場合、政治研究者は、政治システムを知ろうとすれば、政治ゲームが実際にどのように演じられているかに目を向けなければならない[44]。」

ところで、グッドナウの著作は、すでに「早稲田叢書」によって『比較行政法』が、早稲田大学出版部の小叢書「早稲田小篇」によって『市制論』が、それぞれ一九〇〇年、一九〇二年に邦訳され、紹介されていた。『憲政の運用』は、グッドナウの著作の三冊目の邦訳であったのである。これに対して、ロバート・M・マッキーバー『世界の変遷と労働』(田制佐重訳、一九二一年)は、マッキーバーの三七歳の時の著作『変動する社会における労働』(一九一九年)の邦訳で、マッキーバーは、この「叢書」訳によってわが国の読者にはじめて紹介された。当時スコットランドのアバディーン大学教授であったマッキーバーが、多元主義の代表的論客として広く知られるようになるのは、トロント大学教授を経て、一九二七年にコロンビア大学教授に就任してからのことである。

この著作でのマッキーバーの主論点は、労資両階級間の闘争の激化という時代的文脈において、協働的な生産制度を提起するところにあったが、この邦訳に続いて一九二〇年代半ばに「叢書」から相ついで邦訳が刊行されたG・D・H・コールの二著『社会理想学』(竹内泰訳、一九二四年)、『産業自治論』(浮田和民訳、一九二五年)とアーネスト・バーカー『輓近英国政治思想論』(小島幸治訳、一九二四年)は、マッキーバーの著作と共通の時代的文脈の所産であったとみてよかろう。また、三人は、いずれもオックスフォード大学の出身であった。

『社会理想学』の原著は、『社会理論』(一九二〇年)であるが、その目的は、邦訳に寄せた「序」で浮田が指摘しているように、「現在既成の社会を説明するのではなく、寧ろ既成の社会組織を批評し、その欠点を指摘し、社会組織をして今日よりも、一層人格の理想と自由とに適応する新社会組織を招来[45]」させることの緊要性を説くところにあった。邦訳が、『社会理想学』のタイトルをもつ所以である。邦訳されたコールのもう一冊『産業自治論』の原著は、『産業における自治』(一九一七年)で、『社会理論』の三年前に刊行された。コールは、ここではより直截的にギルド社会主義に基づく「現代資本主義組織の社会の改造」による「真の自由主義の社会の実現」を主張しているが、コールの議論の核心は、コールが同書をつぎのように結んでいるところに明快であろう。

「社会にとっての真の問題は、産業が上からの専制的な統制の方針に沿って発展を続けるべきか、あるいは産業専制がナショナル・ギルドの産業デモクラシーによってとって代わられるべきか、である。ギルド主義者たちがいますぐ取り組むべき政策はまた、労働組合主義がいますぐ取り組むべき政策でもあろう。というのは、実戦の現場には他のいかなる民主的産業政策もないからであり、労働組合主義は、建設的な産業政策で武装しないかぎり滅びるほかないのである[46]。」

アーネスト・バーカー『輓近英国政治思想論』の原著は、『イギリスの政治思想――ハーバート・スペンサーから今日まで』(一九一五年)であり、一九世紀半ばから二〇世紀初頭に至る時期のイギリス政治思想を概観しているが、そこにうつし出されているのは、マッキーバーやコールの議論の背景となっている「時代」の影である。しばしば引用される同書の一節「もし、われわれが現在、個人主義者であるとしても、われわれは、団体的個人主義者である。われわれの『個人』は、集団になりつつある。われわれは、もはや個人対国家を書かない。われわれが書くのは、集団対国家である」[47]には、まさしくこの「時代」の影が色濃い。

これらのマッキーバー、コール、バーカーの著作の「叢書」訳の刊行とほぼ同時期に「叢書」から刊行されたのが、同じくイギリスの政治学者であったグレイアム・ウォーラスの二著の邦訳『社会の心理的解剖』(大鳥居弃三訳、一九二一年)と『社会伝統論』(岡島亀次郎訳、一九二五年)である。それぞれ『大社会——心理学的分析』(一九一四年)、『われわれの社会的遺産』(一九二一年)を原著とするこれらの二冊は、一九〇八年刊の『政治における人間性』とあわせてウォーラスの「社会心理三部作」を構成するものとされ、政治学への社会心理学的手法の導入における先駆的業績としての位置を占め、制度の分析から人間の分析への視座の転換を主張する新しい政治学の先導的役割を担った。

ところで、ウォーラスは、一九一〇年春に客員教授としてハーバード大学に招かれ、政治学のセミナーを担当したが、このセミナーに参加した七人の学生の一人がハーバード卒業前の最後の学期を迎えていたウォルター・リップマンである。その四年後に刊行された『大社会』は、このセミナーでウォーラスが展開した議論をもとにしていたが、セミナーを通じてリップマンの俊才ぶりに注目したウォーラスは、『大社会』の序文をリップマンあての手紙の形式で書いた。そして、ウォーラスは、この序文を「この本は、一九一〇年の春に私がハーバードに滞在していたとき、貴君が参加したあの討論科目の題材を発展させています」と書き出し、「私は、この本をいま貴君に送呈します。貴君の友人みなが待ち望んでいる貴著『政治学序説』の続編を貴君が書くときに、なんらかのお役に立つだろうと期待してです」と結んだのである[48]。

ウォーラスのこの期待に応える形で、その八年後にリップマンが世に問うたのが、『世論』(一九二二年)であった。「叢書」から一九二三年一〇月三〇日の日付で刊行された『輿論』(中島行一・山崎勉治共訳)は、その邦訳である。

『世論』は、ウォーラスのひそみに倣い、社会心理学的視座から世論の非合理性を照射し、従来の「全能的市民」像を前提にした人間観に支えられた近代デモクラシー論を脱却して、現実主義的人間観の上に立つデモクラシーの再構想を提起しているが、それは、まさしく「大社会におけるデモクラシーの研究[49]」であった。リップマンと同年同月(一八八九年九月)生まれのG・D・H・コールが、ほぼ同時期にイギリスにおける労働組合の台頭を軸とする顕著な社会的・政治的変動のただ中に立って、ギルド社会主義に基づくデモクラシーの再構想を試みたのに対して、リップマンは、アメリカにおける社会の大規模化、都市化、マス・デモクラシーの進行といった時代の文脈の中で、現代デモクラシーのありようを模索したのである。

さらに、ジェームズ・K・ポロック『政党資金論』(安武貞雄訳、一九三〇年)の原著は、『政党選挙運動資金論』(一九二六年)で、二八歳のポロックの処女作であった。ポロックは、この著作において政治資金の実態を実証的に検討し、さらに進んで政治資金を多数の小口献金者に広く求め、資金の収支状況を公開するといった政治資金改革についての先駆的な提案をおこなっており、同書は、今日アメリカ政治学における政治資金研究の開拓的業績としての位置を占める。

また、「文明協会編輯部」名で一九三〇年三月二五日の日付で書かれている「叢書」訳の「序」には、「目下我が国に於いて選挙革正の叫ばるゝ時、本書の公刊が識者の参考の一部となり併せて一助とならば撰者の最も幸とする処[50]」とあるが、この訳書が、第二回普通選挙(一九三〇年二月二〇日)がおこなわれた直後の時期に刊行されたところに、文明協会の意図がみてとれよう。しかし、同時にこの邦訳は、わが国政治学に対する政治資金研究への問題提起の意味をもつものでもあったのである。

このようにして「叢書」が取り組んできた二〇世紀初頭期の欧米における新しい政治学の翻訳紹介について、とくに二つの点が特筆にあたいしよう。

表6—3 原著刊行と訳書刊行の間隔

邦訳書タイトル	原著刊行年	原著刊行から邦訳刊行までの年数
政党社会学	1911	2
憲政の運用	1916	1
世界の変遷と労働	1919	2
社会の心理的解剖	1914	7
輿論	1922	1
社会理想学	1920	4
輓近英国政治思想論	1915	9
産業自治論	1919	6
社会伝統論	1921	4
政党資金論	1926	4

一つは、「早稲田叢書」の場合と同じように、原著刊行から邦訳刊行までの間隔が、きわめて短いことである。この間隔の短さという点では、「文明協会叢書」の政治学以外の分野の邦訳の場合も、異ならない。すでに触れたように、ウェッブ夫妻共著『国民共済策』とA・シーグフリード『北米合衆国』の「叢書」訳の刊行は、原著刊行のそれぞれ三年後、四年後であったのである。政治学関係の一〇冊の原著の刊行と「叢書」訳刊行の間隔は、**表6—3**のとおりであるが、『憲政の運用』と『輿論』の場合には、この間隔がわずかに一年であり、『政党社会学』と『世界の変遷と労働』の場合にも、この間隔が二年にすぎないということは、むしろ驚異とすべきであろう。しかも、『輿論』は、一九二三年一〇月三〇日の日付で刊行されたが、実際は、九月刊行の予定であったのが、「震災の関係上十月に上梓するの余儀なきに至った[51]」のであるという。

なお、関東大震災の影響で刊行がおくれたもう一冊が、一九二四年三月二〇日刊の『社会理想学』であった。竹内泰の同書訳稿に朱を入れた浮田は、訳書に寄せた「序」でこの点に触れて、こう書いている。

「翻訳は去年の初夏既に完成し居たので、予は之を茅ヶ崎に携へゆき、一応訂正し畢りて九月一日午前此の序文を草しつゝある際に、俄然大地震ひ、家屋倒壊し、予も訳稿も一時下敷になったが、共に無事なるを得たのは幸運であった。去り乍ら昨年の中に刊行さるべきものが予期に反して今年今日に至り、漸やく世に出づるを得たのは偏に会員諸君の御寛恕を希ふ所である。[52]」

「文明協会叢書」による新しい政治学の導入について特筆にあたいするもう一つの点は、翻訳紹介のための選書に当たっての的確な知の方向感覚にほかならない。たしかに、政治学関係の一〇冊の原著の八人の著者のうち、グッドナウ、ウォーラス、バーカーの三人は、邦訳刊行時すでに学界の内外で著名な存在であった。グッドナウは、前にも言及したように、「早稲田叢書」「早稲田小篇」によって一九世紀から二〇世紀への世紀をまたぐ時期にわが国の読者にいち早く紹介されていたが、それらの邦訳が刊行されてからまもない一九〇三年末から一九〇五年にかけてアメリカ政治学会初代会長をつとめ、さらに「文明協会叢書」での邦訳刊行当時は、ジョンズ・ホプキンズ大学総長（一九一四年就任）の地位にあった。また、ウォーラスは、一八九五年に設立されたロンドン・スクールの初代政治学教授であり、バーカーは、一九二〇年にロンドンのキングズ・カレッジ学長に就任していた。

結局、これらの三人は、「叢書」での邦訳刊行時に五〇歳代ないし六〇歳代であり、すでに政治学の学問上・制度上のリーダーとしての地位を確立していたのである。

表6―4 「文明協会叢書」の政治学関係原著者の生没年

原著者名	生没年
グレイアム・ウォーラス	1858 － 1932
フランク・J. グッドナウ	1859 － 1939
アーネスト・バーカー	1874 － 1960
ローベルト・ミヘルス	1876 － 1936
ロバート・M. マッキーバー	1882 － 1970
ウォルター・リップマン	1889 － 1974
G. D. H. コール	1889 － 1959
ジェームズ・K. ポロック	1898 － 1968

これに対して、他の五人の原著者たちは、「叢書」での邦訳刊行時にいずれも三〇歳代であった（表6―4参照）。しかし、二〇世紀の進行する中で、これらの「新進」たちは、急速に頭角を現し、『政党社会学』と『輿論』は、社会科学の古典としての評価を享受するに至り、またコールは、一九五〇年にイギリス政治学会が設立されたとき、イギリス政治学界においてバーカーと並んで「二人の大御所」と目される存在であった[53]。さらに、マッキーバーは、一九四〇年にアメリカ社会学会の第三〇代会長に推され、ポロックは、一九五〇年から

五一年にかけてアメリカ政治学会の第四五代会長の役割を担い、続いて一九五五年から五八年にかけては、世界各国の政治学会の連合組織としての世界政治学会の第三代会長をつとめた。

要するに、「文明協会叢書」は、二〇世紀前半期の欧米政治学の新しい流れの旗手たちの著作を刊行の直後に、まだ評価の定まらない時点でいち早くその価値をとらえ、わが国の読者に紹介したのであり、同時に、これらの邦訳の刊行は、大正期のわが国政治学のありように対する挑戦的な問題提起をも意味したのである。

5 「常識の大学」「社会の大学」への試み

ところで、二〇世紀初頭期の欧米で発展しつつあった新しい学問の積極的な伝達者の役割を演じた「文明協会叢書」にとって象徴的なのは、『欧米人之日本観』をもって刊行開始したのが、一九〇八年であったことである。

まず、政治学の発達史上、一九〇八年は、新しい政治学としての現代政治学の出発点を画すアーサー・F・ベントレーの『政治の過程』とグレイアム・ウォーラスの『政治における人間性』が、相ついで刊行された年であった。ベントレーが、それまでの政治学は「政治制度のもっとも外面的な特徴についての形式的研究」であり、結局「死んだ政治学」にすぎないと断じ[54]、またウォーラスが、それまでの政治学は「制度の分析」を事としていて、「人間の分析」を避けていると難じ[55]、二人が、相呼応するかのように、政治の生きた現実に視座を設定した新しい政治学を提起したのは、これらの著作においてであったのである。

一九〇八年はまた、3節でみたように、「文明協会叢書」で翻訳紹介された『社会統制論』の原著者E・A・ロスが、『社会心理学』というタイトルをもった最初の著作を公刊した年でもあった[56]。同書の序文で、ロスは、先駆者としてのみずからの役割に触れながら、こう書いている。

「社会心理学の分野は新しいし、私が大胆にも試みてきた幾百もの解釈、推論、概括などの中で、多くのものが、結局、間違いだということになるかもしれない。もちろん、私は、どれが間違っているかがわかれば、それらを消去しよう。もし、もう少し時間をかけて調べれば、それらの間違いをみつけることができるというのであれば、私は、本書をさしひかえよう。しかし、私は、誰の助けもなしに、私の能力の限りで社会心理学を推し進めてきたのであり、本書の公刊をおくらせても、うるところは何もない。よいものと悪いものを選別し、生産高を一〇〇倍にもさせる方向へ向けての議論を刺激することを期待して、私の考察の結果を研究仲間たちに引き渡すべき時がきたのである[57]」。

アーネスト・バーカーは、『輓近英国政治思想論』として「文明協会叢書」で翻訳紹介された『イギリスの政治思想――ハーバート・スペンサーから今日まで』を、「一八四八年という年は、一九世紀の不思議の年 (annus mirabilis) であった[58]」と書き出した。当時、ヨーロッパ大陸全体が、新しい国づくりと新しい憲法制定に生みの苦しみを経験していたし、J・S・ミルの『経済学原理』が公刊されたのも、この年であったからである。バーカーはまた、『政治論』(一九四五年)において、一八四八年から七〇年ほどさかのぼる一七七六年をも政治思想上の「不思議の年」と目した[59]。なによりもこの年は、アメリカの独立宣言が発せられ、トマス・ペインの『コモン・センス』が公にされ、またアダム・スミスの『国富論』、ジェレミー・ベンサムの『政治論断章』が刊行された年であったからである。

このバーカーのひそみに倣えば、一八四八年から六〇年を経た一九〇八年を「知の不思議の年」と呼ぶことも、あながち適切を欠くものではあるまい。「文明協会叢書」は、そのような知の時代的文脈の中に投じられたのである。ちなみに、早稲田の関係では、都市政治研究の開拓的著作としての安部磯雄の『応用市政論』が刊行されたのは、大日本文明協会設立の二日後の一九〇八年四月五日であった。

しかし、「文明協会叢書」は、単に新しい学問動向の紹介・導入のみをねらいとしたわけではない。「叢書」が同時にねらいとしたのは、同時代の社会・政治・文化の動向と時の問題についての広く一般市民の理解に資することであった。

一九一五年までの七年間に、第一期事業として一二三巻にのぼる翻訳書あるいは編纂書を刊行し、さらに第二期事業にとりかかるに当たって、会長名で発表された文明協会の声明文は、このことに触れて、「大日本文明協会は即ち現に社会に活動せる人士を刺戟鼓舞し之に社会生活上必須の精神的糧食を補充供給することを其任となす。本会の職能完きを得んか以て国民精神の疲弊を防遏するを得べく、以て社会の文化を助長するを得べく、其結果は個性の拡張と国家の隆盛とを来し、世界の文明を進め人類永遠の幸福を齎すべし。此意味に於て本会は実際の大学、常識の大学、国民の大学乃至社会の大学なり[60]」と述べ、その活動のねらいを明確に打ち出している。そして、一九一五年九月に制定された「大日本文明協会会員募集規定」が、協会刊行書の特徴についてつぎのように示しているところに、「叢書」のねらいをさらに端的にうかがうことができよう[61]。

本会定期刊行物ハ通俗ヲ旨トシ実質ニ重キヲ置キ且ツ成ルベク説明ヲ補フニ興味アル挿画ヲ以テシ実益ト趣味トノ満足ヲ期ス其特徴左ノ如シ

(一)平易簡明ニシテ常識的ナルコト
(二)現代生活ヲ本位トセル実際的ナルコト
(三)学校家庭及青年ニ必須ノ修養的ナルコト
(四)穏健着実ニシテ専ラ学術的ナルコト
(五)精選セル純原料的ナルコト

このような意味で典型的な例の一つが、『憲政の運用』であろう。「叢書」訳の原著は、原著者のグッドナウが中国政府の法律顧問として中国に滞在中であった一九一三年から一四年にかけての時期に北京大学においておこなった講義に基づいており、「立憲政治の意味についてまったく不案内の国民に、立憲政治の問題について講述するという目的をもって準備された」ものである[62]ために、わが国の一般読者にとっても立憲政治の理解にとっての好個の手掛かりを提供するものと考えられたのである。「大日本文明協会」名で書かれている「叢書」訳の「例言」は、こう記している。

「本書は憲政の要旨を何人にも分る様に、理論よりも寧ろ実際の運用に就いて説き示したものである。我国の如きは憲政を布きて既に数十年を経たるに拘らず、世人はその何たるかを知らず、政治は政治家に一任し、彼等の弄ぶに任せて置く有様であるとは実に遺憾なことと言はねばならぬ。其を思へば本書は我国の社会に極めて必要且つ適切なものである[63]。」

同様にして、J・F・ウィリアムズ『政治的代表の改革』とC・シーモアとD・P・フラーリー共著『世界は如何に選挙するか』の二著の抄訳から成り立つ『比例代表制度論』に「大日本文明協会」名で付された「例言」が、「我国に於ても多年の懸案であり、国民多数の輿論でもあった普通選挙の問題が議会に上提されつゝある際に、欧洲文明国に多く採用さるゝ比例代表制度の内容を知り、彼此相併せて得失を知ることは極めて意味あることでなければならない」とし、さらに「吾々は本書に依って、欧洲諸国の選挙の実状を知り、我国普選制度に対する何等かの知識を与ふるものとなり得れば幸である」と述べている[64]のも、文明協会の「叢書」のねらいと連動してのことにちがいない。

要するに、「文明協会叢書」は、大正デモクラシー期の市民のためのデモクラシーへの道案内の試みでもあったのである。その意味で、「叢書」まさしく「常識の大学」「社会の大学」であった。

注

1 文明協会編『財団法人文明協会三十年誌』文明協会、一九三八年、一六—一九、六六—六七、二二三—二二六ページ。

2 同右、二〇ページ。

3 同右、一六二―一六三ページ。
4 「日本近代政治学著作年表略」蝋山政道『日本における近代政治学の発達』実業之日本社、一九四九年、三九〇―四〇一ページ参照。
5 文明協会編『文明協会三十年誌』一、九、一〇ページ。
6 同右、九ページ。
7 同右、二、四ページ。
8 浮田和民「東西文明の融合」『太陽』第一五巻第一六号、一九〇九年一二月、二、八、九ページ。
9 浮田「序」大日本文明協会編『欧米人之日本観』上編、大日本文明協会、一九〇八年、一ページ。
10 文明協会編『文明協会三十年誌』一六―一九、六六―六七、二二三―二二六ページ。
11 同右、一六一、一六四、二五四ページ参照。
12 「大日本文明協会会員募集規定」アルトゥール・クリステンゼン『群衆と政治』(佐久間秀雄訳)大日本文明協会事務所、一九一六年、巻尾所載。
13 文明協会編『文明協会三十年誌』四九―五〇ページ。
14 浮田「十五年の回顧」『文明協会講演集』大正一二年度第四、一九二三年四月、三ページ。
15 文明協会編『文明協会三十年誌』三四―三五、三六ページ。
16 同右、三八ページ。
17 『早稲田学報』第三〇二号、一九二〇年四月。
18 『早稲田学報』第三〇四号、一九二〇年六月。
19 『早稲田学報』第三〇五号、一九二〇年七月。
20 浮田「序」G・D・H・コール『社会理想学』(竹内泰訳)大日本文明協会事務所、一九二四年、一―二ページ。なお、星島茂は、早稲田大学大学部商科一九一五年卒。
21 「例言」『社会理想学』一ページ。

22 内田満『日本政治学の一源流』早稲田大学出版部、二〇〇〇年、五六―五七ページ参照。

23 浮田『最新政治学』早稲田大学出版部、一九二三年、二六七ページ。

24 藤沢久「文化人としての浮田先生」故浮田和民先生追懐録編纂委員会編『浮田和民先生追懐録』故浮田和民先生追懐録編纂委員会、一九四八年、二一一ページ。ちなみに、滞英中の浮田を囲んで、一九二〇年一〇月一二日にロンドンの東洋館で早大倫敦会が開かれた。出席者は、藤沢久、星島茂をはじめとする一〇人で、その中には、大阪朝日新聞記者で当時ロンドン・スクールに留学中であった緒方竹虎（専門部政治経済科一九一一年卒）の名もある。『早稲田学報』第三一〇号、一九二〇年一二月。

25 これらの三著の原語での原著者名、原題等は、つぎのとおりである。

Arnold Toynbee, *Lectures on the Industrial Revolution of the Eighteenth Century in England*, 1884.

Sidney and Beatrice Webb, *The Prevention of Destitution*, 1911.

André Siegfried, *America Comes of Age*, trans. H. H. Hemming and Doris Hemming, 1927.

26 ウェッブ夫妻共著『国民共済策』（平瀬龍吉訳）大日本文明協会事務所、一九一四年、一一―一二ページ。

27 『早稲田学報』第二〇一号、一九一一年一一月、六ページ。

28 『国民共済策』に寄せた安部磯雄「序」二ページおよび大日本文明協会「例言」二ページ参照。

29 浮田「邦訳序文」アンドレ・シーグフリード『北米合衆国』（藤井新一・藤井千代子共訳）文明協会、一九三一年、二ページ。

30 内田満『現代政治学を読む』三嶺書房、一九八四年、一〇―一二ページ参照。

31 Fritz Morstein Marx, ed., *Elements of Public Administration*, 2nd ed., 1959, p.390.

32 大日本文明協会編『科学的管理法』大日本文明協会事務所、一九一九年に付された大日本文明協会名の「例言」三ページ。

33 同右「例言」四ページ。

34 大日本文明協会編『比例代表制度論』大日本文明協会事務所、一九二五年に付された大日本文明協会名の「例言」一ページ。また、抄訳した二著の原著者名、原題等は、つぎのとおりである。

J. Fisher Williams, *The Reform of Political Representation*, 1918.

Charles Seymour and Donald Paige Frary, *How the World Votes: The Story of Democratic Development in Elections*, 1918.

35 これらの二著の原著者名、原題等は、つぎのとおりである。
Edward Alsworth Ross, *Social Control: A Survey of the Foundations of Order*, 1901.
Lester F. Ward, *Applied Sociology: A Treatise on the Conscious Improvement of Society by Society*, 1906.

36 レスター・F・ウォード『応用社会学』(葛西又次郎・伊藤輔利共訳)大日本文明協会事務所、一九一三年、「原序」三ページ。

37 Martin Bulmer, *The Chicago School of Sociology: Intsitutionalization, Diversity, and the Rise of Sociological Research*, 1984, p.10.

38 M. Bulmer, *op. cit.*, p.8.

39 『応用社会学』に付された大日本文明協会名の「例言」一—三ページ参照。

40 浮田『社会と人生』北文館、一九一二年、三四八—三四九ページ。

41 原著者名、原題等は、つぎのとおりである。
Ellen Key, *The Woman Movement*, trans. Mamah Bouton Borthwick, 1912.

42 これらの一〇冊の原著者名、原題等は、つぎのとおりである。
Robert Michels, *Zur Soziologie des Parteiwesens in der Modernen Demokratie*, 1911.
Frank J. Goodnow, *Principles of Costitutional Government*, 1916.
Robert M. MacIver, *Labor in the Changing World*, 1919.
Graham Wallas, *The Great Society: A Psychological Analysis*, 1914.
Walter Lippmann, *Public Opinion*, 1922.
G. D. H. Cole, *Social Theory*, 1920.
Ernest Barker, *Political Thought in England from Herbert Spencer to the Present Day*, 1915.
G. D. H. Cole, *Self-Government in Industry*, 1917.
Graham Wallas, *Our Social Heritage*, 1921.
James K. Pollock, *Party Campaign Funds*, 1926.

43 Robert Michels, *Political Parties: A Sociological Study of the Oligarchical Tendencies of Modern Democracy*, trans. Eden and Cedar

Paul, 1915, p.vii.

44 Frank J. Goodnow, *Principles of Constitutional Government*, 1916, p.11.

45 浮田「序」『社会理想学』三ページ。

46 G. D. H. Cole, *Self-Government in Industry*, 5th ed., 1920, p.283.

47 Ernest Barker, *Political Thought in England from Herbert Spencer to the Present Day*, 1915, p.181.

48 内田満『現代アメリカ政治学―形成期の群像』三嶺書房、一九九七年、一四九―一五一ページ参照。

49 同右、一五二―一五三ページ参照。

50 ジェームズ・K・ポロック『政党資金論』(安武貞雄訳)文明協会、一九三〇年、文明協会編輯部「序」。

51 ウォルター・リップマン『輿論』(中島行一・山崎勉治共訳)大日本文明協会事務所、一九二三年、「例言」三ページ。

52 浮田「序」『社会理想学』七―八ページ。

53 Wilfrid Harrison, "The Early Years of Political Studies", in F. F. Ridley, ed., *Studies in Politics,: Essays to Mark the 25th Anniversary of the Political Studies Association*, 1975, p.186.

54 Arthur F. Bentley, *The Process of Government: A Study of Social Pressures*, 1908, p.162.

55 Graham Wallas, *Human Nature in Politics*, 1948 (originally published, 1908), p.37.

56 See Evron M. Kirkpatrick, "The Impact of the Behavioral Approach on Traditional Political Science", in Austin Ranney, ed., *Essays on the Behavioral Study of Politics*, 1962, p.12, n.19.

57 Edward Alsworth Ross, *Social Psychology: An Outline and Source Book*, 1908, p.vii.

58 E. Barker, *op. cit.*, p.7. なお、「文明協会叢書」訳では、この部分が省略されている。

59 E. Barker, *Essays on Government*, 2nd ed., 1951, p.121.

60 文明協会編『文明協会三十年誌』二一ページ。

61 「大日本文明協会会員募集規定」『群衆と政治』巻尾所載。

62 F. J. Goodnow, *op. cit.*, Author's Preface.

63 フランク・J・グッドナウ『憲政の運用』(佐久間秀雄訳)大日本文明協会事務所、一九一七年、「例言」一ページ。

64 大日本文明協会編『比例代表制度論』「例言」一—二、三ページ。

第7章　草創期早稲田の評論雑誌

1　東京専門学校とジャーナリズム

東京専門学校時代の草創期早稲田を特徴づけた一つは、学術的情報とともに政治的・社会的知見の学外への積極的な提供の試みであった。

高田早苗のリーダーシップの下で、東京専門学校出版部から一八九五年に刊行開始となった「早稲田叢書」にしても、「世間学生諸氏の便宜を計る」ためだけでなく、「広く大方士君子に処世の指南車を供給」するところにそのねらいの一つがあったのであり[1]、講義録の公刊や全国各地への巡回講話の企てもまた、いずれも東京専門学校の「ユニヴァーシテー、エキステンション」の試みの一環であったのである[2]。実際に、当時の早稲田において、「大学拡張」「高等学術普及事業」は、ごく日常的な用語であったといっていい[3]。

しかも、草創期早稲田の学外への発信の活動は、これらの「早稲田叢書の刊行」「講義録の公刊」「巡回講筵の実施」にとどまらなかった。同時に注目すべきは、当時の東京専門学校スタッフのジャーナリズムでの活躍である。ここでの代表的存在もまた高田であり、高田は、一八八七年八月一日に二七歳で『読売新聞』の主筆制度確立後の初代主筆に就任したが、九〇年一二月に主筆を辞するまでの三年半の間に数百篇を数える論説を『読売』紙上に発表した。これらの論説の中に含まれるのが、それぞれ市民のための「国会入門」「憲法入門」「選挙法入門」としての性格をもつ「国会問答」「通俗大日本帝国憲法註釈」「衆議院議員選挙法講義」にほかならない。「国会問答」は、国会開設に三年先立つ一八八七年一〇月一日から七三回にわたって、「通俗大日本帝国憲法註釈」は、大日本帝国憲法発布の三日後の八九年二月一四日から三五回にわたって、さらに「衆議院議員選挙法講義」は、第一回総選挙が実施される半年前の九〇年一月一一日から一〇回にわたって、それぞれ連載された[4]。

さらに、当時『読売新聞』では、坪内逍遙も、一八八七年以来客員として、八九年一二月からは文学主筆として、読売文芸欄を主宰して小説、文芸評論の執筆に当たり、「文学新聞」としての『読売』の評価を確立させた[5]。また、政治記者として高田の配下で活躍した一人が、東京専門学校出身(八九年邦語政治科卒)の並木覚太郎である[6]。そして、第一回総選挙当選で多忙の高田を補佐するため九〇年一〇月に主筆補佐となり、九一年一月には、高田に代わって主筆に就任したのが、高田と東京大学同窓で、東京専門学校においても高田と肝胆相照らす関係の同僚であった市島謙吉(春城)であった[7]。

ちなみに、『中央学術雑誌』(第二次)第一〇号(一八九三年二月二〇日)は、「東京専門学校と慶応義塾及ひ帝国大学」と題する社説を掲げ、「日本の首府に、堂々たる大学三箇あり、帝国大学と、慶応義塾及ひ東京専門学校是なり」として、三「大学」を比較してその優劣を検討し、三大学のあり方を論じているが、その中で、ジャーナリズムでの三大学卒業生の活躍ぶりをつぎのように観察しているのが、興味深い。なお、引用文中「専門学校」とあるのは東京専門学校を、また「大学」とあるのは、一八八六年の帝国大学令によって帝国大学と改称された東京大学を、それぞれ指している。

更に眼を転して、全国の輿論を左右する所の、新聞雑誌社会を観察せんか、此社会は蓋し専門学校派の彌漫する所なる可く、府下大新聞と称するもの、何れの社も一二人の卒業生を需用せさるはなく、又地方の新聞社其主筆若くは補助に卒業生を見さるの府県なし、記者の数殆んと百人に余れりと云ふ、然れとも、地方新聞に到れは、主筆たるもの多きも、府下大新聞社員たるものには、補助又は探訪に従事するもの多し、是れ未た卒業生の年齢若きか故と知る可し、大学出身の士は専ら新聞記者に身を委ぬるもの少なしと雖も、彼等の文章は、新聞雑誌上に貴重せらるゝ材料なり、是れ地方の読者が、議論よりは寧ろ、肩書を貴ぶの傾きあるより、自ら此風を来せしに由る可しと雖も、兎も角、間接には新聞雑誌社会に於ける非常の勢力たるを疑はす、慶応義塾々友に至っては、記者に聘されて流浪するもの又新聞社を創始するもの尠なからすと雖も、他の二者に及はさるか如し[8]

いずれにせよ、一九世紀末における東京専門学校スタッフのジャーナリズムでの活動は、全国紙や地方紙での活動にとどまってはいなかった。かれらのジャーナリズムでの活動は、進んで自ら評論雑誌を起こすことによって、さらに積極的に展開されたのである。これらの雑誌の中に含まれるのが、『中央学術雑誌』(第一次)『専門学会雑誌』『日本理財雑誌』『憲法雑誌』『公友雑誌』『同攻会雑誌』『中央学術雑誌』(第二次)『中央時論』であり、これらの評論雑誌は、二つの流れに大別される。一方は、『中央学術雑誌』(第一次)から、『同攻会雑誌』『中央学術雑誌』(第二次)『中央時論』へと続くもので、他方は、『専門学会雑誌』『日本

表7—1　東京専門学校関係評論誌

誌名	発刊日	終刊日	総号数
中央学術雑誌(第1次)	1885年3月10日	1887年11月30日	59
専門学会雑誌	1888年10月25日	1889年8月1日	10
日本理財雑誌	1889年2月6日	1889年12月20日	22
講壇改進憲法雑誌	1889年2月17日	1889年11月13日	23
公友雑誌	1890年4月5日	1890年4月25日	2
同攻会雑誌	1891年3月27日	1892年3月15日	12
中央学術雑誌(第2次)	1892年5月15日	1893年11月30日	23
中央時論	1894年3月28日	1896年8月20日	27

理財雑誌』『憲法雑誌』『公友雑誌』の流れである（表７―１参照）。

2　『中央学術雑誌』と『同攻会雑誌』

第一の流れに属する四誌は、さらに時期的に先立つ二誌と後続の二誌とに分けられる。草創期早稲田の最初の評論雑誌として登場したのは、『中央学術雑誌』であった。この雑誌は、一八八四年の五月二五日に発会式をあげた同攻会[9]の内部機関誌としての性格をもち、創刊号が送り出されたのは、翌八五年三月一〇日である。

発行母体としての同攻会は、「東京専門学校講師得業生学生其他東京専門学校ニ縁故アル法理文三学篤志ノ人々」を会員とし、「会員互ニ知識ヲ交換シ学術ヲ攻究シ永ク友誼ヲ保持スル」ことを目的として組織され、その目的達成のための事業の一つとして、「雑誌発兌」が掲げられた[10]。こうして「発兌」されたのが『中央学術雑誌』であり、会員諸氏「研磨ノ論説及ヒ記事等ヲ掲載」するものとされ、創刊号には、天野為之「李氏地代論」、磯部醇「民間法典」、小野梓「利学入門」、坪内雄蔵「仮作物語の変遷」、宗方文三「日本族制論」、楢崎俊夫「万国仲裁協会ヲ評ス」の六編の論説と、せぽん氏経済論「経済上快楽痛苦ノ尺度ヲ論ス」（前橋孝義訳）、すぺんさあ、うはるぽうる「外交機関論」（高田早苗訳）の翻訳二編が掲載された。これらの執筆者・翻訳者中の天野、磯部、小野、坪内、前橋、高田は、いずれも当時東京専門学校講師で、宗方、楢崎（山沢）は、前年七月にそれぞれ法律学科、政治経済学科を卒業した東京専門学校第一回得業生であった。

寄稿者が東京専門学校講師と卒業生を中心としていたのは、雑誌の成り立ちからして当然であり、創刊号から二か月後の五月一〇日に出た第五号の場合、講師の小野梓、坪内雄蔵、磯部醇によるそれぞれの論説「教育論」「仮作物語の変遷（接第二号）」「民間法典（接第一号）」と並んで、卒業生岸小三郎の論説「輿論記者ニ答フ」と板屋確太郎の翻訳「スペンサー、ワルポール著英国王室ノ特例及議院ノ特権ヲ論ス（接前々号）」が掲載されている。岸と板屋はともに、法律学科の第一回得業生であった。

しかし、『中央学術雑誌』が、「内部機関誌」として同攻会の外側に対してまったく門を閉ざしていたわけではない。『中央学術雑誌』は、ときに島田三郎「歴史ノ効用」（第二号）、三宅雄二郎「近世哲学」（第四六号）、末松謙澄「ケンブリッチ大学ノ景況」（第五五号）など外部の論客の論説を掲げ、またときに外部の論客との論争の舞台にもなった。高田早苗は、『中央学術雑誌』創刊のころを回顧しながら、自らが同誌上で坪内雄蔵『書生気質』や柴四朗『佳人の奇遇』などについての批評を試み、「我国に於ける西洋風の批評の元祖」としての役割を果たしたことに言及し、さらにつぎのように述べているところにうかがわれるのは、当時のわが国の知識層の間での『中央学術雑誌』の位置であろう。

「田口卯吉君の『日本開化小史』をも批評した処が、田口君がそれを反駁し、又私も黙って居ないで論戦を闘はした事もあった。又其の誌上に私が基督教の事を論じて、いろいろな点から、エス・キリストを批評した処、後に宣教師中の学者として名声が高く、且つ人物としても頗る立派な人と言はれた植村正久君が、私を訪ねて来て大いに議論した事がある。[11]」

ところで、『中央学術雑誌』は、「当分ノ内毎月十日廿五日ノ両度ヲ以テ発行定日トナス」と定められ、一八八七年七月二五日発行の第五五号に至るまでの三年四か月の間、発行が見送られた一八八七年四月を除き、定期的に刊行された。ところが、第五六号が一〇日おくれで八月二〇日に発行されてから刊行日が乱れだし、九月一五日に刊行された第五八号から二か月半ぶりの一一月三〇日に刊行された第五九号は、「本誌ハ従来毎月二回ノ発兌ナリシカ爾後改メテ一回トナス蓋シ学術ニ関スル雑誌ハ新聞紙ノ如ク日常ノ出来事ヲ網羅スルノ目的ニアラサルカ故ニ徒ラニ刊行ノ度数ヲ多クセンヨリハ寧ロ緊要ナル学説ヲ精撰スルヲ必要ナリト信スレハナリ」との「稟告」を掲げた。しかし、この新しい刊行方針は、結局現実化されることなく、『中央学術雑誌』は、この第五九号以後刊行が途絶えてしまう。

そして、それから三年半を経て『中央学術雑誌』の流れをくむ雑誌が創刊された。一八九一年三月二七日に第一号がでた『同攻会雑誌』である。この新雑誌もまた、同攻会の機関雑誌として刊行されたのであり、当初は、「発売ヲ禁シ雑誌会員ニ頒布スルモノ」とされ、雑誌会員は、「東京専門学校職員、卒業生、学生、校外生、及其紹介ニ係ル者」に限られていた。また、「掲載種目」を「政治、法律、理財、文学ニ関スル学問上ノ論説、批評、質問応答、随録、翻訳及ヒ記事」としたのは、『中央学術雑誌』が、「雑誌掲載ノ事柄」を「論説、批評、講義、翻訳、雑録、記事」としていたのにほぼ対応するであろうし、発行を「毎月一回十五日」としたのも、『中央学術雑誌』が最終刊となった第五九号で月二回刊を爾後月一回刊に改めると「稟告」した方針に沿うものであろう[12]。

さらに、『中央学術雑誌』の編輯人は、第一号から第四九号までが楢崎（山沢）俊夫、第五〇号以降が利光孫太郎（一八八六年邦語政治科卒）であったが、『同攻会雑誌』の「発行兼編輯者」をつとめたのも、山沢俊夫であった。ちなみに、山沢は、『同攻会雑誌』第一号の巻頭に掲げた「発行ノ趣旨」において、雑誌刊行の意義に触れてつぎのように述べているが、ここで示唆されているのは、同攻会機関誌としての『中央学術雑誌』と『同攻会雑誌』の連続性にほかなるまい。

「我同攻会ノ目的ハ、会員相互ノ研究ニ由リ、伎倆ノ発達ヲ期スルニ在リ、即チ先ツ学校ノ専門科ヲ修メテ骨格ヲ構へ、更ニ本会ノ研究ニ由テ筋肉ヲ着クルナリ、蓋シ本会運動ノ重ナルモノ三アリ、第一文庫ノ設置、第二演説討論会ノ開設、第三学術雑誌ノ発刊トス、其第一第二ノ運動ハ、在京者ナラサレハ之レヲ共ニスヘカラス、唯夕第三ナル雑誌ニ至ッテハ、各地ニ索居スルモ、共ニ研究スルヲ得ヘシ、是レ雑誌発刊ノ必要ナル所以ナリ、来レ有志諸君、請フ来ッテ紙上ニ於テ辯難攻究セヨ[13]」。

そして『中央学術雑誌』の場合と同様に、同攻会の雑誌会員は、「相互研究ノ趣旨ニ基キ原稿ノ寄送ハ勿論本誌掲載ノ論説以下ニ向テ批評ノ労ヲ執ラレタシ」と要請され、『同攻会雑誌』第一号には、天野為之「経済上ノ良将校ハ誰ゾ」、織田一「政事ヲ論セントスル者ハ行政学ヲ研修セサルヘカラス」、坪内雄蔵「新体詩のことに就きて思ふしを」、斎藤和太郎「社会と交友」、小山愛治「法律の標準」の五編の論説が掲載された。執筆者のうち、天野、織田、坪内は、東京専門学校講師であったが、斎藤は、東京専門学校の第一回得業生(一八八四年政治経済科卒)であり、小山は、同誌刊行の二年前の一八八九年邦語法律科の卒業であった。

しかし、同時に、『中央学術雑誌』の場合と同様に、寄稿者が雑誌会員だけに限られていたわけではない。そのような会員外からの寄稿の例としてあげられるのが、それぞれ第五号(一八九一年七月一五日)、第七号(九一年九月一五日)に掲載された田口卯吉「内地雑居論」と島田三郎「欧亜に於ける露国の事情」であろう。ちなみに、これらの論説は、一八九一年五月二四日に同攻会の創立七周年を記念して開かれた「第七紀念会」に来賓として招かれた田口、島田がおこなった講演の速記を起こしたものである[14]。

ところで、『同攻会雑誌』は、第九号(九一年一一月一五日)まで定期的に発行されてきたところで、「来十二月発兌第十号ヲ機トシ編輯担任者ヲ増加シテ紙面ノ改良ヲ期ス」と広告し、九年間の海外留学から帰国し、一八九一年から東京専門学校講師に就任していた大石熊吉郎(熊吉)が、九二年一月刊行の第一〇号から新たに編輯主任の任についた[15]。しかし、この体制で刊行されたのは、第一二号(九二年三月一五日)までの三号であった。

この『同攻会雑誌』第一二号は、巻頭に「同攻会雑誌之一周年」と題する論説を掲げ、「読者諸君の厚意と、先輩諸君の誘導とに由り、我儕は恙なく一周年を旅し来れり、既に一周年を送る是れ一里塚に達せるなり、即ち我同攻会の目的に近づく更に一里を増したるなり」と論じて、さらなる発展を期し、また従来は「専ら同攻会雑誌会員に頒布する」としていた頒布の範囲は、この号から「本誌は広く発売頒布するものにして何人たりとも講読することを得[16]」と改められたのである。それにもかかわらず『同攻会雑誌』のその後の号は、発行されなかった。そして、この『同攻会雑誌』の後継誌として、同誌第一二号発行から二か月を経た一八九二年五月一五日に『中央学術雑誌』が創刊された。『中央学術雑誌』第一号には、「同攻会雑誌局」名でつぎのような「同攻会雑誌の読者に告く」の広告が掲載されている。

「同攻会雑誌は這般休刊することに決定仕候に付ては従前講読せられたる方にして代金御払込に相成居る分は中央学術雑誌社と約束し本誌に代へ中央学術雑誌を配達する事に取定め候間此段及御通知候[17]」

3　『中央学術雑誌』(第二次)と『中央時論』

このようにしておこなわれた『同攻会雑誌』から『中央学術雑誌』(第二次)への移行の主要なねらいは、おそらく、従来『中央学術雑誌』(第一次)と『同攻会雑誌』が同攻会の内部機関誌としての活動においてきた重心を、より対外的活動の方向に移動させ、より広範な読者層を対象とする評論誌への脱皮をはかるところにあったであろう。『中央学術雑誌』(第二次)第一号の巻頭の社説「発行の辞」は、この点に触れてこう記している。

「同攻会雑誌は、同攻会の目的を達せん為め、去歳三月、初号を発行して、学術雑誌界に立ちて以来、号を重ぬる十有二、殊に本年一月、第十号よりは、体裁を改良し、紙面を拡張し、頓に其勢力を加へたり、然れとも、其名称、同攻会雑誌たるを以て、其実、全く学術上の論説記事を掲くるに拘はらず、往々世人の為め、単に同攻会の記事等のみを載するものゝ如く、誤認せられ、従て、大家の起稿せられたる、卓説高論も、或は、汎く天下に、紹介するを得さるの傾きありき、是れ雑誌の編纂に従ふものゝ、常に遺憾とする所にして、早晩一歩を進めんとするの機会を待てり、然るに今や、維持委員の補助あり、外、読者の増加あり、基礎漸く鞏固を致したるを以て、茲に、雑誌委員は議を決して、中央学術雑誌と改題し、以て大いに雑誌界に雄飛せんとするの策を採れり[18]」

ところで、この『中央学術雑誌』は、前節で検討した、一八八七年一一月まで刊行された雑誌と名称を同じくしているが、この「発行の辞」は、今回の『中央学術雑誌』(ここでは第二次と呼ぶ)は、かつての『中央学術雑誌』(ここでは第一次と呼ぶ)の「再興なりと看認む可ら」ざるものであり、「彼と此とは同名なるも異物なり」と宣言している。しかし、『中央学術雑誌』(第一次)の中心の一人であり、また『同攻会雑誌』の「発行兼編輯者」であった山沢俊夫が、今回の『中央学術雑誌』でも「印刷人」として名前を出しているところからもうかがわれるように、編集刊行の母体の点での『中央学術雑誌』(第一次)、『同攻会雑誌』、『中央学術雑誌』(第二次)の連続性は、否むべくもない。

そして、寄稿者もまた、東京専門学校関係者を中心としていた。第一号に掲載されている論説の主なものは、高田早苗「新議会の性質」、天野為之「地租と農民との関係」、井上辰九郎「農業銀行論」、斎藤和太郎「本邦地租の性質」、小山愛治「法典の改正に就て」、中里真喜司「海関税の歴史一班」であるが、東京専門学校講師であった高田、天野、井上のほかの寄稿者三人は、いずれも東京専門学校の卒業生であり、同攻会活動の中心的担い手であった。ちなみに、すでに触れたように、斎藤は、東京専門学校第一回得業生、小山は、第六回得業生であり、中里は、小山と同年(一八八九年)の邦語行政科の卒業である。

注目にあたいするのは、この『中央学術雑誌』(第二次)が、一般の好評と期待によって迎えられたとみられることである。同誌第二号の伝えるところによると、第一号に対する批評を掲載した新聞雑誌には、『東京新報』『亜細亜』『信濃毎日新聞』『越佐新聞』『芸備日々新聞』『信府日報』『近江新報』『鹿児島新聞』『学の友』『早稲田文学』『東京日々新聞』『国民の友』『国民新聞』『読売新聞』『徳島日々新聞』など全国各地の紙誌が含まれるという。その中で『東京新報』『越佐新聞』『読売新聞』の論評は、つぎのようなものであった。

『東京新報』「早稲田を中心として集ひし若殿原は其同攻会雑誌をば第十二号より面目を変して中央学術雑誌となし以て政治法律理財文学に関する論説記事を掲載せんとす一見するに後来有望の雑誌なり」

『越佐新聞』「中央学術雑誌本月十五日を以て早稲田の閑郷に生る本誌は東京専門学校講師及ひ同校に関係ある

人々の執筆する所にして都門幾多の紅塵を避け緑樹森々たる早稲田の幽郷に在て学理の薀奥を研鑽す是れ早稲田大学の特有する所なり今此雑誌の発行を見る其学術雑誌界を蹂躍高歩する遠きに非さる可し」

『読売新聞』「早稲田の辺陬快天地あり曩に同攻会雑誌を発刊して政治法律理財文学等に関する名論卓説を紹介し来りしか今や又其名を改めて中央学術雑誌と題し去る十五日其第一号を発刊せり……諸氏の論文を始め文苑雑録学海時評寄書雑録等生気紙面に溢れさるはなく真に是れ当代の学術社会に一大光彩を添へたるものと云ふ可し」[19]

その後、『中央学術雑誌』(第二次)は、加藤弘之「学問と経験」(第四号、一八九二年八月一五日)、尾崎行雄「気節」(第八号、九二年一二月二〇日)、尾崎行雄「自殺論」(第二巻第四号、九三年四月二〇日)など、随時東京専門学校関係者以外の論者の論説をも掲載し、評論誌としての社会的地歩を固めた。その中で、第八号は、「幸にも読者の増加により益々拡張の気運に向ひたれは廿六年一月より進んで数多き改良を施こし以て早稲田学派の気焔を世に吐かんとす」との「社告」を載せ[20]、さらに一八九三年八月一五日刊の第二巻第八号(通巻第一六号)から月二回(一五日、三〇日)刊となり、活動をいっそう活発化させた。ところが、それから四か月も経たない一一月三〇日に発行された第二巻第一五号(通巻第二三号)で、『中央学術雑誌』(第二次)は、無念の廃刊に追い込まれることになる。この号に掲載された記事が、「学術の範囲」外にわたるという理由で、第二巻第一二号、第一三号、第一四号に続いて新聞紙条例違反に問われ、発行禁止となったからである。

後継誌としての『中央時論』第二号(一八九四年四月三〇日)に掲載された中央学術雑誌社名のつぎのような「稟告」は、この間の事情を明確に伝えている。

「中央学術雑誌第十二十三十四号記載事項は学術の範囲を超過せりとて警視庁の告発する所となり本社発行人小山愛治は東京地方裁判所内麹町区裁判所に召喚せられ昨十二月十二日公判開廷となりしか小山氏は当時札幌に

旅行し居り闕席の儘裁判を受け尚ほ故障申立により本年一月十五日公判開廷の上遂に新聞紙条例違反に問はれ罰金五円に処せられたり
警視庁は右を以て足れりとせす仝年十一月三十日発兌第十五号を以て学術の範囲を超ふるものと認め十二月十三日発行差止の命を下せり当時十六号の原稿已に印刷所に在り半は刷り上けとなりし日なりしも已を得す発行を差止め為めに読者に対し其望を空ふせしめたる是れ記者の不注意より生せし所茲に謹て謝す
然るに今般中央学会に於て中央時論を発行するの挙あり主義亦同しきを以て本社は在来の得意を同会に引渡すことに約定し本誌の代り中央時論を頒布す読者諸君よ本社か永く諸君の恩顧に背きたるを咎めす中央時論を愛すること一層の深からんことを希望に耐えす[21]」

このような背景で創刊された『中央時論』の第一号は、『中央学術雑誌』(第二次)の最終号から四か月を経た一八九四年三月二八日に発行された。この号の巻頭に掲げられた発刊の辞「本誌の発行に就て」は、「中央時論の生れ出つる、豈故なからんや、去れは今改めて発行の目的を言明するを要せす、読者の既に、第二中央学術雑誌以上を通読せしもの丶、熟知する所なる信す」とし、『中央学術雑誌』(第二次)の方針を継承して、「風雨雨霆の之を害するなき限り、切磋として其発育を務め、以て政治法律理財等諸学に亘る、社会有用の学理を一般に普及せしめ、実際に応用して、人心を内部より、振作興起」する試みに取り組むことを宣言した[22]。

ところで、『中央時論』発行の母体として、「雑誌ヲ発行シテ会員ニ頒布」することを事業の第一として設立されたのが、中央学会であるが、「中央学会規則」は、会員の範囲を『中央学術雑誌』(第二次)発行の際の趣旨をさらに発展させて、「本会ノ目的ヲ賛成スルモノハ転任ニテモ入会スルヲ得」と定め[23]、この限りにおいて、『中央時論』は、東京専門学校の「内部機関誌」的性格を脱却したといえるであろう。しかし、「発起者」に名を連ねたのは、田原栄、斎藤和太郎、山沢俊夫、小山愛治、増田義一であり[24]、加えて、『中央時論』の第一号から第一八号までは、発行人が小山愛治、印刷人が山沢俊夫、編輯人が増田義一、第一九号以降は、発行兼編輯人が小山愛治、印刷人が山沢俊夫であり、刊行の主要な担い手の点での、『中央学術雑誌』（第一次）、『同攻会雑誌』『中央学術雑誌』（第二次）との連続性は、否むべくもない。そして、第一号は、東京専門学校講師の高田早苗、天野為之、水野錬太郎と一八九三年邦語政治科卒で、編輯人の増田義一ら東京専門学校関係者の論説を掲げて刊行されたのである。

いずれにしても、『中央時論』は、その後一般評論誌としての実を高め、東京専門学校関係者外の執筆者の論説を積極的に掲げるようになる。それらの論説の中に含まれるのが、田口卯吉「財政意見」（第九号、一八九四年一二月）、田中正造「予算と勝算」（同上号）、尾崎行雄「健全なる心身」（第一三号、一八九五年六月一〇日）、島田三郎「日本の位置」（第一四号、九五年七月一五日）、徳富猪一郎「遼東半島を所有するの利益」（第一五号、九五年八月五日）などである。

他方で、『中央時論』もまた、発刊まもなくのころから「幾度か法の問ふ所[25]」となる。まず、一八九四年一〇月二〇日発行の第七号掲載の記事が、「学術上の範囲外」にわたるとされて、新聞紙条例違反を問われ、編輯人増田義一が罰金五円に処された[26]。ついで翌九五年一月三〇日発行の第一〇号が、「政府は発議権を有す、議会も之を有す、日本国民は、すべて法律案提出の権を有するなり」とし、進んで「議員発案の条件」を提示した社説「発議権を論ず」と、当時の時代の課題であった国立銀行の私立銀行への移行の延期論を駁し、「延期論者は国立銀行の利益のみに眩惑して国家の利益を顧慮せざるは痛歎せざるを得ず」と論断した増田義一の論説「国立銀行問題」の二編によって、再び新聞紙条例違反を問われ、編輯人増田は罰金五円、さらに雑誌は発行差止めの処分を受け、翌月号を休刊するのやむなきに至った[27]。

このような困難を乗り越えて、『中央時論』は、その後継続してほぼ定期的に発行されたが、発刊からおよそ二年半を経た一八九六年八月二〇日発行の第二七号で終刊となった。その理由は、一つには、経費上の問題であり、他の一つは、第一九号以降発行人と編輯人を兼ねていた小山愛治の多忙であったとされる[28]。

4 『憲法雑誌』『日本理財雑誌』の系列

『中央学術雑誌』(第一次)から『中央時論』に至る四種の雑誌の基本的性格は、いずれも東京専門学校教職員、学生、卒業生を主たる読者対象とする「内部機関誌」であるところにあった。たしかに、3節で触れたように、『中央学術雑誌』(第二次)からは、「内部機関誌」的性格からの脱却を目指す動きが強まり、その後に続く『中央時論』は、さらに積極的に読者対象を東京専門学校関係者外により広く求め、「国民ノ道徳元気ヲ発揚[29]」することを目標に掲げた。しかし、この『中央時論』にしても、同時に「早稲田ノ動静ハ特ニ詳報[30]」することに注意を払い、「東京専門学校得業証書授与式の報告」「東京専門学校試験問題」「同攻会報告」などをも掲載したのである。

これに対して、同じく東京専門学校関係者によって企てられたが、寄稿者の範囲をいっそう広く「校外ノ大家」に広げ、「校内外ノ有志」の賛助に基づき、「内ハ学校内外ノ生徒外ハ江湖学事ニ志スモノニ裨益セン[31]」とする目的をもって創刊されたのが、『専門学会雑誌』である。雑誌発行の母体としての専門学会の創立委員に名を連ねたのは、東京専門学校学生の堀越寛介(邦語政治科)、田中唯一郎(邦語政治科)、中里真喜司(邦語行政科)、並木覚太郎(邦語政治科)らで、会頭には、東京専門学校講師中村忠雄が就任し[32]、会誌としての『専門学会雑誌』第一号は、一八八八年一〇月二五日付で発行された。後年、田中は、「懐旧談」の中でこう述べている。

「私共同志で専門学会雑誌といふのを発行した、雑誌発行は左程珍らしくもないが、それが株式組織だから面白い、株数三百位もあったでせう、発起人即ち株主で、当時講師であった中村忠雄さんが会長で、堀越君と各百株づゝの大株主、余の者は十株か二十株づつもって、総株主拾名といふ株式団体でした。……中村さんが四谷に居られたから、毎月彼の武蔵屋で御馳走をして下さる、……十号位までやりましたよ、終に持きれなくなって、十一号から憲法雑誌に合併して止めた[33]」

要するに、『専門学会雑誌』は、田中らが東京専門学校三年のおりに創刊したのであり、田中らが卒業した翌月、一八八九年八月一日発行の第一〇号で終刊となった。しかし、『専門学会雑誌』は、学生の「実習誌」ではなく、本格的な学術評論誌であった。専門学会の「雑誌規則」は、「雑誌掲載ノ項目」として、論説、翻訳、雑録、講義、国会法演習、擬律擬判、記事をあげ、さらに論説については、「本会賛成員ノ起草ニ係ル論文二題以上並ニ本会会員ノ起草ニ係ル論説二題以上ヲ掲載ス」と定めている。ここで「賛成員」というのは、会に対して「直接間接ノ補助」を与えることを承諾した「朝野ノ諸名士」を指し、会の発足時の賛成員には、高田早苗、天野為之、坪内雄蔵(逍遙)、三宅雄二郎(雪嶺)、関直彦などが名を連ねた[34]。

こうして、『専門学会雑誌』は、第一号に学生の伊藤長夫の「移住と転業の得失」、中里真喜司の「吾国開化の性質及び開国以来士風の変遷」の二編の論説と並んで、講師の二論説、高田早苗「美辞学の必要を論す」、板屋確太郎「法律家と国家との関係を論す」を掲載して発足したが、その後の『専門学会雑誌』各号に名士が寄せた論説には、三宅雄二郎「小説家は何処に輩出するや」(第五号、一八八九年二月一〇日)、坪内雄蔵「文学ノ話」(第七号、一八八九年四月一〇日、第八号、一八八九年五月一〇日)、大西祝「古代希臘の道徳と基督教の道徳」(第一〇号、一八八九年八月一日)などが含まれる。まさに、堂々たる評論誌の趣といってよかろう。ちなみに、大西が東京専門学校講師に迎えられたのは、この論説掲載から二年を経た一八九一年九月のことである。

いずれにしても、『専門学会雑誌』は、第一〇号をもって終刊となり、田中唯一郎の「懐旧談」にあるように、『憲法雑誌』に吸収された。この点に関連して、『憲法雑誌』第二一号(一八八九年九月五日)は、「従来牛込早稲田東京専門学校内専門学会より発行し居たる専門学会雑誌今度雙方の協議により本社と合併いたし候に就ては同雑誌を講読相成候諸君へは爾後本社雑誌を御送可申上候」と「社告」している。

ところで、『憲法雑誌』は、『専門学会雑誌』より四か月おくれて一八八九年二月一七日に第一号を出した。雑誌の正式名称は、『講壇改進憲法雑誌』であり、第一号巻頭の社説「講壇改進の旨趣を明かにす」は、「講壇改進とは余輩同志が講席にありて平生研究したる学理的の智識を普及伝播せしめ、実際の政治を補益し、社会の改進を助けんといふに在るなり」とこの名称のいわれについて説明している。より直接的には、この雑誌のねらいは、一八八九年二月一一日の大日本帝国憲法発布を受けて、広く国民の憲法理解に資するところにあった。

そして、『憲法雑誌』は、高田早苗の「大日本帝国憲法註釈」を一五号にわたって連載するとともに、高田「英国憲法」、板屋確太郎「米国憲法」、宇川盛三郎「仏国憲法」、織田一「独逸憲法」等を並行的に連載して、比較の視座から帝国憲法の特質を明らかにする試みに取り組み、また、政党内閣の実現を主張する社説「政府政党の外に独立する能はず」（第三号、一八八九年三月五日、第四号、三月一五日）などを掲げて、立憲政治の発展へ向けて活発な論陣を張った。この雑誌を主宰した高田早苗は、その発刊のころを回顧して『半峰昔ばなし』でこう述べている。

「既に憲法が布かるゝ以上、一般国民に憲法其物を理会せしむる事が緊要であり、急務であると考へた私は、爰に『憲法雑誌』を創刊する事になったのである。それには当時東京専門学校の講師であった処の中村忠雄、板屋確太郎の両君と事を共にしたのであった。そして此の雑誌の第一号は憲法発布当日に創刊されたのである。そして其の『憲法雑誌』といふ題字の上に、講壇改進の四字を冠らした。是は我々が改進主義を取って進むのであるが、改進党が実地の政治運動をするのとは稍々趣を異にして、我々は早稲田の講師であるから講壇の上から憲政主義、改進主義の宣伝をする意味に外ならなかった。此の雑誌発刊の目的は、彼の読売紙上に通俗国会問答を掲げたと同じ意味であって、国会問答の方は極めて通俗に立憲思想の普及を計り、憲法雑誌の方では少しく理論的に立憲政治の何たるかを理解せしめたいといふ考に基いたのである[35]。」

この『憲法雑誌』は、一八八九年八月までは月三回刊で刊行されたが、九月に入って二回刊となり、一〇月には刊行されず、一一月一三日に出た第二三号で発行が途絶えることになる。九月五日刊の第二一号では、社告で「本社雑誌来る十月より多少改良を施すべき計画につき此段併せて購読者諸君に予告致し候」と告げ、さらに第二三号に掲げた「稟告」で、「大に紙面に改良を加へ且つ誌価を減し読者諸君平生の愛顧に負かざらんことを期し是れが計画を為し居れりと雖未だ社務の全く整頓せざる処あるを以て本号に限り従来の儘にて発刊し不日改良の実を挙げんとす」と述べ、誌面改良の遅延について読者の了解を求めた。その中での突然の終刊であった。高田は、回顧談の中でその事情に触れてこう語っている。

「此の『憲法雑誌』は多少世間の注目も惹いたし、読者も可なり有ったのであるが、私の身が段々忙がしくなるのみならず、読者は殖えるにした処で高が知れたもので、遂に経済が持ち切れず、一年か一年半位で無期休刊の止むなき事になった。[36]」

ところで、『憲法雑誌』発刊の一〇日ほど前に、東京専門学校関係者の発企によってもう一種の学術評論誌が発刊された。『日本理財雑誌』である。一八八九年二月六日創刊で、天野為之の主宰であった。第一号巻頭に掲げられた「本誌発行ノ要旨」は、発刊の目的についてこう述べている。

「本誌発刊の目的たるや経済上政治上世態上の出来事を評論し又右に関する学問の理論及ひ適用を叙述するにあり即ち一方には学問の光明に照らして事実を明らかにし他の一方には事実の根抵に基けて学理を確かめ以て学問の理論と応用とをして雙々相併行せしめ以て実際と学問とをして両々相提携せしめ之に由て多少の裨益を本邦の学問上及ひ政治上に与へんと期するなり」

要するに、『日本理財雑誌』もまた、『憲法雑誌』と同じく、わが国の立憲政治の黎明期において国民一般の啓蒙に資するところにその基本的目的をおいていたが、経済により大きな関心を払い、かつ「世間の攻学者及ひ実務家[37]」を主たる読者対象として設定したところに際立った特徴があったといえよう。その意味で、第一号の巻頭に掲げられた二編の論説「人民に理財の知識ありて始めて憲法も其効を全ふするを得可きのみ」「立憲政治の実行は如何なる影響を本邦の商業社会に及ほさんとする乎」は、同誌の立脚点を明快に示すものにちがいない。

『日本理財雑誌』は、月二回（五日、二〇日）刊で、一八八九年一二月二〇日発行の第二二号まで定期的に刊行された。そして、この第二二号には、次号が年初のため通常より五日おくれで刊行されることを告知しつつ、つぎのような社告が掲載された。

「日本理財雑誌の儀兼て御愛読を被り御蔭を以て社運も盛大に赴き候段深く奉鳴謝候最早歳末に及ひ当年は本号を以て終刊致し明年よりは更らに一層勉励仕り論説記事等極めて精撰し以て平生の御愛顧に報せんと存居候間何卒倍旧の御愛顧願上候尚ほ次号の発兌は恰も年初に際し候故都合に依り明年一月十日を以て発行致し候に依り此旨御了承被下度候」

ところが、この「一月十日」号は、遂に刊行されなかった。『日本理財雑誌』は、結局第二二号で廃刊となったのである。主宰の天野は、それから一〇年余りを経て、一九〇二年一〇月二〇日におこなわれた早稲田大学開校・東京専門学校創立廿年紀念大演説会での「学理と実際」と題する講演において、『日本理財雑誌』に言及し、「十個月計りで落城して仕舞った[38]」と述べているが、事情はおそらく、『日本理財雑誌』のひと月前に突然の廃刊に立ち至った『憲法雑誌』の場合とほぼ同様であったとみてよかろう。

そして、『憲法雑誌』『日本理財雑誌』の廃刊から四か月ほど経て、両誌の目的を受け継ぎ、両誌が合併する形で発刊されたのが、『公友雑誌』であった[39]。第一号（一八九〇年四月五日）の巻頭に掲げられた「公友雑誌発刊の辞」は、その目的についてつぎのように述べている。

「蕩々たる世の政論家を見れば、空漠たる政治論をなすにあらざれば、薄弱なる法律論をなす者多く、概ね理論的研究に走りて、実際的応用を忘れ、無責任なる批評を試みて、無理注文をなすに止まり……余輩同志が今日に於て公友雑誌を発刊するは……其目的、学理の研究に兼て実利の応用を計り、智識開発の指針となりて、精神の発揮と形態の発達を順応せしめ、神髄的、肉裡的、普及的の開明を導かんとするにあるなり」

このような目的の実現へ向けて、第一号は、「論説」として、尾崎行雄の「国家と文明と孰れか重き」、天野為之「実業と政治との関係」、小倉松夫「代言人制度改良案」、「叢談」として、坪内雄蔵「比照文学論」などを、四月二五日発行の第二号は、「論説」として、井上圓了「如何にして独立の精神を養成すべきや」、小倉松夫「代言人制度改良案（続稿）」、「叢談」として、坪内雄蔵「比照文学論（承前）」などを掲載した。評論誌として、まずは颯爽の登場であったといってよかろう。しかも、第二号には、「公友雑誌第一号、去五日を以て発兌候処忽ち第一版を売尽し暫時御注文に応し兼居候へ共此度再版出来致候間此段広告仕候」と「公友雑誌第一号再板広告」が掲げられており、第三号以降の発展を予想させている。ところが、『公友雑誌』第三号は、結局発行されることなく終わった。理由は、定かではない。

5　立憲政治の発展へ向けて——早稲田からの発信

このようにして、一八八五年三月一〇日発刊の『中央学術雑誌』から一八九六年八月二〇日終刊の『中央時論』に至るまでの一一年半の間、東京専門学校関係者の主宰する二系列八種類の評論誌が、入れ替わり立ち替わりで、あるいはときに相競い合う形で、活発な言論活動を展開した。草創期の早稲田は、まさしく盛んな言論のフォーラムであったのである。

すでに触れたように、一八九三年邦語政治科卒で、『中央時論』の第一号から第一八号までの編輯人をつとめた増田義一は、一九〇二年一〇月二一日の早稲田大学開校・東京専門学校創立廿年紀念学芸大演説会において、「経済界より観たる早稲田大学」と題して講演し、みずからがかかわった経験を回顧しながら、東京専門学校関係の評論誌の活動についてつぎのように論じ、これらの雑誌がとくに経済の分野で果たしてきた役割について注意を喚起しているが、これらの雑誌が、政治の分野で果たしてきた役割も、それに勝るとも劣らぬものであったことは、いうまでもない。

「学校創立以来種々の雑誌を出して全国に経済の知識を普及したのは、吾々が最も愉快に感ずる所であります。諸君は試みに以前の雑誌を御覧なさい、経済の部分が最も多いのです。先づ中央学術雑誌が出て之が最も評判が宜かったが、不幸にして続かず、後に専門学会雑誌が起ったが是亦潰れて、其後に公友と云ふ雑誌が出た、是れも不幸短命三号雑誌で終ったが、其後起ったものは明治二十五年吾々学校に居って三年生の鼻うごめかす時代に山沢俊夫君を勧めて同攻会雑誌を出した、中途で之が中央学術雑誌と改題して最初の名前を相続した、此名前が甚だ善きかの如く又善からざるかの如くであったので中央時論と改題した。之が今日は変って早稲田学報となったのである。是等は入り代り立ち代り名前は変ったが、早稲田の経済思想を天下に鼓吹したのは争ふべからざるの事実である。[40]」

実際に、東京専門学校関係の評論誌は、『中央学術雑誌』や『同攻会雑誌』のように「内部機関誌」として発足した場合でも、東京専門学校外の、対社会的発信につねに強い関心をもっていた。そして、ねらいは立憲政治・民主政治の発展へ向けての国民的啓蒙にあった。この点に関連して、『憲法雑誌』第一号の社説「講壇改進の旨趣を明かにす」は、4節で引用した個所に続けて、きわめて明快にこう論じている。

「余輩は、憲法発布せられ自治制度実施せらるゝの暁に及び、学理思想の普及することなくば、国家の改進得て期す可らず、其安危すら或は殆と図る可らざる事と思考す、故に余輩こゝに団結して学理思想の普及伝播に尽力せんと欲するの外他念無し、嗚呼我国四千万の同胞中、憲法の何物たるを解する者果して幾何かある、自治制の何物たるを理会する者果して幾何かある、況んや其支配を受け、其下に立ち、これを利用して、進歩し発達するの知識ある者に於ておや[41]」

このような活動を通じて、これらの評論誌は、再三にわたって新聞紙条例違反を問われたが、この事態に直面して、その理非をただす言論を果敢に提起する試みを怠っていない。ちなみに、3節で触れた『中央時論』第一〇号(一八九五年一月三〇日)所載の論説の「学術の範囲」の逸脱による新聞紙条例違反の問題について、一回の休刊の後に発行された第一一号(四月一〇日)巻頭の「読者諸君に謝す」と題する社説は、前月の休刊を謝しつつ、当局の「学術」の解釈にまっこうから異論を唱えている。すなわち、「苟も応用的に亘り、時事の関係するあれは、之を学術の範囲外」とする当局に対して、『中央時論』は、「学術」は、「学と術との二者を包有」するとの立場に立ち、「学」の範囲においては、「単に科学の講究」をなすべきであるとしても、「術」の部分においては、「応用的の論説」をなしうるのであり、実際上の問題について「政治に在ては、原則に合するものと否とを論評する如き、一も術の範囲を超ふるものに非ず」と主張した。この社説は、さらにこう説き進んでいる。

「明治の今日も、未た言論出版の無制限なる、自由の楽郷とは進ます、法律の上に設けられたる制限は、未た吾人自由の意思を拡布するを得せしめす、然れとも、今より僅か三十年前、徳川氏の末葉、全く公事に関する出版言論を禁止せしの時と比せは、吾人は古人と比して、自由の大なるを満足するも可なり、差止の命あれは、発刊を休むを以て、法律は満足す、罰金の言渡あれは、貨幣を納むを以て、法律は満足す、法は吾人の能はさる所を求めす、吾人の心に於て何かあらん、今日の社会はなほ斯の如きことあり、文明の光輝は、なほ発せられさる所あり、此の如きことあれはこそ、吾人は益々論し益々究めさる可らさるのみ[42]」

しかし、東京専門学校関係の評論誌の活動は、一八九〇年代半ばに至って、その勢いが鈍ってきた。一つには、これらの雑誌の中心的担い手であった東京専門学校関係者が、本務や公務等で忙殺されるようになったためである。高田早苗の場合、一八九〇年の第一回総選挙に当選し、さらに九二年、九四年三月、九四年九月の総選挙に連続して当選し、この間の九四年八月には、東京専門学校出版部長に就任した。また、『中央時論』の編輯人を第一八号までつとめた増田義一は、一八九五年に読売新聞社に入社し、記者としての活動を開始したが、増田の後をうけて編輯人と発行人を兼ねていた小山愛治も、多忙のため八か月で「お手上げ」の状態になったのである。

東京専門学校関係の評論誌が直面したもう一つの問題は、「経営」であった。一八八七年二月に創刊した『国民之友』は、一八九八年八月に廃刊になるが、それは、「雑誌言論界の一大転換期」を画す象徴的な出来事であった。永嶺重敏は、「この時期の『国民之友』が陥っていた苦境は一言でいうと、社会の急速な進展と評論の複雑化・広域化に対し、もはやかつての文章家的な知識では対処し得なくなったことにある」と指摘し、さらに一八九五年一月創刊の『太陽』と比較しながら、こう論じている。

「この文章家的伝統の『国民之友』から「単に商売的に文章を収集する」大冊・百科スタイルの『太陽』への移行は、新聞界で既に進行していた、政論を主とする大新聞から報道重視の商業新聞への変化と軌を一にするものであった。以後『国民之友』に代わって新しく『太陽』が雑誌のモデルとなり、雑誌の大冊化・視覚化・商業化が進行していく[43]。」

この関連で、『太陽』創刊と相前後する一八九五年一月一五日付で刊行された『教育時論』第三五一号に掲載されている「時事寓感」が、「時文界変遷の徴効」に大方の注意を喚起し、つぎのように述べているのは、時代の目撃者の観察として、とくに注目に値しよう。

「昨年頃まで、頻に世人に喜ばれたる民友社連一派の感情的文辞は、今や既に世人に厭かれ、如何に多くの！符を用ゐて、読者の注意を呼ばんとするも、読者は之に注意すること稀なるに至れり。……主義の拡張と、一種の気骨を以て、世に容れられたる雑誌日本人の如きは、販路次第に縮少し、単に商売的に文章を収集する博文館の諸雑誌は、却て勢力を増進せり。是れに依りて見れば、今の時文界は、頗る商売的に進歩せし者にして、主義の善悪、文章の巧拙等は、第二の問題となり、能く商売的に勉強し、成るべく廉価を以て、成るべく金のかゝる材料を、読者に供給し得る者が、遂に時文界の覇権を握るに至るなり。而して之と同時に、其文体も奇気ある者は、却て人に愛せられず、単に平明流暢にして、抵抗なく了読し得るを、上乗とするに至れるが如し。[44]」

そして、興味深いことに、『国民之友』の発刊から廃刊までの時期は、東京専門学校関係評論誌の登場から退場までの時期とほぼ重なるのである。

いずれにせよ、東京専門学校関係評論誌の最後尾に位置した『中央時論』は、一八九六年八月に高田早苗、山沢俊夫、増田義一、小山愛治、田中唯一郎らが協議して、経営を東京専門学校の手に移し、『早稲田学報』の誌名の下に継続して刊行されることになった[45]。第一号の発行は、一八九七年三月二〇日である。しかし、この雑誌は、「政治法律経済文学に関する諸般の問題を学術的に講究し傍ら東京専門学校と会員との関係を親密ならしむる」ことを目的として編集されるものとされ、基本的には、東京専門学校の内部機関誌として位置づけられた。さらに、一九〇九年からは、早稲田大学校友会の事業として刊行されることになり、『早稲田学報』のあり方について、校友会幹事会は、つぎのように決議し、早稲田大学と校友会の機関誌としての『学報』の性格を一段と鮮明に打ち出した。

「学報の体裁内容を全然改正し従来普通雑誌に見るを得べき論説記事の類は之を省き更に母校と本会に関する記事を細大となく網羅し専ら母校と校友学生間に気脈を通ずるの機関たらしめんことを期し毎月一回発刊し之を校友全部に配布することとし四十二年一月より実行の事[46]」

このような内部志向型の『学報』のあり方に批判的な意見がなかったわけではなかろう。『学報』創刊時に学生委員の一人として、後のアメリカ大使埴原正直らとともに編集に参加し、卒業後『太陽』記者になった長谷川誠也（天渓一八九七年文学科卒）が、『学報』の早稲田創立二五年紀念号（一九〇七年一一月）に寄せた「早稲田大学と学報」と題する回想文の中で、「此の雑誌の名を改めて早稲田評論とか、或は其の他何とか、兎に角『学報』の二字を除きて、他の文字を置きたいと言ふ論は余程以前から在ったのであるが、今尚この名で発刊されてゐる」[47]と述べているのは、おそらくそのような批判的意見が一部に根強く存在していたことを示唆するものにちがいない。

しかし、二〇世紀に入り、一九〇二年に東京専門学校が早稲田大学に改称される前後のころから、時代の変化をも背景にして、評論誌を通じての早稲田の内部からの対社会的発信の試みは、ますます後景に退いていくことになる。早稲田関係者の発言の場が、早稲田の外部の雑誌に移ったのである。まず、東京専門学校関係評論誌のリーダーの役割を一貫して演じてきた天野為之は、一八九五年一一月の『東洋経済新報』の創刊に当たって客員として参加し、さらに『中央時論』終刊から半年余を経た九七年三月からは、創立者町田忠治のあとを受けて同誌を主宰し、編輯経営を統督することになった[48]。この地位にあった一〇年間に、天野が同誌上に発表した社説を中心とする署名論文は二五九編、「漫言」「牛中漫言」は一〇〇編前後にのぼる[49]。

また、東京専門学校在学中に『同攻会雑誌』『中央学術雑誌』(第二次)に、卒業後には『中央時論』にかかわった増田義一は、東京専門学校同期の光岡威一郎(一八九三年邦語政治科卒)が一八九七年に創刊した『実業之日本』を、光岡の病気療養のための引退を受けて譲渡され、一九〇〇年五月に読売新聞を辞して、この雑誌の編集発行に専念することになる[50]。

そして、浮田和民は、一九〇九年一月に『太陽』主幹に就任して、一七年六月まで八年余りにわたって在任し、さらにそれ以降一九年六月までは客員として、同誌を舞台に自由主義の論陣を張ることになるのである[51]。

注

1 内田満『早稲田政治学史断章』三嶺書房、二〇〇二年、五九ページ。

2　同右、五八―五九ページ。

3　山本利喜雄編『早稲田大学開校・東京専門学校創立廿年紀念録』早稲田学会、一九〇三年、一六五、二三五ページ。

4　内田満「政治学者としての高田早苗」早稲田大学大学史資料センター編『高田早苗の総合的研究』早稲田大学大学史資料センター、二〇〇二年、七九―八二ページ。

5　読売新聞社社史編集室編『読売新聞発展史』読売新聞社、一九八七年、二三一、二三四、二三八ページ。

6　読売新聞社社史編纂室編『読売新聞八十年史』読売新聞社、一九五五年、一三七ページ。

7　『読売新聞発展史』八五―八六、二三九、二四三ページ。なお、市島は、東京大学文学部を中退した。

8　「東京専門学校と慶応義塾及ひ帝国大学　上」(『中央学術雑誌』第二巻第二号(通巻第一〇号)、一八九三年二月二〇日)四ページ。

9　「同攻会沿革」『同攻会雑誌』第二号、一八九一年四月一五日、三〇ページ。

10　「例言」『中央学術雑誌』第一号、一八八五年三月一〇日、および「同攻会規則」同上誌第二五号、一八八六年三月二五日、四七―五四ページ。

11　高田早苗『半峰昔ばなし』(早稲田大学出版部、一九二七年)一九〇―一九一ページ。なお、坪内、柴、田口の著作についての高田の論評の『中央学術雑誌』掲載号は、つぎのとおりである。
「当世書生気質の批評」第二一号(一八八六年一月二五日)、第二二号(一八八六年二月一〇日)、第二三号(一八八六年二月二五日)。

「佳人之奇遇批評」第二五号(一八八六年三月二五日)、第二七号(一八八六年四月二五日)。

「日本の意匠及情交」第三二号(一八八六年七月一〇日)、第三三号(一八八六年七月二五日)、第三五号(一八八六年八月二五日)。

また、高田のキリスト教論の掲載号は、つぎのとおりである。

「西洋天狗カ実物学論ノ質疑ニ答ヘ併セテ耶蘇教ヲ論ス」第一三号(一八八五年九月一〇日)、第一四号(一八八五年九月二五日)。

「耶蘇教東漸ノ利益ヲ説テ仏徒ニ望ム所アリ」第一五号(一八八五年一〇月一〇日)。

12　「例言」『同攻会雑誌』第一号、一八九一年三月二七日。

13　山沢俊夫「発行ノ趣旨」『同攻会雑誌』同上号、一―二ページ。

14　同攻会「第七紀念会」については、『同攻会雑誌』第四号、一八九一年六月一五日、二七ページ参照。

15 「謹告」『同攻会雑誌』第一〇号、一八九二年一月二一日参照。
16 「略規」『同攻会雑誌』第一二号、一八九二年三月一五日。
17 『中央学術雑誌』第一号、一八九二年五月一五日、巻尾所載。
18 「発行の辞」『中央学術雑誌』第一号、一八九二年五月一五日、一ページ。
19 『中央学術雑誌』第二号、一八九二年六月一五日、五八ページ。
20 『中央学術雑誌』第八号、一八九二年一二月二〇日、巻頭。
21 『中央時論』第二号、一八九四年四月三〇日、三ページ。
22 「本誌の発行に就て」『中央時論』第一号、一八九四年三月二八日、二ページ。
23 「中央学会規則」『中央時論』第二号、一八九四年四月三〇日、一ページ。
24 『中央時論』同右号、二ページ。
25 「読者諸君に謝す」『中央時論』第一一号、一八九五年四月一〇日、一ページ。
26 『中央時論』第九号、一八九四年一二月、五三ページ所載の「判決書謄本」参照。なお、新聞紙条例（明治二〇年勅令第七五号）の第八条は、つぎのとおりである。
「発行人ハ保証トシテ左ノ金額ヲ届書ト共ニ管轄庁（東京府ハ警視庁）ニ納ムヘシ
一　東京ニ於テハ千円
一　京都大阪横浜兵庫神戸長崎ニ於テハ七百円
一　其他ノ地方ニ於テハ三百五十円
一　一月三回以下発行スルモノハ各前記ノ半額
保証金ハ時価ニ準シタル公債証書又ハ国立銀行ノ預手形ヲ以テ之ヲ納ムルコトヲ得
学術、技芸、統計、官令又ハ物価報告ニ関スル事項ノミヲ記載スルモノハ本条ノ限ニアラス」二十世紀研究所編『マス・コミュニケーション事典』マス・コミュニケーション講座第六巻、河出書房、一九五五年、一七九ページ。
27 『中央時論』第一一号、一八九五年四月一〇日、六〇ページ所載の「判決書謄本」等参照。

28 「早稲田学報の変遷」『早稲田学報』第三七五号、一九二六年五月、五四ページ。
29 『中央時論』第七号、一八九四年一〇月二〇日、目次ページ所載の「稟告」参照。
30 同右。
31 中村忠雄「専門学会雑誌発行に付一言を」『専門学会雑誌』第一号、一八八八年一〇月二五日、五、六頁。
32 『専門学会雑誌』第一号、五一―五二ページ。
33 「田中唯一郎氏談」山本編『早稲田大学開校』三三五―三三六ページ。
34 『専門学会雑誌』第一号、五〇、五一ページ。
35 高田『半峰昔ばなし』一八四ページ。
36 同右一八六ページ。
37 「本誌発行ノ要旨」『日本理財雑誌』第一号、一八八九年二月六日、二ページ。
38 天野為之「学理と実際」山本編『早稲田大学開校』付録七五ページ。
39 『憲法雑誌』と『日本理財雑誌』の合併については、『公友雑誌』第一号巻尾所載の「公友雑誌広告」が、つぎのように言及している。「公友雑誌ハ第一号発刊ノ辞ニ於テ申述候目的ヲ以テ相起リ候者ニテ兼テ江湖ニ声誉ヲ得タル憲法雑誌、理財雑誌モ相互ノ協議ヲ以テ合併候者ニ有之候間本誌ノ目的ヲ賛助セラルヽ諸大家ハ勿論、右雑誌ニ関係アル諸名家モ倶ニ益々鋭意尽力被致候間何卒普ネク御愛読被下度又兼々右二雑誌御講読ノ方々ハ引続キ御注文ノ程奉願候。」
40 山本編『早稲田大学開校』三五九、三六〇ページ。
41 社説「講壇改進の旨趣を明かにす」『憲法雑誌』第一号、一八八九年二月一七日、二ページ。
42 社説「読者諸君に謝す」『中央時論』第一一号、一八九五年四月一〇日、一、二ページ。
43 永嶺重敏『雑誌と読者の近代』日本エディタースクール出版部、一九九七年、一一二、一一三ページ。
44 『教育時論』第三五一号、一八九五年一月一五日、一〇ページ。また、永嶺『雑誌と読者の近代』前掲書一一二、一一三ページ参照。ちなみに、『教育時論』は、一八八五年四月に辻敬之によって創刊されたが、辻は、同じ年の一二月に通信講学会を興し、「翻訳だとか著述とかいふものを一纏めに出版せずに、読者の買ひ好い様に分冊出版」する通信教授の方法による出版事業を始めた。高田早苗の『通信教授政治学』は、これによって出版された一つで、一八八六年四月から八九年六月まで一一回に分けて頒布され、一八九一年五月に「別製合本出版」された。なお、辻は、一八九二年八月に歿している。高田『半峰昔ばなし』一九一頁および「辻敬之君の小伝」『中央学術雑誌』第五号、一八九二年九月一五日、五六―五七ページ参照。

45 「早稲田学報の変遷」『早稲田学報』第三七五号、一九二六年五月、五四ページ。

46 「早稲田学報の変遷」『早稲田学報』第三七八号、一九二六年八月、三五ページ。

47 長谷川天渓「早稲田大学と学報」『早稲田学報』第一五三号、一九〇七年一一月、二〇―二一ページ。

48 「年譜」東洋経済新報社百年史刊行委員会編『東洋経済新報社百年史』東洋経済新報社、一九九六年、および天野為之「余の経営時代」『東洋経済新報』第一一七四号、一九二五年一一月一四日、三三―三三ページ参照。

49 長幸男「改題『東洋経済新報』その一」『復刻版 東洋経済新報 第一巻』龍渓書舎、一九九一年、一三ページ。

50 増田義彦『実業之日本社七十年史』実業之日本社、一九六七年、三、九、一〇ページ。なお、光岡は、『実業之日本』を増田に譲渡した三か月後、一九〇〇年八月六日に病没した(同一〇ページ)。

51 内田『早稲田政治学史断章』二〇―二一ページ。

第8章　擬国会と早稲田政治学会

1　早稲田の「学風」と政治学教育

「来賓臨席の便宜を計り」二日繰り上げて日曜日の一九〇二年一〇月一九日に挙行された[1]、東京専門学校二〇周年を機しての早稲田大学開校式において、学監（今日の学長ないし教務担当副総長に相当する）として、東京専門学校の「創立以来の歴史、組織を変更して大学となすに至れる二大理由、当大学の特色、目的及び学制等」について説明した「報告」の中で、高田早苗は、早稲田大学が発展させるべき特色について言及し、「二十世紀の陣頭に立ちまする人物は、実用的人物」でなければならないと論じ、「学理と実際の密着」の上に立つ「実用大学」への方向を打ち出した[2]。

この高田の議論は、単に高田の個人的見地を表明したものではない。むしろ、それは、学監としての立場からしても、当然に当時の早稲田の主要な担い手たちの間で共有されていた考え方をふまえたものであったであろう。その三年前の一八九九年一〇月二一日に新入学生に対しておこなった「東京専門学校の学風」と題する講演で、坪内雄蔵（逍遙）が、「高田講師や市島幹事や、私や何かの間には、言はず、語らず、黙々の内に、此学校の理想、主義、学風、気風といふやふなものが成立って居るのである、別に口に出さいでもこちらから指を挙げて見せれば、ウムと向うで、黙頭《うなづ》くと云ふ風である[3]」と述べているところからうかがえるのは、草創期早稲田の担い手たちの間での意志の疎通のありようであろう。そして、その疎通ぶりを裏書きするかのように、高田の「報告」がおこなわれた翌日の紀念学術大演説会で、天野為之は、高田の主張に呼応する形で「学理と実際」を主題とする講演をおこない、こう論じたのである。

「現実の研究は困難は困難であるが、其困難を避ける様な卑怯な事ではいかぬ、困難に打勝ってタイムに於ても、スペースに於ても、成るべく近き目前の事業を研究して、自分の学説がどの位慥かであるか、これは他のものに妨げられてどう云ふ形を以て事実に現はれるかと云ふ事を研究して、始めて真の学者になり、実際家になる事が出来ると思ひます、この学風を早稲田から始めて全国に広めたいと云ふのが私の考である[4]。」

このようにして、「学理と実際の密着」は、草創期早稲田の研究・教育のあり方を表現するキーワードであったともいえよう。早稲田大学開校から五年を経た一九〇七年に、『早稲田学報』の「創立二五周年紀念号」に学長として「我が学園の教旨」と題する一文を寄せた高田は、重ねて「学理と実際との密接」の必要性を強調し、さらにこのキーワードをめぐる一部の誤解をただすために、「一言す可きは実用大学若くは実用人物の養成といふことに就て、陥り易い弊害、生じ易い誤解に就てである、実用の二字は、往々浅薄を意味するやうに、聞えるが、その実は全然反対である、学理と実際とを密接せしめて、其の成果を社会に提供するには、単純なる学理討究よりも、一層深奥なる研鑽を要するのである[5]」と論じた。

このような高田らの「実用的人物」養成への主張と密接に連関するのが、東京専門学校が「養成するを欲する所の人物」として、「第一政治家第二法律家第三新聞記者第四著述者文学者第五実業家第六教師」をあげた、一八九一年九月一一日の東京専門学校の新学期授業開始日に開かれた大演説会で家永豊吉がおこなった「我校の養成すべき人才」と題する演説であろう。第一の政治家の場合について、家永は、こう説いている。

「此の学校が上は国会議員より下は市町村会議員迄養成することを私は希望いたします……総理大臣になることを希望して居ることは差支ない又国会議員になることを希望して居るのは甚だ望ましいことであるが又諸君に申して置きたいことは地方に居ると云ふことで諸君は国会議員にならなければ政治家の事業が出来ぬと思召すことはありますまいが国会議員にならぬでも地方に居て県会議員になっても随分其地方に勢力を及すことが出来ます仮令ひ一足飛に国会議員になっても若も其地方に人望がなければ其人の勢力は弱いと思ふ之れからは国会議員は県会議員の卒業生であると思ふから其根拠を堅くして益々それを勉めると云ふことは諸君に取て甚だ大切なことであると思ひます此東京専門学校から処々方々の府県会議員市町村会議員となって其処の政治をしたならば日本の政治は諸君の手に落るではありませんか[6]」

高田と東京大学を同期に卒業し、ともに東京専門学校の創設に参画し、初代の政治原論の担当者となった山田一郎が、この家永演説の六年後の一八九七年に東京専門学校の卒業生に対し、「地方政治の不完全を療治」する役割を敢て担うべき必要を説き、つぎのように檄を飛ばしているのも、高田ら東京専門学校のリーダーたちの志向性に相呼応するものであったといえよう。

「本校卒業諸氏にして一日翻然此の重大なる任務に当るの決心をなし、町村自治の機関を整理して其の作用を完全ならしむるに勉むることあらんには、諸氏の前途や多望春海の如きものあるべし、進んでは上級自治の機関に参与して地方政治の枢機を専らにすべく、退いては郷党に割拠して徐ろに自家の名望を養ひ優に天下風雲の到るを待つことを得べし、……鶏口牛後は諸氏の撰ぶ所、諸氏請ふ余の言外に於て大悟徹底する所あらんには余の満足や至れり又た尽くせり[7]。」

そして、草創期の早稲田政治学において、このような気風・学風と密接に関連する試みが、擬国会と早稲田政治学会を通じての政治学教育の展開であった。

2　擬国会の構想と実際

東京専門学校法律学科には、発足当初から「訴訟演習」が設置されていた。発足初年度の一八八二年にこの科目を担当したのは、山田喜之助と砂川雄峻であったが、『東京専門学校年報明治十五年度』所載の「科程授業報告」において、山田は、この科目の実施状況についてこう報告している。

「訴訟演習ハ毎週一回訴訟ノ問題ヲ設ケ予メ之ヲ生徒ニ付与シ生徒ノ中ニ就テ順次二人ヲ撰定シテ原告代言人タラシメ又同様ノ方法ヲ以テ被告代言人二名ヲ撰定シ講師自カラ判官ノ地位ニ立チ仮リニ法廷ヲ模擬シ訴訟ヲ実際ニ演習セシム而シテ間々時ニ臨テ訴状ヲ作ラシメタリ[8]」

いわばこの「訴訟演習」に対応する形で、開校七年目の一八八八―八九年度の「政治科課程表」に登場したのが、第三年配当の「国会法演習」であり[9]、このカリキュラムに基づく「国会法演習」第一回は、一八八八年一〇月三一日におこなわれた。『専門学会雑誌』の記事によると、この演習では、高田早苗の指導の下に「議員任期中財産上ノ資格ヲ失ヒタル時尚期限間勤続シ得ルヤ否ヤ」「議員被選挙資格中ニ住居区域制限ヲ置クノ可否」を議案として、午後一時一五分から五時ころまで賛成派、反対派の間で激論が戦わされたという[10]。しかし、この時点では、高田の国会法の講義は、「撰挙の手続を講授中」で、「未た其議事の如きは完然に国会法によることを能はざる[11]」といった状態であり、国会開設二年前のことでもあり、学生が国会の運営についておよそ不案内で、第一回演習の実際は、おそらく高田の意に適うものでなかったのであろう。次回の演習からは、「国会法の実地演習に先ち国会の議事手続を知り之によって討論実習せざる可からず」ということになり[12]、「国会法演習」では、高田が国会法について講述することになり、「実地演習」は、沙汰止みのかっこうになった。

このようにして、「政治科課程表」の上では、「国会法演習」は、翌一八八九―九〇年度から「国会演習」に改められたが[13]、「実地演習」としての「国会演習」が正式に開始されたのは、国会開設から五か月を経た一八九一年四月二二日のことである。『同攻会雑誌』は、この間の事情に触れて「東京専門学校の政治科教課中に議会演習の一課あることは他の諸専門学校にも比類なき特殊の事なるが実際帝国議会の開設なき以前に在りては演習を為すにも実地の見聞に乏しきを以て是迄其儘に為り居りしが帝国議会も既に閉会し講師中代議士として実地を践みたる人も少からねば愈々本校に於て正式を履みて議会演習を始むる事と為り[14]」と記している。

まず、一八九一年四月八日に開かれた演習準備会で役員選挙がおこなわれ、高田早苗が議長に、考証経済学担当の講師・有賀長文が副議長にそれぞれ選任され、第一回国会演習では、「衆議院議員選挙法改正案」と「賤業者公権停止建議案」を議することとされた[15]。こうして、国会演習は、四月二二日の当日午後一時に「英語邦語第二年第三年級中の一〇〇人ほどを議員とし、その他各級学生を傍聴者として、発足した。記録によると、一週間後の四月二九日に第二回がおこなわれ[16]、さらに同年の一一月六日には、一八九一―九二年度の第一回国会演習が開かれている[17]。

その後、「擬国会」「早稲田議会」と一般に呼ばれるようになり、「早稲田名物」として発展した模擬国会としての国会演習は、一八九七年あたりから各年度一回、一九〇一年から一八年までの間は「毎年三、四月の交[18]」に開催されるのを例とするようになった。その中で、一八九七年の一一月一四日に開催された国会演習は、第五期とされ、はじめて期次が明示されるようになった。『早稲田学報』は、このおりの国会演習を「第五期国会演習」「第五期早稲田議会」と両様に表現している[19]。なお、一九一八年度から二〇年度までの三回は、二月に開催され、また、一九〇七年度から一〇年度までは、開催日が二日間にわたった。このような経過を辿って、一九二一年一一月に開催された第三四期で、擬国会は、三〇年余の歴史の幕を閉じたとみられる（**表８―１**[20]参照）。

表8—1　早稲田議会：第5期～第34期

期次	開催日	主要議案
第5期	1897年11月14日	地租改正法案
第6期	1898年12月4日	対外国是に関する上奏案
第7期	1899年2月11日	衆議院議員選挙法中改正法律案
第8期	1899年12月10日	軍備緊縮建議案
第9期	1901年3月23日	清国問題ニ関スル建議案
第10期	1902年3月30日	海軍拡張建議案
第11期	1903年4月17日	国勢伸張に関する建議案
第12期	1904年4月24日	貯蓄勧業債券法案
第13期	1905年3月26日	日英同盟継続ニ関スル建議案
第14期	1906年4月18日	軍備拡張に関する案
第15期	1907年3月31日	死刑廃止法律案
第16期	1908年3月15日	軍備緊縮に関する建議案
第17期	1908年3月16日	東京湾築港ニ関スル経費支出ノ件
第18期	1909年3月13日	追加予算
〃	1909年3月14日	普通選挙実施に関する建議案
第19期	1910年3月11日	通行税法案
第20期	1910年3月12日	普通選挙実施に関する建議案
第21期		
第22期	1911年3月18日	満州移民奨励金支出に関する建議案
第23期	1911年3月19日	公債償還延期に関する建議案
第24期		
第25期	1913年3月3日	
第26期	1914年3月15日	衆議院議員選挙法改正法律案
第27期	1915年3月14日	衆議院議員選挙法中改正法律案
第28期	1916年3月12日	大正6年度総予算
第29期	1917年3月25日	新興工業関税保護に関する建議案
第30期	1918年4月14日	米専売法案
第31期	1919年2月16日	地方制度改正に関する建議案
第32期	1920年2月29日	衆議院議員選挙法中(女子参政権)改正法案
第33期	1921年2月11日	
第34期	1921年11月27日	物価調節

ちなみに、一八九九年に著した『早稲田学風』で最初期の「早稲田議会史」を略述した村松忠雄は、一八八八年一〇月、一八九五年一一月、一八九六年四月、一八九七年二月にそれぞれ開かれた擬国会を第一期、第二期、第三期、第四期としているが、その根拠は定かではない[21]。他方で、一八八八年一〇月開催の擬国会を第一期とする村松説に対して、『早稲田大学百年史』第一巻は疑義を提起している[22]が、とにかく一八八八年一〇月三一日の国会法演習が擬国会の濫觴であることは、まちがいなかろう。しかし、一八九一年四月二二日に開かれた第一回国会演習を村松が無視している理由は、明らかでないし、しかも、この第一回国会演習から村松説による一八九五年一一月の第二期早稲田議会までの間に、記録が残っているものだけでも六回の国会演習が開かれているのである[23]。

いずれにしても、擬国会は、やがて早稲田名物としての評判を享受するようになり、広く社会の関心を集め、ときに新聞等によってその模様が報じられた。たとえば、一八九七年二月の擬国会について、『東京朝日新聞』は、「一昨廿八日午前九時より東京専門学校にては擬国会を開き近来の大問題たる貨幣制度改正案並に民法第二条修正案に関し討議せしに時節柄とて貴衆両院議員を始め在朝在野の学者政治家実業家新聞記者等無慮五百有余名来会せり[24]」とし、一七行を費やして擬国会での討議の実況を伝えている。

ところで、国会演習は、「実地演習[25]」としての試みであり、いっそう具体的には、「政学部学生の弁舌及議事法練磨[26]」をねらいとしていた。端的にいえば、国会演習の第一の目的は、政治家への訓練であったのである。『東京専門学校第二十九年報』（一八九六年）は、「国会演習」についてこう記している。「政学部学生ヲシテ議事ニ精熟セシムル為メ貴衆両院ノ議員幷ニ朝野ノ名家ヲ聘シテ時々擬国会ヲ開キ政治経済ニ関スル重要問題ヲ論議シ学理応用実地研究ノ一端トナス[27]」

擬国会の運営については、期次によって変化しているが、あらかじめ定められた内閣総理大臣以下の閣僚、議長、与野党役員などを軸にして進める形式が、しだいに慣例化した。運営の形式がかなり整備されてきた一九〇一年三月二三日に開かれた第九期早稲田議会の進行について、『早稲田学報』は、つぎのように伝えている。

「総理大臣兼外務大臣高田早苗、文部大臣坪内雄蔵、逓信大臣浮田和民三氏列席し議長市島謙吉氏欠席の為め田中唯一郎氏副議長として議長席に着き書記官長下山逸男氏をして清国問題に関する建議案を朗読せしめ、終るや提出者安田与四郎氏登壇して理由を述べ次に神田正雄、坂田熊三、松田知三、江藤杢輔、篠原熊雄、内藤三介、永谷武右衛門（以上学生）諸氏及来賓佐藤虎次郎氏の外に校友田中穂積、肥塚龍の諸氏等民党中立党政府党の三派に分れ夫々雄弁を鼓し満場の形勢政府党優勝に傾かんとするや国民党院内総理吉田巳之助氏緊急動議を起して日程を変更し内閣不信任の上奏案を提出して其理由を陳述し頽勢を挽回しければ高田総理大臣は突如登壇して内外の形勢より論して上奏案に反対し民党は更に勢を鼓して政府に肉薄せむとするの形勢なりしが突如五日間停会の命下りて早稲田議会は一ト先づ散会を告げたり当日議員席にあるもの傍聴席にあるもの等無慮二千余名と註さる[28]」

ここに参加者として名前のあがっている高田、坪内、浮田のほかに、吉田巳之助も一九〇〇年から教員に加わった一人であり、校友として名前の出ている田中穂積は、一八九六年に政学部を卒業し、『東京毎日新聞』の主筆として活躍中であったが、一九〇〇年七月に東京専門学校の最初の留学生の一人に選抜され、第九期早稲田議会の三か月後にアメリカ留学へ出発した。また、一九〇〇年二月に高田は東京専門学校学監に、市島は会計監督に、田中唯一郎は幹事（事務総長に相当）にそれぞれ就任していたが、この第九期議会開催日の二週間余り前に浮田は初代図書館長に就任した。要するに、この擬国会では、当時の東京専門学校の中心的担い手たちが参加し、運営の核となる役割を演じたのである。

このような東京専門学校＝早稲田大学の幹部教職員の参加という形式は、第一回国会法演習、第一回国会演習が、いずれも高田早苗の音頭とりの下で進められて以来のものであったが、期次を追うごとに教員の参加は、ますます盛んになり、一九一四年三月の第二六期議会からは、「内閣は総て教授講師を以て組織すること[29]」となった。このルールの下で一九一六年三月に開催された第二八期議会の場合、天野為之学長が内閣総理大臣の、塩沢昌貞理事・大学部政治経済学科長兼専門部政治経済科長が議長の座をそれぞれ占めたほか、内閣を構成したのはつぎの諸教授であった[30]。

司法大臣　浮田和民　　農商務大臣　服部文四郎
内務大臣　安部磯雄　　陸軍大臣　大山郁夫
大蔵大臣　田中穂積　　文部大臣　内ケ崎作三郎
逓信大臣　伊藤重治郎　海軍大臣　平沼淑郎
外務大臣　副島義一　　植民大臣　永井柳太郎

しかし、おそらく学生からの強い要望があったのであろう。続く一九一七年三月の第二九期議会からは、「学生内閣制度」が復活し、学生が閣僚として内閣に加わることになった。それでも、この議会で首相は学長天野為之が、議長は塩沢昌貞がつとめている[31]。さらに、一九一九年二月第三一期議会においては、「閣員は首相の外学生を以て」することとなり、学生の役割がいっそう大きくなった。ちなみに、「政治科科長塩沢博士を議長」として開催されたこの議会で、学長平沼淑郎を首相とする内閣に外務大臣として列した学生の一人が、政治経済学科三年で、後の政治経済学部教授久保田明光で、久保田は、平沼首相の「施政方針ニ関スル説明」について登壇し、「外交方針ニ関スル説明」をおこなった。学生外相久保田は、その演説を颯爽とこう結んでいる。「上述の如く我政府は実にデモクラシーの根本精神に従ひ人類の公平及平等を目的として、恒久平和確立の為に出来得る限り尽力せんとするものなれば、諸君に於いてもこの趣旨を諒し我国の世界的地位確立に努力あらんことを切望するものなり[32]」

なお、第二九期からの「学生内閣」は、大学部と専門部の学生が「年々交代にて内閣及び政府与党と政府反対党とを組織」するといった方式で実施され[33]、第二九期と第三一期では大学部学生が、第三〇期と第三二期では専門部学生が、それぞれ内閣および政府与党の役割を演じた。また、すでに触れたように、一九〇七年度から一〇年度までの四期の擬国会は、二日間にわたって開かれたが、この場合、一方の日の議会が学生内閣、他方の日の議会が「来賓及び学校関係の名士」によって組織される「名士内閣」をそれぞれ軸として運営された。

さらに、「名士内閣」の関連で特筆にあたいするのは、当初のころはとりわけ現職の衆議院議員をはじめとする「名士」の参加が盛んで、実際の政治における「時の問題」を論議の対象とすることが多かったこととあいまって、擬国会があたかも衆貴両院と並ぶ「第三院」であるかのような趣を呈したことであろう。「現行貨幣制度改正建議案」と「民法第二条修正法律案」といった「刻下の大問題」を議題として一八九七年二月に開かれた擬国会の参会者の中には、鳩山和夫、町田忠治、阪谷芳郎、穂積陳重、山田三良、箕浦勝人など錚々たる名士が含まれ、町田、阪谷、穂積らは、いずれも積極的に討議に参加している[34]。これらの名士のうち、東京専門学校校長としてこの擬国会の議長をつとめた鳩山は、当時現職の衆議院議長であり、後に大蔵大臣、東京市長を歴任することになる阪谷は、このとき大蔵省主計局長であった。

この擬国会から九か月を経て一八九七年一一月一四日に開かれた第五期早稲田議会も、「名士閣僚」「名士議員」の間での質の高い論戦の舞台であった。『早稲田学報』は、この議会について「講師校友学生及朝野知名の士相会し」「学理上より刻下緊切の増税問題を討議せり」と報じているが、この早稲田議会では、翌月に召集される第一一帝国議会に政府が提出を予定していた地租改正法案を先取りする形で俎上に載せ、大蔵大臣田口卯吉と反対党としての急進党総理(党首)天野為之との間の対決を軸として、名うての論客が論戦に参加して討議が展開されたのである。

ところで、この早稲田議会に提案された「地租改正法案」は、「第一条　耕地地租は地価の百分の一個半を以て一年の定率とす、第二条　石代は従来の法定価格の二倍とす、第三条　市街宅地租は地価の百分の一個半を以て一年の定率とす」といった箇条を含み、「現在の国庫は以て財政の急需に応ずるに足らず明三十一年度の予算に於て二千七百万円の歳入不足額を補填せんが為めには本案を提出する亦已むを得ざるなり即ち右不足額中一千二百万円は地租増徴額を以て之に充てんとす」としたところに提案の理由があった。

この早稲田議会において、大蔵大臣として地租増徴の必要性を力説し、この法案への支持を求める田口卯吉に対して、天野為之は、「大いに譲って軍備拡張の大方針を良きものと認定した所で、併せて地租を取立てると云ふことはない。殊に天下稀なる悪税の地租を取立てると云ふ必要は少しもないと思ふ、それで軍備拡張と云ふことも今日の国防に就ては大いに戒むべきことであって、吾々の反対して居ることもあるけれども、今日の内閣に於て、又多数の議員の盲従の結果として、何処までも押通して往かなければならぬとしても、他に種々の財源があるものだから、此地租の増徴などと云ふことに依頼する必要は少しもない」と論じて、まっこうからの反対論を展開し、さらに田川大吉郎、増田義一らが、それぞれ賛成・反対の論陣を張るなかで、箕浦勝人は、「地租は地価の千分の八を以て一ケ年の定率とす」といった修正説を提起した。『早稲田学報』が伝えるその論戦のありようは、まさに言論の府にふさわしいものであったといっていい[35]。

なお、これらの論客のうち、田口は、当時現職の衆議院議員であり、同時に天野とともに草創期のわが国の経済学を代表する学者として知られ、増田は、一八九三年に東京専門学校邦語政治科を卒業し、一九〇〇年から実業之日本社の主宰者としての活動を展開することになるが、第五期早稲田議会当時は、読売新聞記者として活躍していた。一八九〇年に東京専門学校邦語政治科を卒業した田川は、当時報知新聞記者で、それから一〇年余を経た一九〇八年に衆議院議員に当選する。また、箕浦は一八九〇年の第一回総選挙から衆議院議員に一五回連続当選の経歴をもつが、第五期議会当時は、現職の衆議院議員であるとともに、報知新聞社長であった。

これらの名士に伍して、「世の文明に赴くの結果は単に地価のみ騰貴するにあらず、総ての物価騰貴するは通則なり、然るに地租を徴収するは其調査方法の容易なると農民の柔順なるとの故を以て之にのみ負担せしめんとす是れ不当の甚しきもの、他に富贍なる税源多し、何ぞ其調査の煩雑なるが故に之れを避くるや」と論じて、反対論を展開した学生議員の一人が、西川光次郎であった[36]。西川は、二年後の一八九九年に東京専門学校英語政治科を卒業し、さらにその二年後の一九〇一年に安部磯雄、片山潜、幸徳伝次郎らと日本で最初の社会主義政党としての社会民主党の結成に参画することになる。

ちなみに、この第五期議会で議長をつとめたのが、高田早苗であり、副議長として午後の議事をとりしきったのが、講師で、後に清浦内閣の法相、田中義一内閣の内相を歴任し、一九三二年に政友会総裁に就任した鈴木喜三郎であった。

3　早稲田政治学会の設立と活動

草創期の早稲田における政治学教育の展開について注目すべきもう一つは、早稲田政治学会の活動である。一九一七年一一月一〇日に開かれた政治学会秋季講演大会において、挨拶に立った政治経済学科長塩沢昌貞は、「政治学会創設以来の趣意は時事問題及び学術的研究に対して、自習的研究を為すといふ学生諸君の希望に基いたもので、私はいつも乳母か産婆役といふ処に止って、学生諸君の自習的自由研究が本位、教師は第二位といふ事にして、専らアカデミックの研究を希望し亦着々として行はれて来たのでありました」と述べ、さらにこう付言した。

「此自由自習に基くアカデミックの研究といふ事は、教育界一般の傾向として認めらるる処である事は、今更とりたてて言ふ必要もなく、只私は此傾向をして早稲田全部に向って及ぼし、更に一般教育界に向っても及ぶべき事を希ふものであります。[37]」

要するに、一九世紀末に設立され、その後第二次大戦期に至るまでの三〇年余にわたって早稲田の政治学科の学生を主たる会員とする代表的な学生研究会として活動した政治学会は、草創期早稲田において、擬国会とともに、講義を通じての教育を補完する政治学教育の双翼的要素として位置づけられていたのである。

『早稲田学報』の伝えるところによると、政治学会は、「実際と学理の攷究」を目的に掲げ、高田早苗を会長として「政学会」の名称で一九〇〇年に発足した[38]。一九〇一年一二月刊の『早稲田学報』には、「早稲田政治学会」の名称でその活動が報告され、それ以降は、この名称が用いられている。一九〇一年一一月二日の研究会については、「政学会」の名称で記録されているので、この間に名称が改められたのであろう[39]。

ところで、一九〇四年一二月一〇日に開かれた例会を最後に「東京専門学校の状況校友会同攻会及本会員の動静を報告[40]」することを目的の一つとし、政治学会の活動についてもその都度記事を掲げてきた『早稲田学報』から、政治学会関係の記事が見当たらなくなる。政治学会の指導に力を注いできた高田が、この前後のころからますます学校行政に忙殺されるようになり、政治学会の指導のために時間がとれなくなるといった事態が生じ、それが、政治学会の活動の不活発化を招く結果になったのであろう。高田は、一九〇〇年に東京専門学校学監に就任し、一九〇二年の東京専門学校創立二〇周年を機しての「早稲田大学開校」へ向けての準備に中心的役割を担い、さらに一九〇七年四月に初代学長に就任した。そして、高田は、一九〇二年から担当していた政治学科の中心科目「国家学原理」の担当も、一九〇七年に浮田和民と交代したのである[41]。

こうして、「久しく宿論」となっていた政治学会の再興は、一九一一年一一月に「本会は、政治学会と称し政治学に関する研究を為すを以て目的とす」とする会則を掲げ、有賀長雄を会長とした再発足によって実現した[42]。これが、いわば第二期の政治学会である。

その後、会長は浮田和民（一九一五年）、塩沢昌貞（一九一九年？）へと引き継がれたが、再び一九二一年なかばから二三年なかばにかけての時期に活動が衰え、「意義ある歴史を持ち乍ら暫らく中絶の姿」を呈するに至った。この政治学会の重ねての再建がはかられたのは、一九二三年六月のことで、塩沢が会長に、大山郁夫が副会長に推されたが、この第三期政治学会について注目にあたいするのは、その目的に「政治経済ニ関シ自主的研究ヲナス」ことを掲げ、研究活動の対象に「経済」を明確に含めたことである[43]。それだけではない。三年後の一九二六年春には、会名も「政治経済攻究会」に改められた[44]。おそらくその背景は、当時、政治経済学部の学生中で経済学科学生が圧倒的多数を占めたことであろう。一九二七年三月末でみると、政治経済学部の在籍学生七三九人の八七％に当たる六四三人が経済学科の学生であったのである[45]。

しかし、このような「経済」への活動の重心の移動は、今度は政治学科の学生の不満をかき立てることになった。このような動きの中で、一九三三年に浮田和民を会長に擁して、政治学研究を主目的として復活したのが、第四期政治学会である。早稲田大学政治経済学部政治学科を一九三五年に卒業し、後に早稲田大学庶務部長、理事を歴任することになる大塚芳忠は、この間の事情に触れて、浮田和民を追懐する文章の中でこう書いている。

「昭和八年のことであった。私たち政治科の学生が、早稲田の華と自他共に許す政治学科に政治学会がないのは遺憾じゃないかと云ふことから設立することになった。その時一体会長には、と申したところ、全級員全く異口同音に浮田先生と叫ばれたので、会長に推戴することに決定、そこで私がこのことを先生にお伝へ申し御願ひ申しましたところ、一会員としてなら是非入会させていただくが、会長としては不可であるとて、固く辞退せられた。しかし級員一同の希望なることを再三強調し、遂に御承諾をいただくことになった[46]。」

このようにして、一九世紀末から消長を経ながら存続してきた政治学会の活動は、第二期の半ばころまでは、教員が提出した課題についての討論と、ときおりの学園の内外の専門家を講師とする講演会の開催を軸としていた。第一期、第二期において研究会のために掲げられた論題の主なものは、表8―2[47]のとおりであるが、第一期においては、これらの論題をめぐっての会員相互間の討論が活動の中心であった。第二期に入ると、学生会員の中からあらかじめこれらの論題についての報告者を決め、その報告をめぐって討論をおこなう形式がとられるようになり、研究会としての体裁がいっそう整うようになった。第二期の「政治学会会則」は、この点についてこう規定している。「本会は毎月

表８―２　早稲田政治学会研究会：1900年～1919年

回次	開催日	論題(カッコ内は出題者)
	1900年10月25日	支那保全の利害
	1901年11月 2 日	帝国主義を我国に採用するの可否
	1902年12月14日	外務省を政党勢力の範囲内に置くの可否(浮田和民)
	1904年11月12日	日本の植民政策
	1904年12月10日	満州処分案(髙田早苗)
第 1 回	1911年11月11日	一国に内乱ある場合に於て外国は如何なる理由に依り之に干渉する事を得るか(有賀長雄)
第 2 回	1911年12月 9 日	清国に若し共和政体成立せば我邦に如何なる影響を与ふるか
第 3 回	1912年 1 月27日	新支那建設に付き如何なる政体組織を採る可き乎(青柳篤恒)
第 4 回	1912年 2 月24日	帝国議会をして政務実地調査の職権を有せしむる当否及び其方法如何(有賀長雄)
第 5 回	1912年 3 月23日	衆議院議員選挙に於ける弊害を救済する方法如何(有賀長雄)
第 6 回	1912年 4 月13日	労働争議の調停方法如何(有賀長雄・塩沢昌貞)
第 7 回	1912年10月26日	減債基金制の可否
第 8 回	1912年11月16日	都市の看板に課税する当否(有賀長雄)
第 9 回	1912年12月14日	土耳古が欧州より駆逐せらるる時は、我が国外交上に有利なりや将た不利なりや(有賀長雄)
第10回	1913年1月25日	ノルマンエンゼル著現代戦争論(永井柳太郎)
第11回		立憲国家の目的を達する為めには英国の如く二大政党更迭して政権を授受するを宜しとするか或は大陸諸国の如く小政党聯合して政権を掌握するを宜しとするか(有賀長雄)
第12回	1913年 3 月22日	政党政治は、財政問題の為めに、外交問題軍事問題を犠牲にする危険なきや(永井柳太郎)
	1914年 2 月28日	日英同盟を継続すべきか日独同盟を締結すべきか(永井柳太郎)
	1914年 4 月25日	道徳と経済とは一致せざるや(塩沢昌貞)
第14回	1914年12月12日	武装的平和主義を論ず(塩沢昌貞)
	1915年 4 月17日	如何にして我が国労働者の利害を代表せしむべきか(塩沢昌貞)
	1915年10月30日	支那帝政を論ず(大山郁夫)
第19回	1915年11月27日	米価調節の可否及其方策如何(塩沢昌貞)
第20回	1915年12月11日	日本における政党政治は招来如何にすべきか(大山郁夫)
	1917年11月24日	貴族院の予算議決権を如何にすべきか(浮田和民)
	1919年10月11日	国際労働運動と我国の労働問題(塩沢昌貞)
	1919年10月18日	デモクラシィの本質を論じてその道徳的価値に及ぶ(髙橋清吾)

一回之を開き予め問題を撰び毎会特定されたる者より其研究の結果を報告し畢りて其報告を互に討究するものとす」
「毎回の研究課題は役員或は会員之を定め掲示又は本校学報を以て予め之を会員に告知す[48]」

これらの研究会の実際については、しばしばその模様を二ページ、三ページにわたって伝えている『早稲田学報』の記事によって、かなり詳細にうかがうことができる。

それによると、有賀長雄出題の「衆議院議員選挙に於ける弊害を救済する方法如何」を論題として一九一二年三月二三日に開かれた「第五回大会」では、まず、学生の報告者として兒玉龍太郎が、「選挙権拡張、政治教育の二点」を挙げて「根本論」を試み、市来信が、「一の制裁団体を造り、援助亦は妨害をなすの外なし。我早稲田学園出身の如きは一の団体を造りて此目的を達する事に努力すべし」と主張し、さらに藤川年が、「比例代表と棄権者に対する制裁に就き外国法を参照して詳論」した。そこで討論に加わったのが永井柳太郎で、永井は、イギリスの腐敗防止法の効果について説明し、「我国にても斯る取締法を制定するは目下の急務なりと信ず。亦た選挙区民は選出議員が其の誓ひを無視して反対党に入る事等を監督するの必要あり。議員の不徳は選挙民の名誉を害するに拘らず、我国の如きは議員と選挙区民との意思は没交渉の観あり。故に英米の如く、代議士の名を呼ぶに必ず選挙区の地名を冠するは確かに弊害救済の一助ならん」とコメントした。

最後に、会長であり、また出題者でもあった有賀が講評に立ち、「現在に於ける選挙の有様は弊害と云ふよりも寧ろ危険と云ふ」べしと断じ、「理想論は暫く置き、実行され得べき方法としては、自覚せる者が団体を組織し、如何なる政党に属する者にても、正当なる手段に依りて立つ者は之を援助し、不正なる者は極力其買収を妨害して之が摘発に努め、議会終了後は議員の地方へ行きて議会に於ける言行を批評する事とせば最も可ならんと信ず」と論じて締めくくり、午後二時から三時間半に及んだ研究会は、午後五時半に閉会となった[49]。なお、報告者であった兒玉、市来、藤川は、いずれも翌一三年に大学部政治経済学科を卒業している。

また、一九一五年一二月一一日の第二〇回研究会の場合、大山郁夫が提出した「日本に於ける政党政治は将来如何に推移すべきか」を論題として、午後一時から六時までの五時間に及んだと記録されている。この研究会では、まず専門部政治経済科一年堀英文が、「将来の政党政治は二大政党に分れ、政党組織は愈々寡頭専制に進むが如し」と論じる報告をおこない、これに対して専門部政治経済科三年太田守男が、「『一大政党対群小政党の聯合』の状態は来る可き新勢力優勢時代の政治形式なり」とする報告を、大学部政治経済学科三年松枝徳磨が、「聯結的二党対立説」を軸とする報告をそれぞれ発表し、さらに大学部政治経済学科二年川北磯助が、「列強の内政は今や反動期に入れり。日本の政党政治も亦此の大勢に洩れず、当分現状は依然進歩せずして止まる可し」とする悲観説に立つ論陣を張った。

これらの報告に対して、出席の塩沢誠二経済学部長と永井柳太郎が、「四君の論区々にして時に論争ありしと雖も皆現在の政治状態の長所短所の一面を穿ち居るを以て、之を綜合すれば稍々真理に近きものを得可きに似たり」（塩沢）、「余は憲法の条文上政党内閣を不法なりとはせざれど現実の党弊を察するの時大権内閣を寧ろ謳歌せんとす。政党内閣は財政問題の為に外交軍事を犠牲とするの憂あり。尚二大政党論その他種々の論有りしも余は将来は三大政党対立の状態と成る可きを信ずるものなり」（永井）とそれぞれ寸評を試みたあとで、出題者としての大山が、総括的講評をおこない、さらに永井の三大政党論に疑問を提起しつつ、つぎのような自説を披瀝して結んだ。

「余は独乙の社会民主党が議会に於て勢力を伸張するに至りてより以来独乙の自由党が国民自由党、進歩国民党の二派に分れ前者は概ね保守党と行動を共にし後者は大体社会民主党と一致の進退を取るが如く三党鼎立の状況は結局『諾否』の原理に支配せられ従て、二大優勢政党対立の勢に帰着するが如し[50]」

ところで、第二期の半ばころに至って、政治学会は、いっそう学術研究会的性格を濃くし、一九二〇年には、原書研究を中心とする研究会活動も開始された。政治学会幹事名で『早稲田学報』（一九二〇年一一月）に寄せられた「政治学会近況」記事は、この点について「本会は茲に時勢の推移に顧みる所あり、本会顧問たる高橋、五来両教授の賛同を得て、新に原書の訳読の例を被り、我等自ら先づ原書を研究し、之を発表して両教授の批判を請ひ、以て一同の研究に資せんと試みつゝあり。現在研究しつゝある原書は、Wallas 氏の "Human Nature in Politics"」と記し、「原書研究開始」について大方の注意を喚起している[51]。

このようにして、政治学会は、二〇世紀の新しい政治学の草分け的位置を占めるグレイアム・ウォーラスの『政治における人間性』（一九〇八年）をテキストとして用いた、わが国におけるおそらく最初の学生研究会として特筆にあたいするであろうが、一九二三年六月に第三期の活動を開始した政治学会が、その「新会則」において、「毎月一回」の研究報告会、「毎年二回」の講演会の開催にあわせて、「毎週一回」の研究会の開催を事業の第一に掲げている[52]のは、このような研究志向性の動向に対応したものであろう。さらに、『早稲田学報』の一九二四年六月号掲載の「政治学会記事」は、「我が政治学会は、別に大山教授指導の下に原書研究会を開催し居り、毎週二回同教授の明徹懇切なる講義に接して居る」と記している[53]。ここで原書研究会が毎週二回開催となっているところに示されているのは、政治学会の活動の研究志向性のいっそうの高まりであるにちがいない。

そして、第四期の政治学会においては、週一回の「政治に関する」名著研究が、活動の第一に掲げられたのである[54]。

要するに、政治学会は、その性格において、擬国会が「政治実習」的であったのに対して、「政治学演習」的であったといってよかろう。一方が実際に、他方が学理にそれぞれ重心をおくことによって、両者は、「学理と実際の密着」をねらいとした早稲田の政治学の教育の展開において両々相俟つ関係にあったのである。

ちなみに、政治経済学部のカリキュラムに今日的な意味での「演習」がおかれるようになったのは、ようやく一九三〇年度からで、この年度に杉森孝次郎が、「政治学研究ゼミナール」を担当したが、一九三二年度からは、カリキュラム「改革」によってさらに整備され、政治学関係では、政治科学（高橋清吾）、公法一般（中野登美雄）、行政法（天川信雄）、政治哲学（杉森孝次郎）の四演習が設置された[55]。

4　共通する三つの特徴

このようにして、一九世紀末から二〇世紀の二〇年代、三〇年代にかけての時期に早稲田における政治学教育を特徴づけた擬国会と政治学会の活動は、三つの点において共通的であった。

第一は、両者の発足に当たって高田早苗が果たした指導的役割である。擬国会の場合、その濫觴としての一八八八年一〇月三一日の国会法演習、あるいは一八九一年四月二二日の第一回国会演習が、いずれも高田の指導の下でおこなわれ、また政治学会の歴史が、高田を会長として一九〇〇年に発足した政学会にまでさかのぼることについてはすでに触れたが、高田によると、政治学会の源流はさらにさかのぼって、高田が東京大学在学当時に関直彦、坪内雄蔵（逍遙）らと作った晩成会であるという。高田が、一九一九年四月二六日に開催された政治学会講演会においておこなった「政治教育に就て」と題する講演で述べているところによると、この晩成会のメンバーを中心とする東大の学生たちが、小野梓の家で憲法の研究をすることになる。これが鴎渡会の始まりであるが、その後の経過について、高田は、こう語っている。

「斯う云ふやうな訳で、此早稲田大学の政治学会の前身とも云ふべき所の晩成会なる会が夫れが土台となって憲法の研究も或程度まで出来、夫れが土台となって立憲改進党が出来、夫れが土台となって東京専門学校、今日の早稲田大学が出来た訳であるからして、僅か十数名の微々たる学生の集まりで、聞く者も聞かせる者も何時も同じ顔で悪口を言合って居た会にしては仲々大事業をなしたものと言って宜しい。即ち諸君が今会員である此学会が出来、又諸君が在学して居られる所の政治経済科、又此早稲田大学と云ふものが出来たのも、其由来は斯う云ふ訳である[56]。」

このような背景で、自らが「親しく指導[57]」してできた政治学会への高田の思い入れがきわめて深いものであったのは、当然であろう。「政治教育に就て」の講演の冒頭で、高田が、「早稲田大学に於て久振りで講演するのは言ふ迄もなく喜びであるが、殊に政治科の諸君に見へ政治学会に於て講演することは深き私の喜びであると云ふことを先づ諸君に向って告白せざるを得ない[58]」と述べているところにうかがわれるのは、そのような高田の政治学会への心情にほかなるまい。そして、高田は、自らが会長であった第一期においてのみならず、学長の任にあった第二期においても、再三政治学会の研究会や講演会に顔をみせ、ときに討論にも参加し、積極的に意見を開陳したのである。

擬国会と政治学会の活動について共通的にみられる第二の点は、高田のかかわり方からもうかがわれるように、教員の積極的な参加であり、擬国会と政治学会はいずれも、実際上教員と学生とを共同的担い手として運営されていたのである。

一八九一年四月二二日におこなわれた第一回国会演習は、2節で触れたように、高田が議長、講師で「考証経済学」担当であった有賀長文が副議長をつとめて発足したが、最終の擬国会とみられる第三四期早稲田議会(一九二一年一月二七日)では、その三週間ほど前に第四代学長に就任したばかりの塩沢昌貞が総理大臣、政治哲学担当の五来欣造が内務大臣、講師で日本財政論担当の太田正孝が大蔵大臣、政治経済学部長の安部磯雄が議長を、それぞれつとめた[59]。擬国会の運営へのこのような政治経済科、政治経済学部の教員の積極的なかかわりは、2節で紹介した一九〇一年三月の第九期、一六年三月の第二八期、一七年三月の第二九期、一九年二月の第三二期などの場合にみられるように、期次によって若干の役割の異動はあったが、擬国会の歴史を通じて変わらなかった。

政治学会の場合も、同様にして、教員の参加はきわめて活発であった。3節でみたように、一九一二年三月の第五回大会には、有賀長雄会長のほかに永井柳太郎が加わって論陣を張り、一五年一二月の第二〇回大会では、塩沢政治経済学部長、永井柳太郎、大山郁夫が参加して、討議に加わった。
それだけではない。ときに総長大隈重信も研究会に出席し、討論に参加したのである。ちなみに、一九一三年二月(?)に「立憲国家の目的を達する為めには英国の如く二大政党更迭して政権を授受するを宜しとするか或は大陸諸国の如く小政党聯合して政権を掌握するを宜しとするか」を「研究問題」として開かれた第一一回研究会に政治経済学科長塩沢昌貞、有賀長雄、永井柳太郎、副島義一らの諸教授とともに出席した大隈は、

有賀「英国及び米国の事情につき研究する所比較的深き我国の学者は、二大政党更迭して政権を授受するを謳歌する者が少なくない。然れども之に伴ふ弊害がないではない、二大政党対立して政権を授受するに於ては憲法上の危険を生ずる事がある。」

副島「英国及び米合衆国にては、二大政党の存立する歴史上及び政治上の理由がある。独逸仏蘭西にありては小政党分立する特有の理由が存する。而して此等歴史上其他政治上の理由は如何にしても没却するを得ない。」

大学部政治経済学科三年小川三郎「二大政党の対立は往々にして自党に対する愛著心の為め、国家の大計を誤る事がないでもない。されど此の弊たるや小政党分立にも伴ふ所であって、唯其程度に多少の差があるのみである。之を要するに二大政党交迭して政権を授受するは、多少小政党聯合して政権を掌握するに比し、憲政の運用に便なりと云はねばならぬ。」

専門部政治経済科三年高橋清吾「二大政党対立するに於ては、第一政府の基礎鞏固にして主義政見を実行する事が容易である。第二に内閣に対する在野党の批難攻撃は徒らに空理空論を事とする事なく、責任を重んずるに至るの利がある。然りと雖も政権の争奪甚しきに至り、且つ往々真正なる輿論を誤り、偏頗不公平に流るるの傾を免るることが出来ない。反之多数小政党の存立するに於ては真正なる輿論を誤る事なく、偏頗不公平を温和するの効があるけれど、政府の基礎薄弱にして且つ無責任なる攻撃批難を蒙る事が少いと言はれない。……茲に於

てか余輩は三大政党の出現は之等両制度の欠点を補ひ、憲政の運用も至大の便利を有するものと信ずる。」と出席の教員、学生が交々立って論陣を張る中に割ってはいり、こう論じたのである。

「元来立憲政治は代表的政治であって、其根本は選挙にある。惟ふに我国民未だ憲法上の知識なく、道徳上の観念に乏しい。従って立憲政治の根元たる選挙は腐敗堕落を極めて居る。源流濁れば末流清浄なるを得ず、選挙にして清浄ならんには必ずや善良なる政党の発現を見るを得るのである。此時に及んでは二大政党対立して政権を受授する、敢て不可はない。故に選挙は立憲政治の根元である。而して選挙の清濁は、国民の憲法上の知識の発達及び道徳の向上の程度如何による。此根本を忘れて豈に本問題を解決するを得んやである[60]。」

なお、ここで討論に参加した学生の一人高橋清吾は、この研究会から数か月を経て専門部政治経済科を卒業し、翌年八月から早稲田大学留学生としてコロンビア大学に留学、一九一八年夏に帰国とともに早稲田大学講師に就任した。高橋が一九三〇年に著した『現代の政党』は、政治学会研究会での討論に示されている学生時代の高橋の関心の延長線上の所産とみることもできよう。

擬国会と政治学会の活動に共通する第三の点は、現実政治上の時の問題、さらには政策的課題に向けられた積極的な関心にほかならない。この点は、表8―1および表8―2における「主要議案」「論題」を一瞥すれば、ただちに明らかであろう。

しかも、擬国会の場合、議案が同時代のわが国の国会での議論の主題と重なりあっていることが、稀でなかった。擬国会に繰り返し提出された衆議院議員選挙法改正案は、ときに小選挙区制導入を求め、ときに女性参政権の実現を主張したが、いずれも時代の課題と直接的に連動していたのである。実際に、一八九一年四月二二日の第一回国会演習に提出された「衆議院議員撰挙法改正案」は、①「撰挙区の拡張」、②「撰挙権の拡張」、③「女子に撰挙権を与ふる事」、④「宗教家に被選挙権を与ふる事」、⑤「官吏の被選挙権を除くこと」、⑥「一丁字なき者には撰挙権を与へざる事」等を骨子としていたが[61]、これらのうち①、②、⑥については、一九〇〇年の最初の衆議院議員選挙法改正で対応がなされ、それまでの小選挙区制が府県を単位とする大選挙区制に改められ、選挙権の納税要件としての直接税納付額が一五円以上から一〇円以上に引き下げられ、さらに「自ラ被選挙人ノ氏名ヲ書スルコト能ハサル者」は、「投票ヲ為スコトヲ得ス」と定められた。

また、２節で触れたように、一八九七年一一月の第五期早稲田議会で田口卯吉と天野為之が丁々発止とわたりあった「地租改正法案」は、その翌月の第一一帝国議会に政府が提出を予定していた地租改正法案を先取りする形で論議の対象としたものであったのである。

さらに、政治学会の研究会の研究論題も、政党政治のあり方、米価調節の可否、労働争議の調停方法から日英同盟の評価にまで及ぶ国内政治・国際政治の広範な領域にわたっているが、いずれも現実政治上の時の問題と密接にかかわるものであった。擬国会が現実政治上の具体的な政策論議の場であったのに対して、政治学会は、問題のより基本的な側面に目を向け、問題をより学理的に掘り下げて検討する試みに取り組んだのである。

なお、政治学会研究会でのこれらの論題の大半は、教員によって提出されたものであり、これらの論題群は、当時の早稲田政治学の関心の動向を示すものとしても注目にあたいしよう。ちなみに、一九一四年一一月に四年間の海外留学から帰国した大山郁夫が、翌年一〇月三〇日と一二月一一日に開かれた研究会のために提出した論題は、それぞれ「支那帝政を論ず」と「日本に於ける政党政治は将来如何に推移すべきか」であり、そこに投影されているのは、まさしく当時の大山の関心の所在であるにちがいない。また、大山は、一九二四年一〇月二〇日から二六日までの日程で政治学会主催で開催された政治経済講座で、二五日に「現代日本の政治過程」の演題で講義をおこなっている。大山が同名のタイトルをもつ著作を出版したのは、七か月後の翌年五月一八日であった。

5 消えない足跡

一九一八年四月一四日に開かれた第三〇期早稲田議会についての記事で、『早稲田学報』の記者は、擬国会の三〇年を総括しながらこう書いている。

「本大学の擬国会は既に三十年の歴史を閲し、初期の擬国会以来吾早稲田の壇場に熱弁を振ひし人々の多くは、今や帝国政界の中心人物として日比谷の原頭に飛躍し居れり、故に本大学の擬国会は徒らに一種の芝居として形式のみを真似るを以て能事とするものに非ず、真に政治科の実地演習として溷濁せる帝国政界に対する一種の刺激と皮肉と諷刺とを与へ、吾が議会の若き政治家はやがては帝国政界の将星として真に国政を燮理せんとする意気と抱負とを抱懐して場に莅めるなり[62]」

たしかに、擬国会で活躍した学生たちの中から、後年実際政治の場へ進出して行った者は、けっして少なくない。現に、この第三〇期議会で活躍した学生の中に含まれるのは後の衆議院議員中村三之丞（大学部政治経済学科三年）、高橋円三郎（大学部政治経済学科一年）、後の読売新聞社社長務台光雄（専門部政治経済科三年）らであり、この議会で中村は野党自由党の院内総理、務台は書記官長の役割をそれぞれ演じ、野党自由党に属した高橋は、「青年団自治に関する質問」をおこなっている。また、この議会で、「財政に関する質問」をおこない、政府側と論戦を交えたのが、後の政治経済学部教授久保田明光（大学部政治経済学科二年）であった[63]。

さらに、大正初頭期の擬国会で活躍した学生の中には、後年の日本経済新聞社社長小汀利得や早稲田大学教授出井盛之などの顔も見いだせる。小汀は、大学部政治経済学科二年であった一九一四年三月に開かれた第二六期議会で野党急進党の院内副総理役を、翌年三月の第二七期議会では政府党急進党の院内総理役を演じ、出井は、大学部政治経済学科一年であったおりの第二六期議会で書記官役を、三年であったおりの一九一六年三月の第二八期議会では副議長役をそれぞれ演じたのである[64]。ちなみに、早稲田を卒業して五〇年余を経た一九七一年に著した自伝的著作『ぼくは憎まれっ子』の中で、小汀は、学生時代の擬国会での活躍について触れ、こう回想している。

「ぼくの早稲田時代の一つの思い出に『擬国会』がある。擬国会とは帝国議会（現在の国会）を模したもので、『早稲田議会』ともいい、当時の早稲田名物であり、いわゆるお祭りであった。……当時のおもな議題は、憲法論では天皇機関説のほか『満鉄租借権放棄に関する建議案』『官制中改正に関する建議案』『国有鉄道払い下げに関する建議案』その他外交、経済、社会問題、時事問題を大まじめで論議し、その内容は学内ばかりでなく、大新聞にも報道され、社会的にも大いに人気を博したものである。……ぼくが卒業する大正四年の第二十七期早稲田議会は、総理大臣に天野為之、その他閣僚に大山郁夫、浮田和民、内ケ崎作三郎、青柳篤恒、永井柳太郎氏ら十一人の大物が顔をそろえ、ぼくは急進党の院内総理で大いに暴れまくった[65]。」

ところで、小汀、出井の二人は、在学中に同時に政治学会でも活躍した。小汀が一九一四年一二月の政治学会研究会で開会の辞を、翌年四月の研究会では閉会の辞を、一年後輩の出井が、一九一五年一〇月の研究会で閉会の辞をそれぞれ述べているところからすると、二人は、政治学会でも幹事役をつとめていたのであろう[66]。なお、４節で触れたように、小汀や出井より二、三年前の時期に政治学会で活躍した学生の一人が、高橋清吾であった。

ところが、このようにして人材の苗場として刮目すべき役割を演じた擬国会と政治学会は、大正後期から昭和初頭にかけての時期に相前後して衰微の渕に落ち込むことになる。擬国会の場合、一九二一年一一月二七日に第三四期早稲田議会が開かれたあと記録が途絶えてしまう。もっとも、その後一九二六年一二月四日と一九二九年一二月一〇日に早稲田議会が開催されたと伝えられているが、この両次の議会は、従来の擬国会とは類を異にして、討論会形式でおこなわれたものであり、しかも、かつての活気を呼び戻すことはできなかった。『早稲田大学新聞』は、二九年一二月一〇日の早稲田議会について、「質問が少く議事の進行極めて早く予定時間よりも早く終った」とその低調ぶりを報じている[67]。そして、いわば擬国会の残照の趣のあったこの早稲田議会も、その後開催された記録は見当たらない。また、政治学会の場合、一九三三年に第四期の活動が始まったが、やがて戦時色が強まる中で活動が閉塞状態に陥ったとみられる。一九三六年三月発行の『政治経済学部卒業アルバム』には、吉村正助教授を囲む政治学会メンバーの写真が掲載されているところからみると、このころまでは活動が続いていたことは確かであろうが、その後の活動については確認できない[68]。

このようにして、擬国会と政治学会は、それぞれおよそ三〇年の歴史を刻んで、明確な終止符を打つこともなくその幕を閉じたとみられるが、このような事態は、おそらく一方における一九一九年四月の大学令施行に伴うカリキュラム改革、他方における学生数の増加の顕著化と関連なしとしないであろう。実際に、第一回国会演習がおこなわれた一八九一年に一八三人にすぎず、政治学会が政学会として発足した一九〇〇年に四四二人であった政治経済科の学生数は、大学令が施行された一九一九年には、大学部政治経済学科三九七人、専門部政治経済科一〇七九人、合計一四七六人の規模に達していた[69]のであり、このような条件の下で、いわば手作りの政治学教育の実施は、もはや現実上いちじるしく困難になっていたとみなければなるまい。この意味で、擬国会と政治学会の「終焉」は、早稲田の「大学像」の大きな画期を象徴する出来事でもあったのである。

いずれにせよ、擬国会と政治学会が、早稲田政治学史上に残した足跡はきわめて大きい。その活動は、「学理と実際の密着」を目指す早稲田政治学の試みの結節点であったのである。同時に、その活動が、政治学教育のあり方への草創期の果敢な問題提起として、わが国政治学史上においても確かな位置を占めるべき意義をもつものであることも、疑うべくもない。

注

1 山本利喜雄編『早稲田大学開校、東京専門学校創立廿年紀念録』早稲田学会、一九〇三年、七ページ。
2 同右、一三、一九、二二ページ。
3 坪内雄蔵「東京専門学校の学風」『早稲田学報』第三三号、一八九九年一一月、七ページ。
4 天野為之「学理と実際」山本編『早稲田大学開校』附録八四ページ。
5 高田早苗「我が学園の教旨」『早稲田学報』第一五三号、一九〇七年一一月、五ページ。
6 家永豊吉「我校の養成すべき人才」『同攻会雑誌』第八号、一八九一年一〇月、三、五ページ。
7 山田一郎「本校の卒業生に就て(承前)」『早稲田学報』第一〇号、一八九七年一二月、七五—七七ページ。
8 『東京専門学校年報　明治十五年度』一八八三年、一六—一七ページ。
9 早稲田大学大学史編集所編『東京専門学校校則・学科配当資料』早稲田大学、一九七八年、一〇八ページ。
10 『専門学会雑誌』第二号、一八八八年一一月、三二ページ。
11 同右。
12 『専門学会雑誌』第三号、一八八八年一二月、三二ページ。
13 「明治二十二—二十三年度　政治科(邦語)課程表」早稲田大学大学史編集所編『東京専門学校校則』所収。
14 『同攻会雑誌』第二号、一八九一年四月、三三ページ。
15 同右、三三—三四ページ。
16 『同攻会雑誌』第三号、一八九一年五月、三二—三三ページ。
17 『同攻会雑誌』第九号、一八九一年一一月、二九—三〇ページ。
18 『早稲田学報』第二一七号、一九一三年三月、一五ページ。
19 『早稲田学報』第九号、一八九七年一一月、三四、六七ページ。
20 各期早稲田議会についての『早稲田学報』所載記事に基づいて作成。第二五期、第三三期については、議案等に関する記事がなく、第二一期、第二四期については、関連記事が見当たらない。また、第二二期、第二三期については、「早稲田大学第廿八

回報告　自四十三年九月至四十四年八月」には、第二〇期、第二一期と記録されていて混乱しているが、あるいは、正確には第二一期、第二二期とすべきところかもしれない（『早稲田学報』第一九四号、一九一一年四月および第二〇〇号、一九一一年一〇月参照）。なお、二日間にわたって開催された一九〇七年度から一九一〇年度までの場合、一九〇八年度議会は、同一期次で呼称されているが、一九〇七年度、一九〇九年度、一九一〇年度では、両日の議会が期次を異にして呼称されている。

21 村松忠雄『早稲田学風』東京専門学校出版部、一八九九年、七六―七八ページ。

22 早稲田大学大学史編集所編『早稲田大学百年史』第一巻、早稲田大学出版部、一九七八年、七七三―七七四ページ。

23 六回の開催日は、一八九一年四月二九日、一八九一年一一月六日、一八九二年四月七日、一八九二年四月二八日、一八九三年一一月一日、一八九三年一一月一八日（『同攻会雑誌』第三号、一八九一年五月、同第九号、一八九一年一一月、『中央学術雑誌』第一号、一八九二年五月、同第一五号、一八九三年一一月参照）。

24 『東京朝日新聞』一八九七年三月二日。

25 『早稲田学報』第一五八号、一九〇八年四月、五九ページ、および、同第二七九号、一九一八年五月、一八ページ。

26 『早稲田学報』第五二号、一九〇一年四月、一六八ページ。

27 『東京専門学校第二十九年報』一八九六年、二七ページ。

28 『早稲田学報』第五二号、前掲、一六八ページ。

29 『早稲田学報』第二三〇号、一九一四年四月、一九ページ。

30 『早稲田学報』第二五四号、一九一六年四月、一五ページ。なお、この第二八期議会で副議長をつとめたのは、大学部政治経済学科三年で、後の早稲田大学教授出井盛之であった。

31 『早稲田学報』第二六七号、一九一七年五月、一五、一七ページ。

32 『早稲田学報』第二九〇号、一九一九年四月、一三、一五―一六ページ。

33 『早稲田学報』第二七九号、一九一八年五月、一八ページ。

34 『早稲田学報』第一号、一八九七年三月、一二七―一二八ページ。

35 『早稲田学報』第九号、一八九七年一一月、三四―五三、六七―六九ページ。

36　同右、六八ページ。
37　『早稲田学報』第二七五号、一九一八年一月、二五ページ。
38　『早稲田学報』第四六号、一九〇〇年一一月、一〇九ページ。
39　『早稲田学報』第六一号、一九〇一年一一月、三〇二ページ、および、同第六三号、一九〇一年一二月、三三二ページ参照。
40　「早稲田学報の変遷」『早稲田学報』第三七八号、一九二六年八月、三四ページ。
41　内田満『日本政治学の一源流』早稲田大学出版部、二〇〇〇年、四ページ。
42　『早稲田学報』第二〇二号、一九一一年一二月、一五—一六ページ。
43　『早稲田学報』第三四二号、一九二三年八月、二三ページ。
44　『早稲田大学新聞』一九二六年五月六日。
45　『早稲田学報』第三八九号、一九二七年七月、六四ページ。
46　大塚芳忠「我等の会長としての浮田先生」故浮田和民先生追懐録編纂委員会編『浮田和民先生追懐録』故浮田和民先生追懐録編纂委員会、一九四八年、三〇〇ページ。
47　各回政治学会研究会(第一一回を除く)についての『早稲田学報』所載記事に基づいて作成。第一二回については、一九一四年二月開催の研究会も第一二回となっており、混乱がある。また、一九一四年四月、一五年四月、一〇月、一七年一一月、一九年一〇月一一日、一八日開催の研究会については、回次の記載がない。第一一回については、『早稲田講演』第三巻第四号、一九一三年四月によるが、開催日についての記載は見当たらない。
48　『早稲田学報』第二〇二号、一九一一年一二月、一五ページ。
49　『早稲田学報』第二〇七号、一九一二年五月、一八—一九ページ。
50　『早稲田学報』第二五一号、一九一六年一月、一六—一八ページ。
51　『早稲田学報』第三〇九号、一九二〇年一一月、一七ページ。
52　『早稲田学報』第三四二号、一九二三年八月、二三ページ。
53　『早稲田学報』第三五二号、一九二四年六月、二二ページ。

54 『早稲田大学新聞』一九三五年四月二四日。
55 政治経済学部の一九三〇年度および一九三二年度の「学科担任表」参照。
56 高田早苗「政治学会と政治教育」『早稲田叢誌』第二輯、一九一九年一二月、四―七ページ。また、『早稲田学報』第二九五号、一九一九年九月、一五ページ参照。
57 高田「政治学会と政治教育」四ページ。
58 同右、三ページ。
59 『早稲田学報』第三三三号、一九二二年一月、一六ページ。
60 『早稲田講演』第三巻第四号、一九一三年四月、一五六―一五九ページ。なお、第一一回研究会の開催日は不明であるが、第一〇回が一九一三年一月、第一二回が一九一三年三月に開かれているところからみて、おそらく一九一三年二月であったであろう。
61 『同攻会雑誌』第三号、一八九一年五月、三二ページ。
62 『早稲田学報』第二七九号、一九一八年五月、一八ページ。
63 同右、一八、二〇ページ。
64 『早稲田学報』第二三〇号、一九一四年四月、一九ページ、同第二四二号、一九一五年四月、一五ページ、および同第二五四号、一九一六年四月、一五ページ参照。
65 小汀利得『ぼくは憎まれっ子』日本経済新聞社、一九七一年、四九、五一―五二ページ。
66 『早稲田学報』第二三九号、一九一五年一月、一五ページ、同第二四三号、一九一五年五月、二二ページ、および同第二四九号一九一五年一一月、四六ページ参照。
67 『早稲田学報』第三八三号、一九二七年一月、一三ページ、および『早稲田大学新聞』一九二九年一二月一二日参照。
68 なお、第二次大戦後の一九五三年春に吉村正教授の指導の下に英米政治学の原書研究を活動の軸とする政治学会が再建され、政治経済学部政治学科の学生を中心とする代表的な政治学研究会として発展した。いわば第五期の政治学会である。しかし、この政治学会も、一九六六年に吉村教授が早稲田大学教授を辞して、東海大学教授に就任したのに加えて、一九六九年の大学紛争の中で革マル系の学生集団に乗っ取られるという事態が起こり、活動停止に追い込まれた。

69　早稲田大学大学史編集所編『早稲田大学百年史』第一巻、早稲田大学出版部、一九七八年、一〇二四ページおよび同上、第二巻、一九八一年、一一七八ページ参照。

補論

内田政治学の展開と位置

1　早稲田政治学の第四世代

早稲田政治学の第三世代の中心として、第二次大戦の直後期における早稲田政治学の代表者・指導者の役割を担った吉村正は、一九六六年二月に早稲田大学教授を辞し、同年四月に設立された東海大学政治経済学部の初代学部長に就任した。そのあとをうけて、早稲田政治学の第四世代の担い手としての役割を演じたのが、内田満である。

内田は、一九五三年に早稲田大学政治経済学部を卒業、同大学大学院政治学研究科に進み、吉村の指導の下に現代政治学の研究に従事し、さらに一九五八年一一月からアメリカ政治学会連邦議会フェローとしてアメリカに留学、主としてアメリカ連邦議会およびアメリカ連邦議会図書館内の立法参考部においてアメリカ政治の理論と実際の研究に取り組んだ。そして、一年間のアメリカ留学を終えた内田は、一九五九年一一月一日にニューヨークからロンドンへ飛び、とくにロンドン・スクールとオックスフォード大学をたずねて、ウィリアム・A・ロブソン、バーナード・クリック、D・ノーマン・チェスターらと面談し、一一月二八、二九の両日にブラックプールで開かれた労働党大会に赴いて傍聴するなど、イギリス政治・政治学の動向と課題について「現地観察」をおこない、一九六〇年一月に帰国する。

翌年四月に早稲田大学助手、六二年四月に講師に就任して、早稲田大学政治経済学部における政治学教員スタッフに加わった内田は、一九六四年四月に助教授に昇進し、一九六八年九月から翌年六月まではウースター大学（オハイオ州）およびアーラム大学（インディアナ州）の客員助教授として再渡米し、両大学において「日本政治論」を中心とする科目の講義を担当した。その間の一九六九年四月に早稲田大学教授に昇進した内田は、帰国とともに新設の「政治過程論」の初代担当者として講義を開始する。さらに五年後の一九七四年度からは「政治学原論」をも担当することになり、その後二〇〇〇年三月の定年退職に至るまで、内田は、早稲田大学政治経済学部において、これらの両科目の講義の担当を続けた。

なお、内田は、この間、一九七六年八月には、フィリピンのドゥ・ラサール大学の客員教授として「現代日本デモクラシー論」を講じ、一九七七年三月から翌年一月までは、カリフォルニア大学（ロサンゼルス）客員研究員としてアメリカに出張し、変動期アメリカ政治の実際を観察するとともに、アメリカ政治学者たちとの直接的な交流を通じて、アメリカ政治学の現在位置を確認する作業を進めた。

早稲田大学における内田の活動は、このような研究・教育の領域だけに限られていたわけではない。内田は、これらの活動と同時平行的に、早稲田大学においてしばしばさまざまな行政的役割を担ったのである。まず、一九七八年九月から八三年三月までの四年半にわたって、内田は、国際部長として早稲田大学における教育の国際化の発展に努め、ついで一九八六年九月から九〇年九月までは、政治経済学部長、一九九二年九月から九四年九月までは、大学院政治学研究科委員長、さらに一九九六年一〇月から九八年九月までは、現代政治経済研究所長の任に当たった。[1]

2 政治過程・圧力団体研究の提起

このようにして、内田が早稲田大学の政治学教員スタッフの一人として活動したのは、二〇世紀後半期の四〇年間にわたるが、この間の内田の政治学研究は、およそ三つの領域において展開された。第一は、政治過程・圧力団体の理論と実際の研究である。

すでに触れたように、内田は、早稲田大学政治経済学部における「政治過程論」の初代担当者としての地位を占めるが、大学院学生時代からの内田の中心的研究関心は、政治過程研究にあり、政治過程の理論の研究とプレッシュア・ポリティックスの実際の研究が、内田の主要な研究課題を構成していた。内田がこの領域での研究に関心を寄せた主理由として挙げられるのは、①第二次大戦前の日本の政治学は、政治の制度や歴史の研究を中心としており、政治の過程にはほとんど研究上の関心が払われず、②デモクラシーの発展のためには、政治過程の活性化が不可欠であり、しかも③一九五一年に刊行されたデイヴィッド・B・トルーマンの『政治過程論』の刺激によって、当時この分野の研究がアメリカ政治学においてもっとも顕著な発展を遂げつつあったことなどである。

この領域での内田の研究は、『アメリカ圧力団体の研究』(一九八〇年)、『現代アメリカ圧力団体』(一九八八年)、『変貌するアメリカ圧力政治――その理論と実際』(一九九五年)と編著の『政治過程』(一九八六年)などにまとめられているが、これらの著作を通じて、内田は、一方において、アメリカ政治学における政治過程研究と圧力団体研究の発展と理論上の課題を検討し、他方において、アメリカにおけるプレッシュア・ポリティックスの現実の分析を通じて、アメリカのプレッシュア・ポリティックスの展開と現状を照射し、その特質を明らかにしている。ちなみに、『変貌するアメリカ圧力政治』の意図に関連して、内田は、つぎのように書いている。

「本書の課題は、およそ一九七〇年代以降のアメリカ圧力政治の変貌を理論と実際の両面からとらえ、アメリカ政治学における圧力団体研究とアメリカ圧力政治の現在を確認し、さらには、このような圧力政治の下にあるアメリカ・デモクラシーの動向と今日的問題状況を明らかにするところにある。[2]」

ところで、内田の示すところによると、アメリカ政治学における政治過程・圧力団体研究は、アーサー・F・ベントレーの『政治の過程』(一九〇八年)とチャールズ・A・ビーアドの『アメリカ憲法の経済的解釈』(一九一三年)によって始まる。ベントレーは、「過去や現在のだけでなく、将来の代議政治やデモクラシーの検討に当たって必要なのは、その中身を形成するさまざまな集団圧力の観点でそれを検討することである[3]」と主張して、圧力団体研究の重要性を強調した。ベントレーによれば、従来の制度主義的政治学は、「死んだ政治学(dead political science)」であり、「生きた政治学」が取り組むべきは、政治現象の核をなす「集団現象」の分析であったのである。

内田によると、ベントレーらの第一世代に続く圧力団体研究の第二世代として位置づけられるのが、ピーター・H・オデガード、E・ペンドルトン・ヘリング、E・E・シャットシュナイダーらであるが、オデガードが、アメリカ憲法第一八改正(禁酒法)の成立へ向けての禁酒団体としての反酒場同盟の組織と活動についてのケース・スタディをおこなったのをはじめとして、これらの第二世代の政治学者たちは、それぞれアメリカ圧力団体・圧力政治の実証的研究に取り組んで、圧力団体研究をつぎの段階に進め、圧力団体研究にアメリカ政治学における市民権を確立させるのに大いに貢献した。そして、オデガードが一九五〇・五一年、ヘリングが一九五二・五三年、シャットシュナイダーが一九五六・五七年と相ついでアメリカ政治学会会長に就任したのも、このような圧力団体研究への評価と無関係ではなかろう。

内田によると、アメリカの圧力団体研究は、一九五〇年代に第三世代の時代に移る。そして、この世代を代表するのが、政治過程の一般理論を目指した『政治過程論』(一九五一年)によって高い評価を享受し、アメリカ政治学会会員を対象としておこなわれた調査で、一九四五年から六〇年代初頭までの間のアメリカ政治学の発展への貢献度がV・

O・キイについで第二位にランクされたD・B・トルーマンにほかならない。[4] また、トルーマンの著作刊行の翌年には、「現代社会においては、個人が尊重する主要な社会的価値は、集団を通じて実現される。その数は無限であり、これらの社会的集団群の種類は豊富で、複雑である。個人の生活のどの側面であろうと、集団とかかわりのないところはない。現代人は、文字通りゆりかごから墓場まで、集団によって導かれている」[5]とする見地の上に立つアール・レイサムの『政治の集団的基礎』(一九五二年)が刊行され、ここに「圧力団体研究の黄金時代」としての一九五〇年代が現出された。

この一九五〇年代の末近くになって、ピッツバーグ大学で圧力団体を主題とする世界政治学会円卓会議が開かれた(一九五七年)のは、この「黄金時代」をさらに彩る出来事であったが、このような動きに刺激されて、圧力団体研究の海外への輸出が活発化した。こうして、やがてヨーロッパの政治の現実をふまえた圧力団体研究が発展し、一九七〇年代の現実政治におけるコーポラティズム方式の導入ともあいまって、アメリカの場合と異なる圧力団体の活動のあり方が注目されるようになってきた。内田は、こう指摘している。

「『一九七〇年代のなかばころまでに、多くのヨーロッパの国々が、ネオ・コーポラティズムの国になった、と主張することが可能になった』といった現実を背景にして、一般に、一九七〇年代から八〇年代初頭にかけての圧力政治をめぐる政治学上のもっともアップ・ツー・デートの論題を形成したのは、『重要な政策決定は、社会のそれぞれの部門を代表し、ときにはそのメンバーを代表して拘束的な約束を政府に対しておこなう独占的権利を与えられている組合や経営者団体のような経済的利益団体との、交渉に近い広範な協議を経てのみ、政府によっておこなわれる』といったコーポラティズム的状況をめぐる諸問題であった。」[6]

このような圧力団体研究史に視座を設定した研究と同時進行的に進められてきた圧力政治の現実についての研究における内田の関心事は、とりわけ二つの点にあった。一つは、圧力団体の活動領域の重心の移動である。V・O・キイが、「権力の存するところ、そこに圧力がかけられる」と述べている[7]ように、圧力団体は、実際の決定がおこなわれるところに影響力を行使しようとするのであり、そのような地点が、伝統的に議会、政府、裁判所であったことはいうまでもない。しかし、内田の指摘するところによると、最近顕著になっているのは、政策実施過程が実質上の政策決定の場としての重要度を高めるにつれて、圧力団体の活動が、議会で政策が決定された後の段階としてのこの政策実施過程でますます活発化してきたことである。

圧力政治の現実の研究における内田のもう一つの関心は、圧力政治の場で活動する団体の種類における最近の変化に向けられてきた。内田の示すところによると、伝統的な圧力団体として代表的であったのは、労働団体、経営者団体、農業団体など生産の場に直接的に関係する団体であったのに対して、最近ますます顕著になってきたのは、政治政策団体や環境保護団体などの公共利益団体や高齢者団体、女性団体など直接生産の場にかかわりのない利益の擁護・増進を目的とする団体の発展と活動である。

しかし、内田は、このような変化の影響は、単に圧力政治の風景の変容にとどまらないという。内田によると、このような圧力政治の最近の変化は、政治学のあり方に対しても大きな影響を及ぼしてきた。この点について、内田は、こう論じている。

「政策実施過程への圧力団体活動の重心の移動は、政治学と行政学の分離の非現実性ないし非有効性をさらにいっそう際立たせてきた。要するに、従来いわゆる生産者関係圧力団体を主要アクターとして展開されてきた圧力政治アリーナへの、非生産者関係圧力団体としての公共利益団体、高齢者団体の参入は、伝統的な圧力政治の風景を大きく変え、さらには、圧力団体についての伝統的理論の修正と政治学自体の再編成へ向けての挑戦的な問題を提起しているのである[8]。」

3 現代デモクラシー論の構想と展開

内田の政治過程・圧力団体研究は、このようにして理論と実際の両面において展開されてきたが、その研究を一貫しているのは、デモクラシーの変化に伴う圧力政治の変化が、究極的にはデモクラシーにどのような影響を及ぼすかの視点である。いいかえれば、内田の圧力政治研究は、現代デモクラシー論と接続していたのである。内田は、『変貌するアメリカ圧力政治』の「あとがき」でこの点に触れ、こう書いている。

「本書が取り組んだのは、圧力政治に視座を設定したアメリカ・デモクラシーの現在の究明であり、同時に、この作業は、圧力下にある現代工業民主国のデモクラシーの問題の考究とも連絡している。[9]」

そして、内田の政治学の第二の研究領域を形成するのが、ほかならぬこの現代デモクラシー研究である。現代デモクラシーを直接的な研究主題とする内田の研究は、都市化と高齢化に視座を設定して、これらの社会的変化が日本のデモクラシーにどのような影響を及ぼし、日本のデモクラシーをどのように変容させ、さらにどのような問題を日本のデモクラシーに提起しているかを検討する作業を通じて進められた。圧力団体研究との関連での現代デモクラシー論は、アメリカ・デモクラシーの文脈で提起されたのに対して、ここでの現代デモクラシー論は、主として日本の現実の検討をふまえて展開されたのであり、この領域での内田の研究は、『都市デモクラシー』(一九七八年)、『シルバー・デモクラシー』(一九八六年)と共著の『エイジングの政治学』(一九九九年)などにまとめられている。

まず、『都市デモクラシー』で内田が取り組んだのは、一九五〇年以降しだいに加速してきた日本の都市化の進行の実態を確認し、この都市化が日本のデモクラシーにどのような新しい問題状況を提起しているかを検討することであった。第二次大戦後の日本の復興は、一九四五年に二七・八%に落ち込んでいた都市部の人口が、一九五五年に総人口の五割を超えたことで新たな段階に入ったが、それから二〇年を経た一九七五年には、都市部の人口は七五%を上まわり、また第三次産業就業者の比率が五割を超え、日本は、脱工業社会段階に到達する。内田が注目したのは、このような都市化の進行とデモクラシーの関係である。

しかも、このような都市化の進行は、都市部への人口集中とともに人口の流動化を伴ってきた。その一つの側面が、転居による人口移動であり、一九五五年当時五〇〇万人前後であった移動人口は、一九七〇年代前半期には八〇〇万人を超えた。人口流動のもう一つの側面は、通勤・通学による毎日の往復移動であるが、一九七〇年に一一六八万人であった県内・県外の他市町村への往復移動者は、一九七五年には一四〇九万人に増加した。

このような人口の都市集中と流動化が、従来の農村社会あるいは人口変動が不活発な伝統型の都市を基盤とした田園デモクラシーの下で形成され、有効であったデモクラシーの政治のゲームのルールに大きな影響を及ぼし、さまざまな問題を生み出してきたのは当然であろう。内田は、ここで展開されるデモクラシーを「都市デモクラシー」と呼び、国勢調査やさまざまの社会調査に基づく具体的なデータを読み解きながらこのデモクラシーの断面を照らし出し、「現代の遊牧民」としての都市有権者の投票参加、政党と圧力団体への衝撃、住民パワーの台頭などの点から、都市デモクラシーの日本における現状と課題を明らかにしている。

たとえば、ここで内田が指摘している問題状況の一つは、人口の流動化の地理的代表制への影響である。内田によると、「地理的代表制の暗黙の近代的条件の一つは、選挙区のメンバーの固定性であったが、人口の流動化は、いやおうなしに都市的選挙区のメンバーの頻繁な変動をひき起こし、代表制の近代的基盤を揺るがしてきた」のであり、「このような有権者の大規模な不断のメンバー・チェインジという状況の下にあっては、議員を地理的代表とみなすとしても、選挙区民自体の絶え間のない異動による選挙区民と代表者との間の関係の顕著な形式化によって、地理的代表制の空洞化は、もはや不可避というほかない」のである[10]。

この『都市デモクラシー』が、一九六〇年代から七〇年代にかけてのデモクラシーの変化に目を向けているのに対して、『シルバー・デモクラシー』は、一九七〇年代から八〇年代にかけて一段と顕著化してきた社会的変化としての高齢化に視座を設定し、高齢社会におけるデモクラシーの問題を俎上に載せている。

都市化の場合には、先行したアメリカなどの事態とそれへの対応が、日本の「参考」として役立った。実際に、アメリカの現代政治学には、この都市化に対応した都市政治学としての特徴が色濃いのである。しかし、高齢化の場合、日本が、一九八〇年代に入って先行していたアメリカに急速に接近し、遂に九〇年代に入るとアメリカを追い抜いた。そして、二一世紀における日本は、大規模国として世界で最高齢国の位置を占めることになるとみられている。このことは、日本における高齢化の政治的影響がどのようなたぐいのものであり、それがデモクラシーの政治に対してどのような問題を生み出すかについて、日本が参考とすべき国は存在しないということを意味するが、この問題について日本の政治学においてこれまでほとんど関心が払われてこなかった。内田が、日本の高齢社会におけるデモクラシー――内田は、このデモクラシーを「シルバー・デモクラシー」と呼ぶ――の問題についての政治学的研究の重要性を強調し、さらに進んで日本のシルバー・デモクラシーの現状を確認し、問題点を検討する作業に取り組んだのは、そのためにほかならない。

シルバー・デモクラシーを基本的に特徴づけるのは、いうまでもなく高齢有権者が全有権者の中で占める比率の大きさである。内田の示すところによると、六五歳以上の高齢有権者は、一九六〇年までは、全有権者の一〇％に足りなかったが、一九九五年には一九％を越え、さらに二〇〇〇年には二一・二％に達した。すなわち、一九六〇年には、有権者一〇人中一人であった六五歳以上の高齢有権者が、現在では五人中一人強になっているのである。しかも、引退者として一般に地域社会の全日制市民であるこれらの高齢有権者の投票率は、二〇歳代や三〇歳代の有権者の投票率を大きく上まわり、選挙結果への高齢有権者の影響力の可能性は、ますます大きい。内田の指摘によると、一九九六年総選挙の場合、六五歳以上の高齢有権者は、全有権者中の二一・五％であったが、この高齢有権者の投票率は七〇・七%で、二〇歳代有権者の投票率三六・四%を三〇ポイント以上上まわり、結局、高齢有権者は、全投票者中で二四・五%を占めたのである[11]。

もちろん、内田の関心は、単に有権者としての高齢者にのみ向けられていたのではない。内田が同時に注目したのは、高齢化の進行に伴う高齢者団体の政治活動の活発化であり、また定住者的全日制市民としての高齢者の地域社会での政治的役割の増大であったが、さらに内田の究極の意図は、このような検討をふまえてデモクラシーの再構想への問題を提起するところにあった。

内田の論じるところによると、高齢者の政治的比重の高まりが導くのは、政治的決定力の重心の高齢者の側への移動であり、そこに近代デモクラシーの建て前についての大きな変化が起こっているという。近代デモクラシーの下において納税者の手中にあると考えられてきた政治的決定権が、今日のシルバー・デモクラシーの下においては、年金受給者としての高齢者の手中に移ってきたからである。ここに現出されているのが、納税者デモクラシーの年金受給者デモクラシーへの変貌にほかならない。しかし、このような事態の進行は、納税者としての生産年齢世代の有権者と高齢有権者との間の世代間戦争を招きかねないであろう。

ここで、内田は、「シルバー・デモクラシーが進行する中で、むきだしの『数』の論理の追求は、社会的緊張と世代間の政治的利益の対立を深刻化させ、むしろデモクラシーの基礎を揺るがすことになりかねない」のであり、「結局、シルバー・デモクラシーの下でのゲームのルールは、世代間の『仕事の分かち合い』とともに『政治的決定の分かち合い』を含むものでなければなるまい」と説き[12]、近代デモクラシーを特徴づけた多数決定型デモクラシーの再検討を提起し、さらに進んで多数者と少数者の歩みよりによって決定がおこなわれる合意形成型デモクラシーの構想の必要性を論じたのである。

内田の『シルバー・デモクラシー』での議論は、一九八〇年代前半の時点の状況をふまえており、その後の動向に対応した補足は、『エイジングの政治学』の第1章「選挙とシニア市民」においてなされているが、基本的な問題状況は、さらにその後も変わっていない。むしろ、事態は、内田が指摘した方向へ向かって、さらに速度を早めて進んでいるのである。その意味で、『エイジングの政治学』の「あとがき」での内田のつぎのような問いかけは、今日ますます有意性を高めているというべきであろう。

「二一世紀の政治学、とりわけ日本の政治学が相対すべき『新しい世界』は、なによりもまず高齢社会であろう。実際に、この『新しい世界』での民主政治がどのような相貌を呈し、どのような課題にわれわれを直面させるかを検討し、この検討をふまえて『新しい世界』にダイナミックに見合った民主政治の発展策を構想するところにこそ、二一世紀の政治学が担うべき責務があろう。」[13]

4　日米政治学の比較史的研究

内田は、1節で触れたように、一九七四年度から早稲田大学政治経済学部で「政治学原論」の講義を担当したが、内田の現代デモクラシー論は、デモクラシーの理論と実際の検討という点で、政治と政治学上の基本問題を議論の対象とするこの科目における作業と関連していた。そして、この科目の講義と関連するもう一つの領域での内田の研究として注目に値するのが、日本政治学と現代アメリカ政治学の発展史の研究にほかならない。

この第三の研究領域での内田の主要著作としては、『アメリカ政治学への視座』(一九九二年)と『現代アメリカ政治学』(一九九七年)がある。前者は、高田早苗、浮田和民、山田一郎、大山郁夫、高橋清吾、吉村正らの早稲田政治学の第一世代から第三世代に至る早稲田政治学の先達たちの政治学を照射し、従来の東京大学の政治学を中心として描かれてきた日本の政治学史の補正を試みたものであり、同時に内田の恩師である吉村正が、一〇年前に出した『政治科学の先駆者たち――早稲田政治学派の源流』(一九八二年)でおこなった日本政治学史上における早稲田政治学の地位を明確化する試みを受け継ぎ、さらに発展させることを意図したものであった。

後者は、A・ローレンス・ローウェル、チャールズ・E・メリアム、ジェームズ・K・ポロック、ルイーズ・オーバーラッカー、ウォルター・リップマン、E・E・シャットシュナイダーら現代アメリカ政治学の先導者的役割を演じた政治学者たちの政治学の世界を読み解く作業を通じて、二〇世紀の前半期に顕著に発展したアメリカ政治学の特徴と意義を明らかにすることをねらいとしたものであり、補足的に一九世紀末にアメリカに留学し、帰国後東京専門学校(早稲田大学の前身)講師に就任した家永豊吉と安部磯雄が演じたアメリカ政治学と早稲田政治学の懸け橋としての役割について検討している。

これらの著作を通じて、内田が指摘するところによれば、草創期早稲田政治学の特徴は、「学理と実際の密着」を目指すところにあった。そのような特徴を端的に示す一つが、高田早苗が日本における国会開設前の時期に『読売新聞』に連載した「国会問答」であった。高田は、一八九〇年一一月の国会開設に三年先立つ一八八七年一〇月から翌八八年七月までの一〇か月間七三回にわたったこの連載で、議会とは何か、議会はどのように組織され、どのように運営されるかについて、平易に、かみ砕いて解説したのである。ここに躍如としているのは、日本における議会制民主政治の確立へ向けて、「学理と実際」をつなぐ試みを積極的におこなった啓蒙家・高田の面目であろう。

また、山田一郎や浮田和民の政党論も、政党政治の発展へ向けての先駆的な問題提起として重要な時代的意義をもっていた。国会開設の六年前の一八八四年に刊行された山田の『政治原論』は、山田が東京専門学校の初代の「政治原論」の担当者としておこなった講義に基づくものとみられるが、全体の四分の三近くが「政党論」から成り、しかも、政党の意義、政党の機能、政党の主義、政党の組織と運動など今日の政党研究上の主要な論題が体系的に取り扱われていて、日本の政治学における政党研究の有意の源流としての位置を占める。そして、内田の論じるところによると、同時に注目に値するのは、山田が、当時の指導的な政治家・政論家・政治学者の多くが反政党主義の立場に立つ政党論を活発に展開している中で、積極的な政党肯定論を提起していたことであった。山田によれば、多数者の意志を有効ならしめるためには、政党に頼るほかないのであり、民主政治の下においては、政党は必要不可欠なのである。

内田によると、浮田もまた、早稲田大学における「政治原論」の講義において、また一九〇九年から一九年まで主幹をつとめた雑誌『太陽』の巻頭論文において展開した政党論の中で、政党の機能を積極的に評価する立場を打ち出した。そして、浮田が、一九一一年度の「政治原論」の講義において、多数の国民の世論で政治がおこなわれる場合には、政党の出現は避けることのできないものであり、一般国民に参政権を与えるとき、国民全体の意見がみんな一致するといったことはきわめて稀で、国民の意見は、ふつう多数・少数に分かれる、そこで代議政治は、多数者の意見に従う政治にならざるをえないが、この多数者の意見を明らかにする確実な方法は、政党以外にないと論じているところに示されているのは、山田一郎と軌を一にする浮田の肯定的政党観にほかならない。

内田は、山田と浮田の政党論の政治学上の地位について、つぎのように総括している。

「早稲田政治学の先達としての山田一郎と浮田和民は、とりわけ政党研究において、嚮導的な役割を演じた。実際に、山田と浮田の政党研究は、早稲田政治学のみでなく、日本の政治学における政党研究の源流を形成しているとみてよかろう。それどころか、山田の場合、政党研究の先駆者として位置づけられるジェームズ・ブライスやA・ローレンス・ローウェルに先立ち、体系性という点で、シアドー・D・ウールジーにまさるとも、劣らない。しかも、山田と浮田は、デモクラシーにおける政党の意義・機能の積極的評価という点で、ほとんど共通しており、ブライスやローウェルの政党観に呼応し、『デモクラシーなくしてアメリカなく、政治なくしてデモクラシーなく、政党なくして政治なく、妥協・中庸なくして政党なし』といった今日の一般的な政党観に直結する。[14]」

このようにして、早稲田政治学を軸として日本政治学の発展史を描いた『アメリカ政治学への視座』に対して、内田が『現代アメリカ政治学』で照らし出しているのは、歴史学的・制度論的・憲法学的アプローチをとる伝統的政治学から脱却し、現実主義の立場に立ち、人間の行動や政治の過程に視座を設定する新しい政治学の中心的担い手たちの政治学の世界である。そして、これらのアメリカの政治学者たちによって提起されたのは、一九世紀末から二〇世紀初頭にかけてアメリカで進行した都市化・工業化、選挙権の拡張、人口の増加といった事態に対応した大規模・大衆・都市デモクラシーの政治学でもあった。

内田が指摘しているところによると、ローウェルが、政党の機能を「広告と仲介」に求めて、政党肯定論の根拠とした理由の一つは、アメリカが「大規模民主国」になっていたことと関連していた[15]し、メリアムが棄権についての先駆的な著作『棄権──原因と改革策』を一九二四年に著したのも、都市化の進行と女性参政権の導入によるアメリカにおける大規模・大衆・都市デモクラシーの発展の投票参加に対する影響を確認することをねらいとしていたのである。ちなみに、アメリカで女性参政権が確立した一九二〇年は、アメリカの都市人口が総人口の五割を超えた年であり[16]、また女性有権者がはじめて参加したこの年の大統領選挙での有権者数は、四年前の一九一六年の大統領選挙の際の三〇〇〇万人より二四〇〇万人余り多い五四三一万人であった[17]。

ところで、『アメリカ政治学への視座』と『現代アメリカ政治学』は、相互に無関係であったのではない。前者は、早稲田政治学に視座を設定してアメリカ政治学との関係に、後者は、アメリカ政治学に視座を設定して日本政治学との関係にそれぞれ目を向けており、両著での議論は、しばしば交差しているのである。いいかえれば、この領域での内田の研究は、早稲田政治学を中心とする日本政治学とアメリカ政治学との関係に注目した日米政治学の比較史の視点に立っているところに一つの際立った特徴があるのである。

アメリカの「新しい政治学」としての現代政治学は、早稲田大学が東京専門学校として発足した一八八二年前後のころから一九世紀末にかけての時期に急速に台頭した。「新しい政治学」の先導役の一人であったウッドロー・ウィルソンが、アメリカ連邦議会の「生きた現実」の検討を試みた『連邦議会政治論』を刊行したのは、一八八五年のことであったし、ウィルソンと同年生まれで、同じく「新しい政治学」を標榜したA・L・ローウェルが、「政治制度の実際の活動」についての研究の必要を強調したのは、一八八九年刊行の『政治論集』においてであったのである。そして、東京専門学校が早稲田大学に改称した一九〇二年の翌年に、アメリカ政治学会が創設された[18]。早稲田政治学は、このような文脈において当初からアメリカ政治学と密接にかかわっていたのである。

このような早稲田政治学とアメリカ政治学との関係の形成に当たって、両者の接点に立ったのが、家永豊吉であった。内田が明らかにしているところによると、一八八七年から九〇年までジョンズ・ホプキンズ大学大学院に留学し、九〇年に帰国して直ちに東京専門学校講師に就任した家永は、高田早苗らの東京専門学校講師陣に対するアメリカ政治学の最新情報の伝達者の役割を演じたのである。実際に、高田のリーダーシップの下で一八九五年から東京専門学校出版部によって刊行が開始された「早稲田叢書」の皮切りとなったW・ウィルソンの『政治汎論』の高田の邦訳にしても、家永が持ち帰った原書を高田が借覧したことがきっかけになったのであり、その後「早稲田叢書」からは、フランク・J・グッドナウ『比較行政法』(邦訳、一九〇〇年)、ジョン・W・バージェス『政治学及比較憲法論』(一九〇二年)、A・L・ローウェル『政府及政党』(一九〇三年)など、当時のアメリカ政治学を代表する著作の邦訳出版が相ついだ[19]。

「早稲田叢書」の刊行は、一九〇九年ころ打ち止めとなったが、これに代わってアメリカ政治学の導入に積極的にかかわったのが、一九〇八年に設立された大日本文明協会によって刊行された「文明協会叢書」である。内田によると、文明協会設立当初から一九二七年まで「叢書」編集長をつとめた浮田和民の差配の下で、この「叢書」によって邦訳出版されたアメリカ政治学関係書の中には、F・J・グッドナウ『憲政の運用』(一九一七年)、ウォルター・リップマン『世論』(一九二三年)、J・K・ポロック『政党資金論』(一九三〇年)などが含まれる[20]。

また、内田によると、早稲田大学出身で母校の政治学教員第一号となる大山郁夫が、一九一〇年秋から四年間にわたった海外留学の最初の二年間をシカゴ大学ですごし、後に現代政治学の父と称されることになるC・E・メリアムに師事した背景には、このような早稲田政治学とアメリカ政治学との関係があった。そして、大山の帰国と入れかわる形で、早稲田出身の第二号の政治学者としての高橋清吾は、一九一四年八月からコロンビア大学へ留学し、チャールズ・A・ビーアドに師事したのである。[21]

5 政治学界とジャーナリズムでの活動

しかし、内田の活動領域は、早稲田大学における研究と教育に限られていたわけではない。内田は、同時に学界とジャーナリズムにおいても活発に活動した。内田の学界活動は、日本政治学会と日本選挙学会を中心としていた。まず、内田は、一九七四年一〇月から九〇年一〇月まで一六年間にわたって日本政治学会理事をつとめ、文献委員長、企画委員長、渉外委員長などを歴任して学会運営の衝に当たり、一九八八年には、第一六代日本政治学会理事長に就任した。また、一九八一年一〇月の日本選挙学会の設立に当たって発起人の一人であった内田は、以降二〇〇〇年五月まで一九年間にわたって理事に在任し、この間一九九二年五月から九六年五月まで二期にわたって理事長(第四代)をつとめた。さらに、内田は、一九八八年七月には、日本政治学会の推薦をうけ、日本学術会議会員に選出された。そして、内田が一九八五年七月の世界政治学会第一三回世界大会(パリ)と一九八八年八月の第一四回世界大会(ワシントン・D・C)に日本学術会議・日本政治学会代表として出席したのは、このような活動を背景としてであった。

また、このような学界での活動と関連して、内田は、『現代政治学小辞典』(有斐閣、一九七八年、新版一九九九年)、

『現代政治学事典』(ブレーン出版、一九九一年) の編集に共編者の一人として携わり、『現代日本政治小事典』(ブレーン出版、一九九九年、最新版二〇〇一年)では、主編者としての役割を担った。これらはいずれも、日本における代表的な政治学辞典(事典)としての評価をかちえているが、とりわけ『現代政治学事典』は、五一七人の執筆者による、B5判一二二三ページに及ぶ現在の日本でもっとも大型の政治学総合事典として広範な読者によって迎えられている。

他方で、内田は、『朝日新聞』『読売新聞』『毎日新聞』『日本経済新聞』『産経新聞』『東京新聞』をはじめとする全国紙・地方紙や『世界』『中央公論』『正論』『経済往来』『自由』等の総合雑誌を主舞台として、日本のデモクラシーのあり方についての基本問題を論じ、また折々の政治・社会問題について評論を発表し、日本のデモクラシーの発展へ向けての警世の論陣を張った。内田が一九六〇年代なかばから二〇〇一年までの間に執筆した評論の数は、雑誌上でおよそ六〇編、新聞紙上でおよそ一〇〇編にのぼるが、それらの評論のうち主要なものを収録した内田の著作が、『政党政治の政治学』(三一書房、一九八一年)、『政党政治の論理』(三嶺書房、一九八三年)、『政治に美学を政治学に志を』(三嶺書房、一九九九年)などである。

これらの評論において、内田は、一貫して党利党略的議論を排する、世論に迎合せず、多数意見に付和雷同しないといった立場に立った。このような内田の議論のありようは、一九七九年一〇月総選挙の結果とそれから一六年後の一九九五年七月参院選挙の結果についての各党の総括ぶりを批判して、それぞれの選挙の直後に書かれたつぎのような評論の中に端的にうかがわれよう。

「一九七九年一〇月総選挙の結果をめぐって、自民『惨敗』論が盛んにおこなわれた。このしり馬に乗ってか、選挙後に開かれた社会党の中執委は、選挙結果について『社会党を中心に反自民、安定多数阻止で戦った野党勢力の勝利』と総括したという。奇妙な『論理のねじれ』というほかない。自民党側が、この選挙の結果を『惨敗』とうけとめて謙虚に反省するのであれば、筋がとおる。しかし、マスコミが、あげて『自民党系』になったわけではあるまい。なるほど、自民党は、この選挙で解散時より一議席減となった。だが、政治上の常識からすると、『惨敗』という評価は、議席の一割に近い一〇議席を減らした社会党にあてはまっても、一議席減の自民党にはあてはまるまい。この選挙における議席数の動向に関しては、せいぜい、自民党『やや後退』あるいは『退潮つづく』といったところが、穏当な見方というべきであろう。[22]」

「今回（一九九五年）の参院選での最重要の結果は、わが国の国政選挙史上最低の投票率であろう。成立後一年を経た村山内閣を中間評価する、ポスト五五年体制の行方を探るといった選挙の意味は、五〇％を割り込んだ低投票率の前にすっかりかすんでしまったかっこうである。選挙区で二六・五％、比例区で三〇・八％の票を獲得し、自民党を抜いて得票率第一位を占めた新進党が、意気揚々と勝利を誇っているのは無理もないが、有権者全体の中での支持率としての絶対得票率では、比例区で自民の一二％に対して、新進も一四％にすぎず、その『勝利』も、迫力のないことおびただしい。しかも、選挙後の参院で、自民、社会、さきがけの三党は、依然として議席の六割を占めるのであり、三党の結束が続くかぎり、主導権は、これらの三党の手中にある。[23]」

このような論陣を張るに当たって、内田は、政治は「可能事の芸術」「妥協の芸術」であり、その成否は、結局は「人の問題」に帰着するとする政治観に立ち、批判のための批判ではなく、政治家の断罪を事とするのでもなく、問題の解決の方向の示唆と政治家への助言を含むことを旨とした。

一九九四年の評論で、「ビスマルクは、政治を『可能事の芸術』と目した。確かに、与えられた条件の下で、よって立つ政治目標への接近を図りつつ、意見を異にする集団とぎりぎりの合意点を探るのが、望むべき政治の作法であろう。要するに、民主政治の筋道は、多数派が少数派をけ散らすところにあるのではなく、多数派と少数派が、相互の理想を掲げつつ、妥協点を見いだし、政治課題への対応を試みるところにあるのである[24]」と論じた内田が、四年後の評論で重ねてつぎのように説いているところにうつし出されているのは、まさしく内田政治論の基軸であろう。

「民主政治の要諦は、『妥協』にある。しかし、この場合、足して二で割ればそれでいいということではない。こういったたぐいの志を欠いた低レベルの妥協に基づく政治は、方向を見失った政治に堕していく。望まれるのは、それぞれの政党が、その目標・理念を掲げて交渉の場に臨み、ぎりぎりの合意点をさぐり、現実の条件の下で実行可能な最終的結論に到達する試みである。このような試みをふまえてこそ、政治は、『妥協の芸術』としての位置を占めることになろう。いま離合集散の混迷のただなかにあるわが国の政党政治に求められているのは、『妥協の芸術』家へのセンスと能力を備えた政治家の登場である[25]。」

6　早稲田政治学史上の地位

内田の著作は、著書一八冊、共著四冊、編著五冊、共編著六冊にのぼる。すでに明らかなように、これらの著作を通じて内田が政治学上取り組んだのは、主として政治過程・圧力団体研究、現代デモクラシー研究、日米政治学の比較史的研究であったが、これらは、いずれも早稲田政治学の伝統に沿う研究であった。

ちなみに、政治過程研究は、大山郁夫が『現代日本の政治過程』(一九二五年)においてとくに提起した視座であり、「政治過程」という用語も、大山が日本の政治学に導入したものとみられるのである[26]。また、デモクラシー論は、高田早苗、浮田和民、大山郁夫の系譜につながるものであり、東京専門学校発足以来の早稲田政治学を貫く一本の糸であったといっていい。そして、早稲田政治学を軸とする日本政治学史の再構成の試みは、吉村正が『政治科学の先駆者たち』によって先導した。

ジャーナリズムにおける内田の活動もまた早稲田政治学の伝統に沿うものであったことは、改めて指摘するまでもないであろう。高田早苗は、一八八七年から九一年まで『読売新聞』の初代主筆として、立憲政治の発展へ向けての縦横の論陣を張り、浮田和民は、一九〇九年から一九年まで、雑誌『太陽』の主幹として毎号の巻頭論文を執筆し、自由主義的政論によって当時の知識層に広く注目された。また、大山郁夫は、一九一九年二月に長谷川如是閑らと雑誌『我等』を創刊して、「編集兼発行兼印刷人」となり、大正デモクラシー期の日本のジャーナリズムの旗手として活躍したのである。

内田は、早稲田政治学の第四世代の担い手として、このような早稲田政治学の伝統の中に位置し、政治学研究とジャーナリズムでの活動を通じてこの伝統を継承し、さらにその発展を試みたのである。内田は、二〇〇〇年三月に定年によって早稲田大学を退職したが、その後も引き続き早稲田政治学の歴史をより十全なものとし、つぎの世代に引き継ぐ作業に取り組んでいる。

早稲田大学は、二〇〇二年に東京専門学校発足から一二〇年、早稲田大学と改称してから一〇〇年の区切りの年を迎えた。早稲田政治学は、ここでいよいよ第五世代の時代に入る。

7　ポストスクリプト

早稲田大学定年退職後も、二〇〇四年現在、政治学研究者として、内田は、なお現役としての活動を続けている。まず、教員としては、二〇〇〇年四月以降、政策研究大学院大学講師（客員教授）として、政治学関係の講義を担当し、さらに、研究者としては、早稲田大学における研究活動を総括する『内田満政治学論集』（全三巻、早稲田大学出版部、二〇〇〇年）を刊行するとともに、早稲田政治学史研究の領域で、『早稲田政治学史断章』（三嶺書房、二〇〇二年）、共著『高田早苗の総合的研究』(早稲田大学大学史資料センター、二〇〇二年)、共著『早稲田大学学術研究史——社会科学部門』(早稲田大学大学史資料センター、二〇〇四年)を、デモクラシー論の領域で、『政治をめざす人のための政治学十二章——名句に学ぶデモクラシー』(ブレーン出版、二〇〇四年)を公にしてきた。なお、この間に、内田の『アメリカ政治学への視座』と『現代アメリカ政治学』を合本した中国語訳『早稲田与現代美国政治学』が、「中文版序言」を付して、中国・復旦大学出版社から二〇〇三年に出版された。

また、公的分野における活動としては、一九九四年四月に就任し、一九九九年四月に再任された衆議院議員選挙区画定審議会委員を二〇〇四年四月の任期満了までつとめ、二〇〇二年五月には、財団法人明るい選挙推進協会会長に就任し、二〇〇四年五月に再任されて現在に至っている。そのほか、二〇〇〇年四月に財団法人桜田会審査委員長に、二〇〇〇年六月に財団法人NHKサービスセンター評議員に、それぞれ就任し、いずれも再再任されて現在に至っている。

注

1 内田の経歴については、「内田満年譜」『早稲田政治経済学雑誌』第三四一号、二〇〇〇年一月、四〇三—四〇六ページ参照。

2 内田満『変貌するアメリカ圧力政治——その理論と実際』三嶺書房、一九九五年、一一ページ。

3 Arthur F. Bentley, *The Process of Government : A Study of Social Pressures*, 1908, p.452.

4 内田『変貌するアメリカ圧力政治』三七—三九ページ。

5 Earl Latham, *The Group Basis of Politics : A Study in Basing-Point Legislation*, 1952, p.1.

6 内田『変貌するアメリカ圧力政治』一七二ページ。

7 同右、七五ページ参照。

8 同右、二五六ページ。

9 同右、二六三―二六四ページ。
10 内田満『都市デモクラシー』中央公論社、一九七八年、六二、六四ページ。
11 内田満・岩渕勝好『エイジングの政治学』早稲田大学出版部、一九九九年、三〇―三一ページ。
12 内田満『シルバー・デモクラシー――高齢社会の政治学』有斐閣、一九八六年、一六六ページ。
13 内田・岩渕『エイジングの政治学』二〇六ページ。
14 内田満『アメリカ政治学への視座――早稲田政治学の形成過程』三嶺書房、一九九二年、一〇一ページ。
15 内田満『現代アメリカ政治学――形成期の群像』三嶺書房、一九九七年、五六、六〇―六二ページ。
16 内田『都市デモクラシー』一九ページ。
17 Thomas T. Machie and Richard Rose, eds., *The International Almanac of Electoral History*, 3rd ed., 1991, p.472.
18 内田『現代アメリカ政治学』二九、四九、五一ページ参照。
19 内田『アメリカ政治学への視座』二三、三四―三五ページ参照。
20 同右、四九―五〇、六一―六二ページ参照。
21 同右、一一五―一二〇、一三六、一四一―一四二ページ参照。
22 内田満『政党政治の論理』三嶺書房、一九八三年、二八―二九ページ。
23 内田満『政治に美学を政治学に志を』三嶺書房、一九九九年、二二一―二二二ページ。
24 同右、二〇八―二〇九ページ。
25 同右、二三四ページ。
26 内田満『可能事の芸術と現実の間で――私と早稲田と政治学』三嶺書房、二〇〇〇年、一六ページ。

あとがき

著者が早稲田政治学史への関心を最初に刺激されたのは、早稲田大学創立七五周年を記念して出版された早稲田大学創立七五周年記念出版社会科学部門編纂委員会編『近代日本の社会科学と早稲田大学』（一九五七年）の校正作業に大学院学生として参加したおりのことであった。ちょうど五〇年前のことになる。この記念出版の企画編纂を統括しておられたのが、早稲田大学社会科学研究所長としての吉村正先生であった。

その後も日本政治学の発達史の中での「早稲田政治学」が占める位置について絶えず注意を喚起してこられた吉村先生は、一九八二年五月に早稲田政治学の先達の五人の政治学を軸とした早稲田政治学史としての『政治科学の先駆者たち――早稲田政治学派の源流』を上梓なさった。早稲田大学創立一〇〇周年への祝意を込めたお一人での記念出版であったといっていい。そして、この著書は、その二年後に八四歳で亡くなられた先生のご遺著になった。先生のご遺志をうけて、著者が早稲田政治学史に真正面から向き合うようになったのは、その後のことである。そして、すでに二〇年余りの歳月が流れた。

ところで、著者は、前著『アメリカ政治学への視座――早稲田政治学の形成過程』に引き続き、本書でも、早稲田の政治学者によって展開されてきた政治学を「早稲田政治学」と呼称してきたが、この呼称は、今日ではすでに有意性を欠いたアナクロニズムの謗りを免れないかもしれない。一つには、最近のわが国では、政治学の大学間の相互浸透がますます進み、独自の個性をもった政治学を唱えることは現実的でなくなっているからであり、もう一つには、大学間での研究者の人事交流が活発化し、各大学の政治学が独自の顔をもつことがますます難しくなっているからである。

この時代の流れの中で、本書は、日本の政治学の発達史上、大学名を冠して政治学を語りえた時代への挽歌というべきかもしれない。早稲田政治学の先達たちの足跡を追いながら、今にして「早稲田政治学」への愛惜の思いは、いよいよ深い。

本書を構成している論文の初出書は、次の通りであるが、収録に当たっては、若干の修補を行った。( )内は、原題であり、( )がないものは原題とタイトルが同じである。

プロローグ　書き下ろし

第1章　「東京専門学校時代の早稲田の社会科学」(揺籃期の社会科学)　早稲田大学大学史資料センター編『早稲田大学学術研究史』早稲田大学、二〇〇四年

第2章　「早稲田政治学略史――一八八二〜一九五二年」(政治学)　早稲田大学大学史資料センター編、同右書。

第3章　「高田早苗の政治学」(政治学者としての高田早苗)　早稲田大学大学史資料センター編『高田早苗の総合的研究』早稲田大学大学史資料センター、二〇〇二年

第4章　「『太陽』主幹・浮田和民のデモクラシー論」　書き下ろし

第5章　「『早稲田叢書の世界』」　『早稲田政治学史断章』三嶺書房、二〇〇二年

第6章　「『文明協会叢書』の世界」　同右

第7章　「草創期早稲田の評論雑誌」　『早稲田大学史記要』第三五巻、二〇〇三年一〇月

第8章　「擬国会と早稲田政治学会」　『早稲田政治学断章』

本書の出版に当たっては、東信堂社長下田勝司氏の格別のご厚情に浴した。学術出版への熱い思いを抱く下田社長のご差配がなければ、本書は、早稲田大学創立一二五周年への著者の微志を表す形で日の目を見ることはできなかったであろう。著者の限りない喜びと謝意を伝えるべき語彙の乏しさが、なんとも恨めしい。ありがとうございました。

二〇〇六年一〇月

内田　満

補論収録の経緯について

本年一月、急逝された早稲田大学名誉教授内田満先生は、その死の直前まで、研究と評論に活発に活動しておられた。分けても、晩年に最も精力を注がれたのが、早稲田大学を中心とする政治学の発展の歩みを辿り、それに正当な位置づけを与えることであった。事実、本書『早稲田政治学史研究』の原稿を完成され、刊行に向けての作業中であったのである。ところが、この原稿とは別に、自身の研究活動について客観的に記述した原稿が、早稲田大学政治経済学部教授吉野孝氏に託されていたことが判明した。そこで、吉野氏と協議の上、この原稿を補論として本書の最後尾に収録して出版することを適当と判断した。

無論、年代に空白を生ずることにはなってしまう。また何より、先生御自身が、この原稿をどのような形で公にされるお積もりであったかは、判然としない。おそらくは、自身の業績を叙述した章を自著の一部に加えることなど、先生が生涯保持されていた「美学」に悖るものであったろう。にもかかわらず、単体として小冊子で出版したり、様々の主題にわたる先生の論文集の一部に加えるよりは、本書に補論として加えることが内容からしても無理のない形であろうと判断した。その責任は、私が負うべきものであることを、読者の皆様にお断りしておきたい。

早稲田大学社会科学部教授
今村　浩

マ行

ヤ行

ラ行

ワ行

事項索引

サ行

タ行

ナ行

ハ行

人名索引

著者紹介

内田　満（うちだ みつる）
1930年東京都生まれ。
1953年早稲田大学政治経済学部卒業。1969年から2000年まで同大学政治経済学部教授。ウースター大学およびアーラム大学（米国）客員助教授、ドゥ・ラサール大学（フィリピン）客員教授、日本政治学会理事長、日本選挙学会理事長、衆議院議員選挙区画定審議会委員、政策研究大学院大学客員教授、㈶明るい選挙推進協会会長等を歴任。
2007年1月死去。

主要著作

『都市デモクラシー』中央公論社、1978年、『シルバー・デモクラシー』有斐閣、1986年、『アメリカ政治学への視座——早稲田政治学の形成過程』三嶺書房、1992年、『現代アメリカ政治学』三嶺書房、1997年、『内田満政治学論集』（全3巻）早稲田大学出版部、2000年、『現代政治学小辞典（新版）』（編著）有斐閣、1999年、『現代日本政治小事典（2005年度版）』（編著）ブレーン出版、2005年、『政治学入門』東信堂、2006年、『政治の品位』東信堂、2007年。

早稲田政治学史研究——もう一つの日本政治学史

2007年10月21日　初版　第1刷発行　〔検印省略〕

＊定価はカバーに表示してあります

著者©内田満　発行者　下田勝司　印刷・製本　中央精版印刷

東京都文京区向丘1-20-6　郵便振替　00110-6-37828
〒113-0023　TEL 03-3818-5521（代）　FAX 03-3818-5514
E-Mail tk203444@fsinet.or.jp

発行所　株式会社 東信堂

Published by TOSHINDO PUBLISHING CO.,LTD.
1-20-6,Mukougaoka, Bunkyo-ku, Tokyo, 113-0023, Japan

ISBN978-4-88713-739-4　C3031